La construcción social
de las trayectorias laborales
de jóvenes

CLAUDIA JACINTO (COMPILADORA)

La construcción social de las trayectorias laborales de jóvenes

Políticas, instituciones,
dispositivos y subjetividades

Programa de Estudios sobre Juventud, Educación y Trabajo
(PREJET-IDES)

teseo

ides

La construcción social de las trayectorias laborales de jóvenes : políticas, instituciones, dispositivos y subjetividades / compilado por Claudia Jacinto. - 1a ed. - Buenos Aires : Teseo; IDES, 2010.
400 p. ; 20x13 cm.

ISBN 978-987-1354-72-6

1. Mercado Laboral. 2. Jóvenes. I. Claudia Jacinto, comp.
CDD 331.34

© IDES, 2010

© Editorial Teseo, 2010
Buenos Aires, Argentina

ISBN 978-987-1354-72-6
Editorial Teseo

Hecho el depósito que previene la ley 11.723

Para sugerencias o comentarios acerca del contenido de esta obra, escríbanos a: **info@editorialteseo.com**

www.editorialteseo.com

Índice

PRESENTACIÓN

En las últimas dos décadas, la inserción laboral de los jóvenes es un tema central en las discusiones de la nueva cuestión social porque, con la crisis de los Estados de Bienestar y del pleno empleo, lo que está en juego son los mecanismos sistémicos de integración social. Los jóvenes, en particular los de menores recursos, se ven en riesgo de encontrarse confinados a un segmento de trabajos precarios e inestables, y/o ubicados en la condición de "asistidos" a través de programas de subsidios públicos. La exclusión o vulnerabilidad laboral de aquellos que no cuentan con un capital socioeducativo de donde pueda provenir un buen empleo, reflejan una marcada segmentación intra-generacional que se profundiza a causa de las dispares oportunidades educativas.

En el marco de estas preocupaciones, este libro reune una serie de contribuciones, producto de dos proyectos orientados a examinar esta problemática. El primero y fundamental, un proyecto de investigación (PICT-BID 2005, n° 33.582) financiado por la Agencia Nacional de Promoción Científica y Tecnológica de Argentina.[1] El proyecto, denominado *Trayectorias educativo-laborales de jóvenes. Incidencia de políticas y programas de inclusión social,* fue dirigido por Claudia Jacinto y desarrollado en el marco del Programa de

---

[1] Denominaremos Trayectorias a este proyecto a lo largo de los artículos de este libro.

Estudios sobre Juventud, Educación y Trabajo (PREJET), con sede en el Instituto para el Desarrollo Económico y Social (IDES). El segundo, un proyecto de intercambio dentro del Programa de Cooperación Argentino-Francesa de Formación para la Investigación Científica y Tecnológica (SECyT-ECOS), sobre políticas de inserción laboral de jóvenes. El mismo contó con la dirección de Catherine Agulhon y Claudia Jacinto.

El libro está estructurado en dos bloques temáticos. En la primera parte, se aborda la temática de las políticas y abordajes de los programas de apoyo a la inserción laboral de los jóvenes en Europa y en América Latina. Así, se reunen artículos que muestran los debates, enfoques conceptuales y acciones desarrolladas en el marco de las políticas públicas en la materia. Se hace allí particular hincapié en los cambios recientes de perspectivas, sus alcances y resultados, planteando los desafios que implican para la inclusión educativa, laboral y social de los jóvenes. La mirada sistémica de distintas políticas que intervienen en la transición, implicó el análisis comparativo de sus orientaciones y diseños de implementación, sus complementariedades, sus contradicciones y tensiones en función de las tendencias sociohistóricas de las relaciones entre educación y empleo. Los cuatro artículos que se incluyen en esta parte abordan tanto Europa como América Latina, y en particular algunos focos de las políticas en Francia y Argentina.

En la segunda parte, otra serie de artículos examina las relaciones entre educación y mundo del trabajo en las trayectorias de los jóvenes provenientes de hogares de bajos recursos. La línea común que atraviesa los artículos es la adopción de una perspectiva que intenta integrar la mirada conjunta sobre los condicionantes macroestructurales, que determinan las oportunidades y el acceso a diferente tipo de recursos, y las trayectorias y perspectivas subjetivas de los jóvenes. En ese marco, varios artículos examinan la incidencia de los dispositivos de formación para el trabajo en las trayectorias laborales. Examinar la incidencia se comprende no sólo como la observación de las posibilidades de acceso a empleos y la calidad de los mismos, sino también como la investigación sobre las huellas que dejan sobre las subjetividades y los saberes de los jóvenes en torno al trabajo. Así, se examinan las incidencias de las pasantías en el nivel secundario, de los cursos de formación profesional y del paso por programas alternativos de finalización de la escuela secundaria. Se muestra cómo estas actividades van cobrando nuevos sentidos y contribuyen a nuevas subjetividades, donde la capacidad de agencia de los jóvenes sobre la propia trayectoria se ve tanto acotada socioestructuralmente, como, en ciertas condiciones, favorecida a través de los dispositivos y las mediaciones institucionales puestas en juego. Completa esta parte un artículo sobre el intercambio de saberes entre las generaciones.

En suma, el libro espera contribuir al conocimiento sociológico acerca de las transiciones laborales de los y las jóvenes en condiciones de vulnerabilidad, los límites y alcances de las políticas y dispositivos orientados a apoyarlas, y la construcción social de nuevas subjetividades y nuevas institucionalidades que inciden en sus trayectorias.

Agradecemos a todos los que contribuyeron al desarrollo de estos proyectos. A investigadores argentinos y franceses, y a becarios asociados al proyecto, que formaron parte de un grupo de estudio y discusión de donde surgieron muchas de las tesis principales de este libro. A asistentes de investigación y de trabajo de campo, que apoyaron distintas actividades. A las doce instituciones educativas y los centros de formación profesional públicos y privados sin fines de lucro, que respondieron a nuestras preguntas y sobre todo nos brindaron su invalorable apoyo para encontrar a los jóvenes egresados. A los jóvenes entrevistados que participaron con entusiasmo de la tarea de re-construir sus trayectorias. Muy especialmente agradecemos a Verónica Millenaar, becaria del proyecto PICT, por su valioso y entusiasta trabajo a lo largo de todas las etapas de la investigación; a Carolina Dursi y Alenka Mereñuk, por su importante contribución en el trabajo de revisión de los artículos; y a Catherine Agulhon por la riqueza de los intercambios y su cordialidad.

Introducción
Elementos para un marco analítico de los dispositivos[2] de inserción laboral de jóvenes y su incidencia en las trayectorias

Claudia Jacinto

Esta introducción[3] propone un recorrido conceptual sobre los supuestos y puntos de partida que fueron el marco para los abordajes que se presentan en este libro. Al mismo tiempo, se hace referencia a los distintos capítulos donde estos conceptos se profundizan y re-crean, y a otros conceptos surgidos a partir de los hallazgos de la investigación.

1. Las transiciones laborales de los jóvenes como campo de estudio

Un problema social se convierte en un problema socio-lógico cuando se lo plantea en términos de su comprensión social global. Eso es lo que ha sucedido con los procesos de transición hacia el empleo de los jóvenes.

Cuando en tiempos de pleno empleo el paso de la educación al trabajo era exactamente eso, un paso, la inserción no era un problema. El pasaje de la juventud a la adultez

---

[2] Siguiendo la terminología francesa que aborda este tipo de temáticas, llamamos "dispositivo" al tipo de programa o servicio público orientado a mejorar las oportunidades de inserción laboral de los jóvenes.

[3] Buena parte de los conceptos y perspectivas desarrollados en esta introducción se basan en textos y discusiones que hemos sostenido durante el seminario interno que acompañó el desarrollo de este proyecto. Del mismo, formaron parte becarios, asistentes de investigación e investigadores invitados. A todos ellos y en especial a las becarias que acompañaron el proyecto, mi agradecimiento.

se caracterizaba como la salida del hogar de origen y la asunción de responsabilidades laborales y de reproducción familiar. Tanto la reproducción como la movilidad social funcionaban a través de esas mediaciones de socialización e integración social.

Producto de grandes transformaciones sociales, del fin del Estado de Bienestar y del pleno empleo, y del aumento de las desigualdades, en las últimas décadas del siglo pasado se rompió el modelo de la integración de las generaciones jóvenes a la sociedad a través de una secuencia de pasos institucionalizados que iban de la educación al trabajo. Así, la inserción laboral de los jóvenes se constituyó primero en un problema social, y después en un problema sociológico, en tanto y en cuanto la situación de los jóvenes hoy en el mercado de empleo representa la "punta de lanza" de cambios profundos en los modelos societales, en la cuestión social, en las relaciones entre educación y trabajo, y un desafío para las políticas públicas orientadas a la igualación de oportunidades. No se trata sólo del cuestionamiento de los mecanismos de entrada a la vida activa o de la movilidad intergeneracional, sino también de la naturaleza del contrato social y del contenido de las políticas públicas (Demaziere y Dubar, 1994).

Estudiar las nuevas complejidades de los procesos de inserción laboral se sitúa en un terreno de interacción entre la sociología del trabajo, la economía, la sociología de la educación y la sociología de la juventud.

Ha sido objeto, en primer lugar, de la economía y de la sociología de la educación. Las cambiantes y ambiguas relaciones entre educación y trabajo en las últimas dos décadas, ante el aumento del desempleo –y en particular del de los jóvenes–, han mostrado el límite de las teorías basadas en una concepción "mecánica" y simplificadora en términos de ajuste-desajuste, como la del capital humano. Los aportes de Bourdieu y Passeron sobre la devaluación de credenciales educativas y la inflación de los títulos; y desde la economía de la educación, los aportes de las teorías del filtro (Arrow, 1973) y el llamado "efecto fila" (Carnoy,1982), entre otras, ayudan a comprender estas supuestas inadecuaciones, vinculadas al mismo tiempo a la expansión del número de egresados de los niveles secundario y terciario, y a la crisis del empleo. Tanto es así que en un célebre texto de Tanguy (1986), se ha planteado que la relación educación-empleo es "inencontrable".

Como sostiene Dubar (1991), para los jóvenes, el hecho de tener que buscar un empleo al salir del sistema escolar es relativamente nuevo, y resulta de un doble movimiento histórico: el que separó, hacia fines del siglo XIX, la formación del trabajo, y el más reciente, que rompió las reglas de equivalencia automática entre niveles de formación y acceso y calidad del empleo.

Estas cuestiones han sido abundantemente estudiadas desde los años setenta a nivel macrosocial en los países centrales, donde la cantidad y calidad de datos estadísticos lo permiten. Los ajustes y desajustes entre "nivel formativo y empleo" y el peso de otras variables tales como el hogar de origen en esos vínculos, han sido frecuentes desde aquella época (Bourdieu y Passeron, 1967; 1972). Los estudios que relacionan títulos con inserción ocupacional y los seguimientos de egresados, por su parte, han contribuido para conocer cómo se producen los "desclasamientos"[4] en el mercado de trabajo (Lizé y Prokovas, 2007). Los más afectados por estos procesos son los sectores de menores recursos, para los cuales el débil capital cultural limita los conocimientos acerca de las reglas del juego en el mercado de trabajo, y el escaso o débil capital social hace que

---

[4]   Concepto utilizado por Bourdieu para referirse a los desajustes entre formación y trabajo en términos de movilidad descendente.

sean los más afectados por la devaluación de credenciales educativas (Bourdieu, 1988).

La aparición de "políticas de empleo", centradas en dar alternativas de inserción ante la falta de empleos disponibles, amplió los abordajes de estas temáticas. A los análisis de las tendencias estructurales de las relaciones entre educación y trabajo, se sumaron aquellos que a nivel macro abordan las políticas, el rol del Estado y las instituciones. Por su parte, los análisis institucionales o de índole interpretativo se centraron en los roles y vinculaciones de los actores institucionales e individuales (Charlot y Glassman, 1998). La perspectiva biográfica ha realizado importantes contribuciones para comprender cómo se producen las desigualdades educativas desde el acceso y durante el proceso de paso por la educación y el trabajo (Heise y Meyer, 2004).

Desde la sociología del trabajo, no sólo los aportes conceptuales y análiticos sobre las grandes transformaciones en las formas de organización del trabajo, sino también y especialmente a través de los estudios sobre socialización profesional y construcción de identidades profesionales en contextos de precarización laboral (por ejemplo, Dubar, 1991; Nicole-Drancourt y Roulleau-Berger, 2001), han permitido comprender los cambios en las relaciones de los jóvenes con el empleo. Han mostrado cómo los procesos de individualización condicionan fuertemente las trayectorias de inserción de los jóvenes, poniéndose especialmente de manifiesto en la organización social de los ciclos de vida, es decir, en las trayectorias escolares, en el pasaje de la educación al trabajo, en las movilidades en el curso de la vida activa, y en el proceso de salida. Estos momentos claves de los procesos de socialización están en crisis desde el doble punto de vista de las instituciones y de los individuos (Castel, 1997; Dubar, 1996). Por su parte, desde la sociología de la juventud, se han planteado las relaciones entre las transiciones laborales y las otras dimensiones de las transiciones juveniles (familiares, habitacionales, etc.) (por ejemplo, Galland, 2002). Poniendo en evidencia las transformaciones en las temporalidades y los límites difusos de la etapa juvenil, este autor mostró que se está lejos ya de modelos lineales de paso de la educación al trabajo, tanto porque ambos pueden convivir tempranamente, como porque sus secuencias son complejas: independencia económica, autonomía personal y de recursos, y constitución del hogar propio están lejos de producirse concomitante y previsiblemente.

Los estudios sociológicos sobre el tema también han contribuido a mostrar las formas institucionales a nivel macro y micro que acompañan (o mal acompañan) las transiciones juveniles. Al respecto, cobran crecientemente relevancia los enfoques que plantean miradas sistémicas que integran los niveles macro y microsociales, pasando por las mediaciones institucionales y las subjetividades (Morch *et al.*, 2002). La mirada sistémica de distintas políticas que intervienen en la transición, habilita abordar el análisis comparativo de los enfoques, orientaciones y diseños de implementación, sus complementariedades, sus contradicciones y tensiones en función de las tendencias sociohistóricas acerca de cómo se han vinculado las oportunidades de acceso a la educación, la formación para el trabajo y el empleo en una determinada sociedad.

Poco a poco este nuevo terreno de investigación y conceptualización ha ido contribuyendo a constituir un nuevo campo del saber sociológico, y hay autores que ya la denominan "sociología de la inserción ocupacional" (Trottier, 2001). Otros sostienen que las transiciones educación-trabajo son el eje central desde donde puede comprenderse y teorizarse sobre los jóvenes en los estudios sociales (Pollock, 2008). Sin embargo, se trata de un campo inacabado y en permanente construcción, incluso lejos de mostrar suficiente acumulación (Dubar, 2001).

El propio concepto de *inserción* ha sido cuestionado por las dificultades para establecer un punto de vista compartido sobre cuáles serían las fronteras del período. De hecho, la "salida del sistema educativo" se ve relativizada ante una sociedad que demanda la educación permanente y el aprendizaje a lo largo de toda la vida. Muchos jóvenes empiezan a trabajar durante la escolaridad secundaria. Entonces la concepción de que existe una frontera o una ruptura neta entre ambas institucionalidades pierde fuerza, y se va reforzando la teoría de la transición. Las trayectorias se caracterizan no por una sino por múltiples "transiciones". Se ha definido a las mismas como el conjunto de procesos biográficos de socialización que proyectan al joven hacia la emancipación profesional y familiar (Casal, 1996).

La sucesión de situaciones transitorias, intermediarias, precarias, períodos de desempleo, inactividad voluntaria por estudio o por otras razones, etc., no permiten definir una frontera neta en las transiciones. ¿Estar inserto es tener un empleo provisorio o es más bien la seguridad de una sostenida estabilización en el empleo? ¿Es la permanencia de un empleo decente? ¿O son el salario o los ingresos y su vinculación con la autonomía del joven los indicadores de la estabilización de la trayectoria? Así, el concepto de *transición* también tiene sus debilidades en especial cuando se plantea cuál sería el punto de llegada. Por ello, la utilización del plural "transiciones" atiende más a las formas contemporáneas de conformación de las biografías.

Una característica fuerte de estas temáticas es que los desarrollos teóricos y de la investigación han avanzado de la mano de la preocupación y puesta en marcha de políticas dirigidas a los jóvenes, obviamente las educativas, pero también las políticas de apoyo a la inserción.

Las transiciones son entonces resultantes de interacciones complejas que se sitúan tanto a nivel estructural e institucional macrosocial como a nivel microsocial
institucional e individual (Dubar, 2001). Para abordar las
relaciones implicadas en las transiciones laborales de los
jóvenes aparecen claramente varios niveles de análisis a
tener en cuenta: a) los factores estructurales que les dan
forma a nivel macrosocial que incluyen las particularidades
de los mercados de trabajo, el entramado de relaciones
entre sistema educativo, formativo y productivo en cada
contexto nacional y local, y las políticas públicas al respecto; b) las oportunidades y especificidades de la inserción
según las características sociodemográficas individuales
(especialmente, origen social, nivel educativo y sexo); c)
las trayectorias formativas y laborales a partir de estrategias individuales y sentidos subjetivos; d) las mediaciones
institucionales y actores que participan en el proceso de
inserción, desde la propia institución educativa hasta los
centros de formación profesional, desde los servicios de
empleo e intermediación laboral hasta las empresas, todos
ellos inmersos a su vez en sistemas de acción locales o
sectoriales. Uno de los debates más interesantes respecto
a estos ejes de investigación se refiere a la trama que los
vincula, y al peso, la incidencia, el valor explicativo de cada
dimensión en el proceso.

En definitiva, como sostiene Agulhon en su artículo
en este volumen, tanto la construcción institucional de las
relaciones formación-empleo como las estrategias implementadas por los jóvenes en un marco restrictivo y sobre un
mercado del trabajo segmentado, constituyen un campo de
investigación de límites difusos, con numerosos abordajes,
e invitan tanto a la crítica social como a la comparación
internacional (Trottier, 2001).

2. Una trama compleja de condicionantes estructurales, trayectorias y estrategias subjetivas

Obviamente las condiciones estructurales *condicionan* las trayectorias de inserción. En efecto, la emergencia de la inserción como problema social no parece haber modificado en profundidad la validez de los grandes modelos explicativos de la sociología de la educación o la sociología de la movilidad social producidos antes de la crisis del empleo (Demaziere y Dubar, 1994).

Más allá del peso del modelo estructural y las condiciones macroeconómicas, las características que asumen las transiciones laborales sólo pueden comprenderse dentro del régimen que vincula educación, mercado de trabajo y formación en una determinada sociedad (Verdier y Buechteman, 1998). El modelo de desarrollo y las formas productivas, la segmentación del mercado de trabajo, los títulos, saberes y competencias requeridas en uno u otro segmento, los abordajes universales y/o focalizados de las políticas públicas orientadas a los jóvenes, los diagnósticos que se hacen de las dificultades de los jóvenes en el mercado de empleo, e incluso las perspectivas político-conceptuales sobre la justicia distributiva, configuran las transiciones. La selección de jóvenes con un determinado nivel educativo, o título, o determinadas características personales, debe comprenderse en ese entramado. Los atributos individuales de los jóvenes, como reflejo de la configuración estructural de la sociedad, son valorados en función de la gestión de la mano de obra que llevan adelante las empresas, la distribución de títulos y de la "sobreoferta" o escasez de demandantes de empleo (según perfiles demandados) en un determinado contexto geográfico y socioeconómico (Boudon, 1973). En los capítulos de este libro dedicados a las políticas de inserción se abordan estas cuestiones, tomando casos latinoamericanos y europeos.

La abundancia o escasez de la demanda laboral y su calidad son los condicionantes directos de la inserción laboral de los jóvenes (OIT, 2007). Para ello, las evidencias estadísticas fueron examinadas como punto de partida para dar cuenta de la complejidad de los procesos de transición. Tanto los datos que relacionan niveles educativos, empleo y pobreza,[5] como los vinculados a las trayectorias de los jóvenes[6] en términos cuantitativos, permiten ubicar las tendencias generales de esos procesos. Así, en Argentina, en el período de reactivación entre 2003 y 2006, los datos de EPH en términos generales mostraron una disminución general del desempleo, pero también evidenciaron la persistencia de un desempleo juvenil comparativamente alto, y baja calidad del empleo entre los jóvenes.

Dentro de estas tendencias generales, aquellos que provienen de hogares pobres resultan los menos beneficiados por el esfuerzo educativo. En efecto, cuando se comparan grupos de jóvenes pobres y no pobres según si terminaron o no el nivel secundario, se observa una reproducción de la pobreza y de las oportunidades, ya que los jóvenes pobres que logran terminar el nivel secundario se encuentran en peor situación en el mercado de trabajo que los no pobres que no lo terminan, al menos en términos de desocupación y de calidad del empleo (Jacinto y Chitarroni, 2009). La vinculación entre educación y empleo se halla fuertemente condicionada por un mercado de trabajo con un alto y persistente nivel de precariedad, en torno al 40%. Los jóvenes, dados sus niveles educativos más altos que sus progenitores, tienen expectativas incongruentes con la

---

[5]   Afortunadamente, existen en nuestro país muchas investigaciones recientes en esa línea, como por ejemplo, Salvia, 2008; Pérez, 2008; Miranda, Otero y Corica, 2008.

[6]   Además de los artículos incluidos en este volumen, otros hallazgos fueron publicados o están en prensa. Ver por ejemplo, Jacinto y Chitarroni, 2009.

realidad de un mercado de trabajo restringido, y entonces tienen más tiempo de búsqueda que los adultos (Weller, 2007; Pérez, 2008).

La ruptura de las relaciones lineales entre nivel educativo e inserción laboral condiciona fuertemente las motivaciones de los jóvenes por el estudio y el trabajo. La ilusión meritocrática pierde fuerza, y en el mercado de trabajo, el capital social, los contactos personales y las recomendaciones, juegan un papel fuerte para el acceso a empleos decentes. La exclusión laboral de aquellos que no cuentan con este tipo de capital social refleja una marcada segmentación intrageneracional, la cual se profundiza a causa de las diferencias en la calidad de educación a la cual jóvenes tienen acceso según su condición socioeconómica (Weller, 2007). Ante este reforzamiento de las tendencias reproductoras donde la educación secundaria pierde valor como protección contra el desempleo y como vía de acceso al empleo de calidad, uno de los interrogantes centrales de la investigación Trayectorias fue indagar si algunos de los dispositivos estudiados permitían quebrar ese círculo excluyente y brindar señales para orientar las políticas públicas en la materia.

Ahora bien, para entender las dinámicas del interjuego entre condicionantes estructurales y contextuales, las estrategias subjetivas, las mediaciones institucionales y los dispositivos, resulta necesario examinar períodos más largos, tramos de las trayectorias, para observar la secuenciación de eventos, etapas, tomas de decisión, y el acceso y utilización de los recursos por parte de los jóvenes durante los procesos de transición.

Numerosas investigaciones en países centrales y algunas en nuestro medio han mostrado ya las trayectorias no lineales de los jóvenes, de pasajes del empleo al desempleo y viceversa, del empleo a la inactividad, y aun pasajes del empleo a otro empleo de diferentes condiciones y niveles de precariedad. Así, las trayectorias muestran creciente diversificación (Gautié, 2003), variando de un joven a otro. Se generan entonces individualización y fragmentación de trayectorias vitales y laborales, que desdibujan las certidumbres en torno al trabajo y a las formas de pasaje a la vida adulta. Sin embargo, esta individualización no implica que no puedan reconocerse grupos similarmente afectados por las desigualdades estructurales.

Ante la desigualdad social en los recursos y oportunidades, las trayectorias se desarrollan frente opciones biográficas más amplias o más estrechas. La capacidad del individuo de gestionar su propia transición a la vida adulta depende fundamentalmente del capital social y cultural, del apoyo recibido por su familia y las oportunidades o restricciones relativas a la educación, el género, el origen social y étnico. Para aquellos con menos oportunidades, se configuran, así, "constelaciones de desventajas", entendidas como las complejas relaciones entre los factores socioeconómicos, institucionales e individuales (Walther y Pohl, 2005).

Sin embargo, como hemos planteado con anterioridad (Jacinto *et al.*, 2007), los elementos estructurales conforman la matriz de relaciones objetivas por la cual los individuos transitan, pero no explican en su totalidad las particularidades de cada trayectoria. Las transiciones reflejan, al mismo tiempo, voluntades personales y condicionantes estructurales y contextuales, que se conjugan dinámicamente y diversifican los recorridos laborales. Las variables biográficas, es decir, las experiencias particulares de cada individuo –y en ellas, los sentidos, significaciones, estrategias o decisiones que implican– permiten comprender las singularidades de cada trayectoria. Cambios de las situaciones familiares como tener un hijo, irse a vivir con su pareja, la muerte de algún miembro del núcleo familiar, la desocupación del principal sostén, producen un cambio de roles en la vida de estos jóvenes que los obliga a asumir la responsabilidad de manutención del hogar. Entonces, si bien las trayectorias se estructuran según el acceso a recursos y oportunidades, también se construyen a partir de decisiones y estrategias personales e individuales, condicionadas pero no determinadas por lo estructural y lo contextual (Giddens, 1997).

En un mundo contemporáneo donde se discute el declive de las instituciones de la modernidad y el surgimiento de fuertes procesos de individualización, el papel de lo subjetivo, de la capacidad de toma de decisiones sobre la propia existencia, aparece a la vez como un valor y como un riesgo. Al mismo tiempo en que se abren posibilidades para la agencia humana, para la creatividad e iniciativa personal en la construcción de la propia identidad (Beck, Giddens *et al.*, 1997), la falta de recursos y soportes colectivos reduce para muchos al mínimo los márgenes de maniobra, la posibilidad de desplegar estrategias y proyectos personales. La individualización deviene en "individuación forzada" (Robles, 1999).

Estas tensiones se ven fuertemente en los procesos de inserción laboral de los jóvenes. Aquellos de altos niveles educativos que provienen de hogares de nivel socioeconómico medio o alto pueden "explorar", elegir sus empleos más por lo que aprenden o por poder combinarlos con el estudio, que por lo que los especialistas del trabajo denominan "empleos decentes". En el otro extremo, los jóvenes pobres se ven compelidos a aceptar empleos poco calificantes y en malas condiciones, o a trabajar por su cuenta precariamente, aunque desearían un empleo estable. En el medio de estas dos situaciones extremas, unos y otros despliegan estrategias, aunque con muy distintos márgenes de libertad.

Sin embargo, existen múltiples mediaciones que intervienen entre lo estructural y lo subjetivo que pueden ampliar las oportunidades, desarrollar recursos y activar la capacidad de utilizarlos. En particular, interesó en el marco de los abordajes de investigación planteados en este libro, examinar el papel de las instituciones y los dispositivos de inclusión laboral destinados a jóvenes con menores oportunidades.

3. Lo institucional en las mediaciones entre lo estructural y lo subjetivo[7]

Los actores institucionales y colectivos que intervienen y median entre las estructuras socioeconómicas y sistémicas y los individuos, condicionan el proceso de transición (Verdier y Buechtemann, 1998). Desde nuestra perspectiva, la dimensión institucional es central para comprender los alcances de un "dispositivo de inserción" y su peso sobre las subjetividades y trayectorias (Jacinto y Millenaar, 2009).

Las instituciones han sido, a lo largo de la modernidad, no sólo dispositivos de control y socialización, sino también espacios de subjetivación (Dubet y Martucelli, 1997). Conformaron los soportes organizadores de los tiempos y dinámicas en las trayectorias, al mismo tiempo que se constituyeron en recursos que permitieron orientar las estrategias y decisiones.

Puede percibirse un proceso paradójico en torno al lugar de las instituciones que acompañan o debieran acompañar la transición. Por un lado, se asiste sin duda a la crisis y debilitamiento de las grandes instituciones de integración social de la modernidad (Dubet y Martucelli, 1997; Bauman, 2003, entre otros). Esto refuerza los procesos de individualización, y en su aspecto negativo, deja a los individuos angustiados sin soportes protectores, en

---

[7]   Este punto se apoya principalmente en Jacinto y Millenaar, 2009.

particular en el marco de modelos sociopolíticos liberales. En efecto, la exclusión social se asocia con una situación de desafiliación institucional, muy vinculada a los problemas de empleo y al hecho de que los derechos sociales han tenido, en la segunda parte del siglo XX, una fuerte relación con la condición de tener empleo (Castel, 1997).

Aun en un marco de declive de las instituciones tradicionales, la manera en que se conforman las trayectorias individuales está articulada con los pasajes y experiencias institucionales, y es necesario comprender las articulaciones y procesos que éstas despliegan en las biografías individuales. Algunas instituciones tradicionales como las escuelas, aun ante el debilitamiento, se configuran como espacios de inserción social (Jacinto y Freytes Frey, 2004; Tiramonti, 2007). También las organizaciones de la sociedad civil cubren un nuevo papel, desde una perspectiva de construcción de lo público no estatal.

Las intervenciones en apoyo a la transición implican tanto la participación de las instituciones tradicionales como la construcción de nuevas institucionalidades y nuevos actores institucionales. Muchos de ellos, justamente en relación con la creación de los puentes entre los jóvenes y el empleo como los servicios de intermediación. Cuando los modelos sociopolíticos asumen enfoques basados en los derechos ciudadanos, se despliegan en cierta medida nuevas formas de institucionalización, que constituyen al mismo tiempo nuevas modalidades de movilización de las subjetividades y de las formas de control social.

En realidad, el lugar de las instituciones tanto en la configuración de las subjetividades como en la construcción de *habitus* no puede definirse *a priori*. Actualmente, esos procesos dependen no tanto del tipo de institución sino de cada institución en concreto, y de la medida y la forma en que se despliega como espacio de inclusión, de reproducción, o de participación social.

De este modo, comprender las transiciones y la puesta en juego de la estructura de oportunidades de una sociedad, implica estudiar las instituciones concretas donde se despliegan las vidas de los jóvenes. En particular en este caso, nos referimos a las instituciones que intervienen en el proceso de transición desde las escuelas hasta los servicios de empleo pasando por los centros de formación profesional y organizaciones sociales.

Ellas ocupan un lugar en el que pueden no sólo proveer recursos sino también brindar las herramientas para activarlos. ¿Cómo actúa lo institucional en estas mediaciones? Definimos el papel institucional en las transiciones hacia el empleo a partir la medida y la forma en que cada institución se despliega como espacio de socialización laboral, inclusión social, y permanencia educativa. La evidencia recogida en la investigación Trayectorias nos señala, por ejemplo, que centros de formación profesional[8] con fuertes identidades (sean ligadas a una familia ocupacional, a lo territorial, o a un compromiso con vincular a los jóvenes con empleos de calidad) producen –en ciertas condiciones– una "transferencia del capital social institucional" a los sujetos que pasan por ellas. De este modo, se fortalecen las posibilidades de los jóvenes de activar sus recursos, sean éstos el título secundario, la certificación profesional, la experiencia de pasantía, o los saberes y competencias derivados de esos pasajes. En este marco, los vínculos establecidos en las instituciones formativas y la relación con los docentes, aparecen como claves en el doble proceso de adquisición de una identidad ocupacional y social.

---

[8]   Paradójicamente, como se sabe, uno de los eslabones más débiles del sistema educativo argentino.

4. Los dispositivos que intervienen en la transición

Los trabajos reunidos en este volumen se preguntan por los procesos de inserción de los jóvenes desde miradas múltiples y complementarias: reconociendo los condicionantes estructurales, se interrogan sobre los márgenes de acción de las estrategias subjetivas, de las mediaciones institucionales y de las políticas y dispositivos que se proponen mejorar las oportunidades de los jóvenes. En términos generales, estas políticas en nuestro país se han dirigido especialmente a los jóvenes que presentan "dificultades de inserción". Ello comprende sobre todo a jóvenes que no han alcanzado a terminar la educación secundaria y/o a jóvenes que habitan en contextos de pobreza.

Los dispositivos de apoyo a la inserción laboral de los jóvenes se crearon como parte de las políticas activas de empleo para hacer frente al alto desempleo que ellos sufren (desde principios de los años ochenta en Europa; desde principios de los noventa en Argentina). Basados esencialmente en un diagnóstico que reconocía la crisis del empleo como punto de partida, las medidas solieron surgir del supuesto de que las dificultades de los jóvenes se debían esencialmente a sus bajas calificaciones. Esta cuestión tenía fundamentos en los países centrales ante la expansión de la educación, los requerimientos de las nuevas formas de organización del trabajo y la introducción masiva de nuevas tecnologías en el marco de la crisis de los modelos de acumulación. En nuestro país, si bien se dio la expansión educativa, no alcanzó los mismos niveles que en Europa (aún hoy alrededor del 50% de los jóvenes no terminan el nivel secundario en tiempo y forma), y la heterogeneidad productiva relativiza la generalización de nuevas formas de organización del trabajo y el cambio en las calificaciones demandadas. Sólo es evidente que la masificación de nuevas tecnologías de la comunicación y de la informática han cambiado las competencias básicas requeridas para el mundo del trabajo y de la vida. En el fondo, los modelos societales excluyentes y poco generadores de empleo eran la razón principal de un fenómeno que afectaba a toda la sociedad y no sólo a los jóvenes. Los límites y falacias de estos diagnósticos han sido señalados por algunos trabajos previos (Jacinto, 2004; Salvia, 2008).

Entre los dispositivos, la capacitación laboral (desde aproximaciones más simples y tradicionales en un oficio hasta modelos más complejos que incluyen orientación sociocupacional, refuerzo de competencias básicas, pasantías, etc.) y los subsidios de apoyo a microemprendimientos dominaron la escena. Más recientemente se ha empezado a reconocer, dentro de las políticas de apoyo a la transición, no sólo a las políticas activas de empleo y formación profesional, sino también a los dispositivos de apoyo a la terminación de la secundaria.[9]

Aunque se reconozcan los problemas del propio mercado de trabajo y la desigual distribución de oportunidades generales, las acciones se centran en los propios jóvenes, en la compensación de aprendizajes no realizados en las trayectorias educativas previas y en la formación específica para el trabajo. Sin embargo, es posible señalar en años recientes un viraje de las políticas públicas en la materia, con al menos tres razgos distintivos: a) una comprensión más sistémica de las relaciones entre un modelo socioproductivo generador de empleo y las oportunidades de los jóvenes; b) una promoción fuerte de la mayor escolarización formal y medidas en pos del

---

[9]   Desde nuestra concepción, sería preciso incluir también a las políticas de educación secundaria en el marco de las acciones de apoyo a la transición laboral de los jóvenes. Sin embargo, esta conceptualización no es todavía visible en las políticas públicas en Argentina. Del mismo modo, otras políticas sectoriales y generales condicionan, ampliando o restringiendo las oportunidades de dentro del proceso de transición, tales como vivienda, acceso al crédito, etc.

mejoramiento de la calidad del empleo; c) una mayor apuesta al fortalecimiento de la institucionalidad permanente, es decir, a mejorar la calidad de los servicios educativos y formativos y al desarrollo de redes de actores con esa finalidad.

Detrás del análisis de las políticas y dispositivos subyace un interrogante central: ¿cuán útil es intervenir para promover trayectorias de mayor inclusión? O bien: ¿puede el paso por un dispositivo cambiar / reorientar la toma de decisiones educativas y laborales en las trayectorias de inserción de los jóvenes? Si en el capital social y cultural de los hogares, la cantidad de años de estudio y la calidad de la educación a la que se tuvo acceso intervienen tan fuertemente en la determinación del destino sociolaboral de los jóvenes como la evidencia empírica señala, ¿cómo juegan las instituciones específicas que desarrollan los dispositivos en la creación de oportunidades? ¿Quiénes o qué perfiles de jóvenes son los que más logran aprovechar estas intervenciones? ¿Qué tipos de dispositivos y en qué contextos contribuyen más a la inclusión? Estos interrogantes son tratados desde distintos ángulos y aproximaciones a lo largo de los artículos de este libro.

5. Lógicas puestas en juego en los dispositivos de acercamiento al mundo del trabajo

Como hemos adelantado, denominamos "dispositivos" a las intervenciones, enmarcadas o no dentro de políticas públicas, que se proponen explícitamente intervenir para mejorar la inserción laboral de los jóvenes. Nos referimos a dispositivos que se vinculan: a) a la retención o terminación de la educación secundaria; b) al primer empleo, a las experiencias de práctica laboral y a la formación profesional; c) a otras experiencias de formación y/o generación de un trabajo por cuenta propia o microemprendimiento.

Varios artículos de la segunda parte de este libro se ubican en la perspectiva de indagar las incidencias de dos tipos de dispositivos de acercamiento al mundo del trabajo, destinados a jóvenes: los cursos de formación profesional y las pasantías. Se adopta un abordaje micro, dando a los actores institucionales e individuales un lugar central para comprender esas relaciones.

La investigación recoge en parte la escasa tradición en Argentina de seguimientos de egresados del nivel secundario y universitario.[10] La incidencia de los dispositivos de formación para el trabajo en las trayectorias de los jóvenes ha sido prácticamente inexplorada. Sin embargo, en estas épocas de construcción de trayectorias laborales sobre la base de combinaciones múltiples de experiencias de educación formal, no formal e informal y de otras experiencias subjetivas, resulta de particular interés explorar de un modo más amplio cómo se construyen de esas múltiples combinatorias.

El concepto de *incidencia del dispositivo* fue definido desde una perspectiva amplia acerca de las huellas de esos pasajes. No se trató sólo de conocer los certificados y los aprendizajes que realizan quienes pasan por ellos. Tampoco sólo de las incidencias respecto a la inserción laboral posterior. En efecto, también se consideraron relevantes las maneras en que los individuos se apropian de esas experiencias, se motivan a partir de ellas, la forma en que las utilizan para procurar otros recursos tales como capital social, apoyos económicos, participación social, etc. Proponemos el concepto de *lógicas de los dispositivos*

---

[10]   Escasa porque los trabajos de Gallart (2006) y Filmus, Miranda y equipo (2001) son prácticamente los únicos que se refieren al nivel secundario, y permitieron conocer aspectos de la inserción de los técnicos o comparar la inserción de distintos tipos de egresados de secundario. En cambio, varios trabajos recientes de la última década se ubicaron en el nivel universitario (por ejemplo, Panaia, 2009).

para hacer referencia a los supuestos o puntos de partida que los orientan, y las acciones que enfatizan.[11]

Entre los supuestos, una primera dimensión remite a cómo se diagnostican los problemas de empleo de los jóvenes, y en particular, al peso atribuido a los determinantes estructurales generales y locales, y el atribuido a los propios jóvenes y sus características educativas, sociales, etc. Esta dimensión es señalada en la literatura como un eje estructurante fundamental acerca de la orientación de las medidas: ¿qué enfatizar? ¿Las estructuras de oportunidades en un sentido amplio o a actuar de un modo individualizante sobre los propios jóvenes? (Walther y Pohl, 2005). El ampliamente cuestionado punto de vista focalizado que dominó los años noventa, ha dado paso a un nuevo universalismo[12] y a mayor énfasis en la institucionalidad de las medidas. Actualmente, la respuesta de las políticas en nuestro medio a menudo intenta intervenir en los dos sentidos planteados en el interrogante anterior. Ahora bien, aunque las medidas que apuntan a lo estructural desde concepciones neoliberales son diferentes si se comparan con las emprendidas desde enfoques basados en los derechos y la justicia distributiva, las medidas específicas más bien reflejan un eclecticismo en el que muchos aspectos se parecen (Jacinto, 2008).

Una segunda dimensión de los supuestos se refiere a cómo se define a los grupos a los que se dirigen los dispositivos, y las "constelaciones de desventajas" que padecen. Las políticas de educación secundaria tienen un enfoque amplio y de promoción de la inclusión generalizadamente,

---

[11]   Se presenta en este punto una clasificación general para ubicar los tipos de dispositivos estudiados en este libro, aunque algunos tipos de dispositivos no son examinados en esta publicación.

[12]   Cuyas características se discuten en uno de los capítulos de este libro: "Veinte años de políticas de formación para el empleo de jóvenes vulnerables en América Latina: persistencias y reformulaciones".

más aun ante la obligatoriedad de la educación secundaria establecida por ley. Sin embargo, no alcanzan a superar la segmentación existente. ¿Qué sucede con las medidas que promueven la terminalidad de aquellos que fueron excluidos por el sistema? Se hará referencia más adelante a las carencias históricas de este nivel, y a las políticas vigentes que se orientan a fortalecer la educación de jóvenes y adultos, al mismo tiempo que darles mayor flexibilidad para responder a múltiples sujetos. Respecto a las medidas más directamente vinculadas con la inserción laboral, caben también múltiples interrogantes referidos a los alcances y las precisiones sobre cómo son tenidos en cuenta los condicionantes que enmarcan sus biografías, tanto a nivel de políticas públicas como a nivel microinstitucional.

Por ejemplo, ¿son distintos los dispositivos orientados a jóvenes pobres y de bajo nivel de calificación que habitan en barrios marginados afectados por la segregación territorial, de aquellos dirigidos a jóvenes que provienen de hogares de bajos capitales educativos pero que han logrado terminar el nivel medio? ¿Aparecen en los dispositivos perspectivas de género y problemáticas vinculadas a la condición de las mujeres? Preguntas de este tipo remiten a la manera en que se comprenden o no los desafíos específicos que plantea cada grupo de jóvenes y cada joven. Como se verá a lo largo de varios artículos de este libro, la multiplicidad de transiciones y de recorridos biográficos de los jóvenes apuntaría a concebir dispositivos que individual y colectivamente los tuvieran en cuenta; obviamente no sólo acciones de formación para el trabajo. En efecto, las "constelaciones de desventajas" se construyen a partir de factores familiares (las responsabilidades familiares precoces, las diferenciadas por género, la urgencia por generar ingresos, la "ausencia" de familia, la débil red de relaciones sociales), escolares (baja calidad de la oferta, ausencia de orientación), territoriales (segregación, marginación ecológica, escaso y pobre acceso a servicios de salud), estrategias de selección de las empresas (requerimientos basados en la inflación de títulos, estigmatización y discriminación), etc.

Una tercera dimensión se refiere a la conceptualización sobre desde qué institucionalidad se desarrollan los dispositivos de acercamiento al mundo del trabajo. Básicamente, esto remite al papel de la escuela secundaria, de los centros de formación profesional regulares, y de otras organizaciones o instituciones que participan como ONG, las empresas y los servicios de empleo. Al respecto, cabe preguntarse si se trata de instituciones permanentes o con riesgo de sustentabilidad; si cuentan con las condiciones y recursos para brindar servicios de calidad; las diferentes concepciones de la calidad educativa y del propio mundo laboral que reflejan sus acciones; y la participación de otros actores (ONG, organizaciones sociales, sindicatos, empresas) en la construcción de espacios públicos no estatales.

Una cuarta dimensión tiene que ver, más concretamente, con qué ofrecen los dispositivos específicos: acciones educativas (vinculadas a la terminalidad secundaria); acciones de formación ocupacional / profesional; prácticas o pasantías en empresas; acciones de activación, orientación y/o generación de nuevos emprendimientos. Todas estas acciones aparecen en ocasiones relacionadas, y en otras desarrolladas por separado. Teniendo en cuenta estos criterios proponemos la siguiente clasificación de las "lógicas de los dispositivos".

Primera lógica: formación profesional

a) Modelo con participación de actores sociales del trabajo (sindicatos, empresas).
b) Modelo con anclaje territorial / religioso / ONG.
c) Modelo escolar puro.

Este tipo de dispositivo parte del supuesto de que una formación específica mejorará la empleabilidad o el empleo de los jóvenes. Incluimos aquí el conjunto de dispositivos vinculados en general en las políticas activas de empleo y/o de formación profesional, pero también desarrollados desde programas sociales públicos o privados sin fines de lucro.[13] En general, se orientan a jóvenes que no han terminado el nivel secundario pero incluyen también a quienes lo finalizaron. A partir de esta caracterización inicial, la diversidad de modalidades, instituciones y acciones incluidas en esta lógica es amplia.

En principio, entre los cursos deben distinguirse aquellos que brindan una capacitación laboral puntual de aquellos que constituyen cursos de formación profesional regular, que brindan certificados reconocidos por las respectivas jurisdicciones educativas. La formación profesional se fue desarrollando en el país en formas cercanas al modelo escolar, y fue creciendo por una demanda social espontánea. Se trata en general de un sector marginal del sistema educativo, sin relación con el resto de las modalidades, caracterizado históricamente por la falta de recursos, por la escasa capacitación de sus docentes y porque ha recibido la demanda de sectores pobres para formarlos en oficios (en lo que hace al menos a la oferta pública). Sin embargo, los centros han cumplido un importante papel social dando herramientas para la creación de un empleo por cuenta propia, y canales de participación social a amplios sectores de la población (Jacinto, 1998b). A ello se suma que políticas recientes, tanto desde ámbitos educativos como laborales, han dado nuevo impulso y recursos a este nivel, y comienza a observarse la consolidación de algunos centros de referencia de alta calidad, en particular respecto a algunos sectores de actividad.

---

[13]   Existe también un número amplio de instituciones de capacitación privadas que venden sus cursos, pero constituyen un mundo falto de regulaciones del que no se cuenta con datos.

Los centros de formación profesional dependen en general de los sistemas educativos de las provincias, y se asientan en sedes públicas habilitadas para fines educativos (60%, que son conocidos como "centros puros") o mediante convenio en sedes de ONG, iglesias y sindicatos.[14] Estos centros constituyen la institucionalidad permanente en la materia, y de acuerdo a la clasificación realizada en la investigación han sido diferenciados del siguiente modo:

- El modelo a) remite a centros conveniados con actores del mundo laboral, sindicatos o empresas. Esta articulación facilita aquello que tradicionalmente ha sido una de las debilidades de la formación profesional, que es la repetición de cursos ofrecidos año tras año independientemente de las lecturas acerca de las demandas del mundo del trabajo.

- El modelo b) son centros basados en general en organizaciones de la sociedad civil, y pueden estar o no en convenio con el Estado. En el caso de los no conveniados, esa situación les da al mismo tiempo mayor autonomía y menor sustentabilidad. Por ello, desarrollan dispositivos diferentes en cuanto a contenidos, estrategias pedagógicas y segmentos del mercado laboral al que se dirigen. La diversidad interna también es amplia y poco conocida excepto por algunos estudios cualitativos (Jacinto, 1998a y b; Gallart, 2000).

- En el modelo c) ubicamos a los llamados centros puros. Son aquellos creados con una lógica de servicio educativo, suelen tener sede en escuelas, son esencialmente proveedores de cursos, y no suelen contar con una estructura externa que les brinde apoyo más allá del sistema educativo. Esa situación se refleja en la escasa

---

[14]   El Estado financia horas cátedra y salarios de la estructura administrativa y de gestión. En los casos de los centros conveniados, suelen cubrir ellos mismos los insumos y mantenimiento.

disposición de medios, pero mucho dependen de las formas particulares de gestión que llevan adelante sus directivos.

Como se verá en los capítulos de este libro dirigido a estos dispositivos, los tres perfiles institucionales (y sus subtipos) trabajan con jóvenes de distintas características sociodemográficas, y dejan improntas diferentes en las trayectorias de los y las jóvenes (Jacinto y Millenaar; y Millenaar, en este volumen).

Segunda lógica: activación / orientación / aprendizaje en el trabajo

Distinguimos en esta lógica los siguientes tipos de dispositivos:

a) Estimulación de la contratación de jóvenes en las empresas a través de exención de impuestos y/u otros apoyos.
b) Pasantías en empresas.
c) Orientación sociolaboral (en dos modalidades: módulos *ad hoc* previos, durante o en lugar de la formación profesional o a través de servicios de empleo).

Este conjunto de dispositivos parte del diagnóstico de que las barreras de acceso a los empleos, y la desorientación del grupo etario frente a las reglas del juego del mundo laboral, tienen un papel relevante en los problemas de empleo de los jóvenes.

Intermediación y orientación se enfocan en acercar a los jóvenes a los empleos. La intermediación intenta poner en contacto oferta y demanda laboral, con estrategias que van desde brindar información hasta contactar a los jóvenes con empleos deseables, decentes. El efecto "puente con la empresa" del dispositivo es considerado esencial en esta estrategia. Por su parte, la orientación sociolaboral se dirige a achicar las distancias con el mundo laboral, y sus lógicas de selección, contratación, etc. Estas lógicas son a menudo desconocidas por los jóvenes, más aun cuando provienen de hogares de capitales culturales bajos (Bourdieu, 1988) o cuando sus familias han sufrido exclusión laboral por largos períodos.

Se dirigen a jóvenes de perfiles diversos, aunque suelen privilegiarse los pobres y/o de bajos niveles de calificación. Esta focalización resulta paradójica. Por una parte, intenta tener un efecto sobre la equidad de oportunidades, al acercar a empleos decentes a jóvenes cuyos capitales sociales no los hacían previsibles. Pero por otra parte, la focalización revela que este tipo de dispositivos no ha alcanzado un nivel de institucionalización que permita a cualquier joven acceder a esta clase de servicio, y que está lejos de ser concebido como "un derecho" tal como ocurre, por ejemplo, en algunos países europeos.

Los dispositivos orientados a estimular a las empresas tuvieron su expresión máxima en leyes que flexibilizaron la contratación en los años noventa; en la década siguiente se circunscribieron a algunos acuerdos específicos para fomentar el ingreso de jóvenes pobres a empleos de calidad.[15]

Las pasantías constituyen etapas de formación "en" el empleo, complementarias de la formación en el ámbito educativo. Suelen enfrentarse a la falta de una "cultura de la pasantía" que las revalorice como espacios de aprendizaje, donde cada actor tenga en claro su rol en el intercambio. En este marco se corre el riesgo de desnaturalizar el sentido

---

[15] Esta estrategia no estuvo en el foco de la investigación. De cualquier modo, ciertos estudios latinoamericanos muestran que los incentivos basados en desgravaciones impositivas a cambio de generar puestos de trabajo para jóvenes, deben enfrentarse a prácticas discriminatorias difíciles de superar, o simplemente al hecho de que los jóvenes beneficiados no cuentan con los perfiles socioeducativos buscados por las empresas (Weller, 2007).

de la pasantía, reemplazando trabajadores por pasantes, y dejando de lado su sentido formativo. Sin embargo, como se verá en el capítulo al respecto (Jacinto y Dursi, en este libro), las pasantías asumen distintos modelos institucionales, con objetivos y encuadres diversos, e incluyen a jóvenes de perfiles distintos. Todas estas condiciones institucionales e individuales se reflejan de maneras diferentes en la inserción laboral posterior de los egresados. Aun con esas diferencias, la valorización que los jóvenes suelen hacer de estos dispositivos es alta, y cobran nuevos sentidos en el marco de las incertidumbres del mundo del trabajo actual.

La orientación sociolaboral constituye uno de los dispositivos con mayor impulso en la década, tal como señalan los capítulos sobre políticas. Sea a través del fortalecimiento de servicios de empleo (recientemente), sea a través de la inclusión de componentes de este tipo dentro de intervenciones más amplias, la orientación sociolaboral pretende brindar a los jóvenes "herramientas" (información, capacidades, actitudes) para moverse en un mercado de trabajo incierto. Los formatos que adopta pueden ser conceptualmente muy diferentes: desde abordajes instrumentales (aprender a hacer un currículo, etc.) hasta apoyo al desarrollo de proyectos ocupacionales con soportes institucionales y colectivos; desde enfoques de género tradicionales hasta otros que tienen en cuenta concepciones igualitarias, etc. Ellos inciden de maneras muy diferentes en las trayectorias de los y las jóvenes (Jacinto y Millenaar; y Millenaar, en este volumen).

Tercera lógica: promoción de la terminación de estudios secundarios

a) Oferta regular de Educación de Jóvenes y Adultos (EDJA).
b) Oferta alternativa de EDJA.

Ante el reconocimiento de la necesidad y la obligatoriedad de la escuela secundaria, muchos dispositivos vinculados tanto a políticas educativas como de empleo, contemplan apoyar la terminación de la escolaridad de ese nivel. De hecho, la mayor parte de la población económicamente activa no lo ha terminado. En algunos casos, este dispositivo aparece asociado a formación profesional.

El dispositivo se apoya en el supuesto de que lo mejor para favorecer la disponibilidad de buenos empleos es acceder a mayor escolaridad, supuesto que los datos estadísticos disponibles fundamentan claramente. La base institucional de este tipo de dispositivo son los llamados centros de EDJA. Esta oferta ha estado durante muchos años en los márgenes del sistema educativo, con escasez de apoyo, recursos y claridad conceptual. Esta oferta educativa se conoce poco en profundidad, como señala el artículo al respecto en este libro. En años recientes, el nivel ha sido objeto de fortalecimiento institucional, de la mano de programas nacionales educativos (Fines) y laborales (Terminalidad educativa).

Dentro de esta modalidad, han emergido nuevas experiencias educativas que se proponen desarrollar modelos alternativos tendientes incorporar a los jóvenes y adultos provenientes de los sectores más vulnerables. Se trata de los bachilleratos populares públicos de gestión privada para jóvenes y adultos, que han sido diseñados y organizados por diversos movimientos sociales. El artículo que analiza las trayectorias educativas vinculadas a estas organizaciones señala que se puede reconocer que el bachillerato popular ha cumplido con las expectativas iniciales de los jóvenes, al asegurar la permanencia y el título de nivel medio; pero a su vez, el pasaje por este tipo de oferta educativa parece haber tenido significaciones diversas para diferentes grupos de jóvenes (Mereñuk, en este volumen).

Cuarta lógica: microemprendimientos y generación del propio empleo

Este tipo de dispositivo responde al supuesto de que ante la falta de empleos o ante la falta de empleos decentes para todos los jóvenes, deben promoverse formas de generación del propio empleo[16]. Los jóvenes más pobres, cuyos perfiles socioeducativos se alejan más de aquellos requeridos en los empleos formales, muchas veces son objeto de programas que promueven la creación de microemprendimientos. Éstos son apoyados por formación en gestión de los mismos y subsidios, con limitaciones diversas como se verá en el capítulo sobre políticas latinoamericanas.

Estos programas intentan en ocasiones ofrecer soluciones "mágicas" a la falta de empleo (OIT, 2007). Pero reflejan baja preocupación por la calidad técnica de los cursos, y escaso reconocimiento de las dificultades propias de la falta de experiencia laboral de los jóvenes y de la propia gestión de los emprendimientos. Por otra parte, estudios específicos de un programa en Argentina muestran que aun en los contextos de pobreza son los jóvenes más integrados quienes logran participar (quedando fuera los más vulnerables), y aun así no mejoran su situación ocupacional, especialmente en el caso de las mujeres, por sus responsabilidades familiares (Tuñón y Salvia, 2008).

6. A modo de reflexión final

En suma, los trabajos contenidos en la primera parte de este volumen, muestran los enfoques y las tensiones

---

[16] Nos referimos al autoempleo como dispositivo orientado a jóvenes con dificultades de empleo. Obviamente puede haber jóvenes que eligen ser emprendedores por propia vocación y en algunos casos también son apoyados por dispositivos.

de las políticas dirigidas a apoyar la inserción laboral de los jóvenes, el crecimiento de los dispositivos vinculados a la subjetivación, los limitantes macrosociales e institucionales en los que se desenvuelven. Se observan tendencias comunes en los tipos de dispositivos, pero niveles de institucionalidad muy diferentes en las comparaciones, en especial entre Argentina y Francia. Baste por ejemplo señalar la escasez y las debilidades de los mecanismos sectoriales de consulta y de los sistemas de información en Argentina.

Observando las trayectorias, los trabajos contenidos en la segunda parte de este libro coinciden en señalar que las trayectorias de los jóvenes se construyen en el interjuego entre lo estructural, lo institucional y lo biográfico. Cuando se examinan a nivel microinstitucional, los dispositivos presentan configuraciones particulares en las que se entrelazan sentidos, objetivos y mundos del trabajo distintos. Mirándolos desde las trayectorias, juegan un rol en la integración educativa y laboral pero también en la identidad social. Permiten movilizar saberes y competencias, pero más ampliamente influyen en la socialización laboral, en la consolidación de una vocación, en la configuración de nuevos proyectos educativos y laborales, y en muchos casos operan como las claves de una bifurcación de las trayectorias. Este análisis a nivel microsocial reconoce, sin embargo, los límites que imponen los condicionantes macroestructurales, y muestra que muchas trayectorias no escapan a la reproducción social. Más aun, uno de los hallazgos más fuertes de esta investigación es que los jóvenes con título secundario que han pasado por un dispositivo (sobre todo por algunos de los estudiados) logran mejores oportunidades de inserción laboral. Pero en el contexto de una sociedad que si bien ha logrado una recuperación económica en los últimos años, aún no ha restituido mecanismos sistémicos de inclusión y desarrollo sostenido, ese mejor posicionamiento sólo les alcanza para ubicarse en empleos decentes pero difícilmente en un camino de movilidad social ascendente.

7. Bibliografía

ARROW, K. 1973. "Higher education as a filter", *Journal of political economics*, núm. 2, pp. 193-216.

BAUMAN, Z. 2003. *Modernidad Líquida*, Buenos Aires, Fondo de Cultura Económica.

BECK, U, A. GIDDENS, y S. LASH. 1997. *Modernización reflexiva. Política, tradición y estética en el orden social moderno*, Madrid, Alianza.

BECK, U. y E. BECK-GERNSHEIM. 2003. *La individualización. El individualismo institucionalizado y sus consecuencias sociales y políticas*, traducción de B. Moreno, Barcelona, Paidós.

BOUDON, R. 1973. *La desigualdad de oportunidades. La movilidad social en las sociedades industriales,*. Barcelona, Edit. Laia.

BOURDIEU, P. 1988. *La distinción*, Madrid, Taurus.

BOURDIEU, P. y J. C. PASSERON, 1967. *Les heritiers*, Paris, Ed de Minuit.

BOURDIEU, P. y J. C. PASSERON. 1972. *La reproducción. Elementos para una teoría del sistema de enseñanza*, Barcelona, Ed. Laia.

CARNOY, M. 1982. "Economía y educación", *Revista del Consejo Nacional Técnico de la Educación*, núm. 40, vol. VIII, 4ª época, abril-junio, México, pp.36-70.

CASAL, J. 1996. "Modos emergentes de transición a la vida adulta en el umbral del siglo XXI. Aproximación sucesiva, precariedad y desestructuración", *Revista Española de Investigaciones Sociológicas*, Madrid, núm. 75, pp. 295-316.

CASTEL, R. 1997. *La metamorfosis de la cuestión social. Una crónica del salariado*, Buenos Aires, Paidós.

CHARLOT, B, y D. GLASSMAN. 1998. *Les jeunes, l'insertion, l'emploi*, Paris, PUF.

DEMAZIERE, D., C. DUBAR *et al.* 1994. *La insertion professionnelle des jeunes de bas niveau scolaire*, París, Cereq: Documents synthese, n° 91.

DUBAR, C. 1991. *La socialisation. Construction des identités sociales et professionnelles*, Paris, Armand Colin Editeur.

DUBAR, C. 1996. "Socialisation et processus", en S. PAUGAM, *L'exclusion: l'etat des savoirs*, Paris, Editions la decouverte.

DUBAR, C. 2001. "La construction sociale de l'insertion professionnelle", *Education et Sociétés*, n° 7, pp. 23-36.

DUBET, F. y D. MARTUCCELLI. 1997. *En la escuela. Sociología de la experiencia escolar*, Buenos Aires, Losada.

FILMUS, D., K. KAPLAN, A. MIRANDA y M. MORAGUES. 2001. *Cada vez más necesaria, cada vez más insuficiente. Escuela media y mercado de trabajo en épocas de globalización*, Buenos Aires, Santillana.

GALLAND, O. 2002 *Les jeunes*, 6ème édition, Collection Repères, Paris, Éditions La Découverte.

GALLART, M. 2006. "La escuela técnica industrial en Argentina: ¿un modelo para armar?", *Trazos de la Formación*, 30, Montevideo, Cinterfor / OIT, p. 94.

GAUTIÉ. J. 2003. "Transition et trajectoires sur le marché du travail", *Quatre Pages*, n° 59. Paris, Centro d´etudes de l´emploi,. pp. 1-4.

GIDDENS, A. 1997. "Vivir en una sociedad post-tradicional", en U. BECK, A. GIDDENS, y S. LASH, *Modernización reflexiva. Política, tradición y estética en el orden social moderno*, Madrid, Alianza, pp. 75-136.

HEISE, M. y W. MEYER. 2004. "The benefits of education, training and skills from an individual life-course perspective with a particular focus on life-course and biographical research", en P. DESCY y M. TESSARING (eds.), *Impact of education and training,* Background report, Luxembourg, Office for Official Publications of the European Communities, Cedefop Reference series, 54, pp. 324-381.

JACINTO, C. 1998a. "Evaluación socio-pedagógica y organizacional de experiencias de educación y trabajo para jóvenes en situación de pobreza", en C. JACINTO y M. A. GALLART (coords.), *Por una segunda oportunidad. La formación para el trabajo de jóvenes vulnerables,.* Montevideo, CINTERFOR-RET, pp. 35-76.

JACINTO, C. 1998b. "¿Qué es calidad en la formación para el trabajo de jóvenes de sectores de pobreza? Un análisis desde las estrategias de intervención", en C. JACINTO y M. A. GALLART (coords.), *Por una segunda oportunidad. La formación para el trabajo de jóvenes vulnerables,* Montevideo, CINTERFOR-RET, pp. 311-341.

JACINTO, C. 2004. "Ante la polarización de oportunidades laborales de los jóvenes en América Latina. Un análisis de algunas propuestas recientes en la formación para el trabajo", en C. JACINTO (coord.), *¿Educar para que trabajo? Discutiendo rumbos en América Latina,* Buenos Aires, redEtis (IIPE-IDES) / MTEySS / MECyT / La Crujía. ISBN: 987-1004-73-7, pp. 187-200.

JACINTO, C. y FREYTES FREY, A. 2004. *Políticas y estrategias para el mejoramiento de las oportunidades de los jóvenes: estudio sobre la educación secundaria en la Ciudad de Buenos Aires,* París, IIPE – UNESCO.

JACINTO, C. y H. CHITARRONI. 2009. "Precariedades, rotación y acumulación en las trayectorias laborales juveniles", ponencia presentada en 9° Congreso Nacional de Estudios del Trabajo, ASET, Buenos Aires, del (5 al 7 de agosto).

JACINTO, C. y V. MILLENAAR. 2009. "Enfoques de programas para la inclusión laboral de los jóvenes pobres: lo institucional como soporte subjetivo", en CIDPA *Última Década*, año 17, n° 30, Valparaíso, CIDPA, pp. 67-92.

JACINTO, C., M. E. LONGO, C. BESSEGA, y M. WOLF. 2007. "Jóvenes, precariedades y sentidos del trabajo. Un estudio en Argentina", *Revista Medio Ambiente y Urbanización*, n° 66, abril, IIED-AL, Buenos Aires, pp. 3-22.

LIZÉ L. y N. PROKOVAS. 2007. "Le déclassement à la sortie du chômage", *Cahier du CES*, n° 44, p. 24.

MIRANDA, A., A. OTERO y A. CORICA. 2008. "La situación social de los jóvenes: postergación y autonomía", en A. SALVIA (comp.), *Jóvenes promesas. Trabajo, educación y exclusión social de jóvenes pobres en Argentina*, Buenos Aires, Miño Dávila, pp. 91-110.

MORCH, M. *et al.* 2002. "Sistemas Educativos en Sociedades Segmentadas: 'Trayectorias Fallidas' en Dinamarca, Alemania Oriental y España", *Revista de Juventud* 56/02, pp. 31-54.

NICOLE-DRANCOURT, C. y L. ROULLEAU-BERGER. 2001. *Les jeunes et le travail 1950-2000*, Paris, PUF.

OIT. 2007. *Trabajo decente y juventud*,. América Latina, Lima, OIT.

PANAIA, M. (coord.). 2009. *Inserción de jóvenes en el mercado de trabajo*, Buenos Aires, Editorial La Colmena.

PÉREZ, P. 2008. *La inserción ocupacional de los jóvenes en un contexto de desempleo masivo. El caso argentino entre 1995 y 2003*, Buenos Aires, Miño Dávila.

POLLOCK, G. 2008. "Youth Transitions: Debates over the Social Context of Becoming an Adult", *Sociology Compass*, vol. 2, pp. 467-484.

ROBLES, F. 1999. *El desaliento inesperado de la modernidad. Molestias, irritaciones y frutos amargos de la sociedad del riesgo*, Santiago de Chile, RIL Editores.

SALVIA, A. 2008. "Introducción: La cuestión juvenil bajo sospecha", en A. SALVIA (comp.), *Jóvenes promesas. Trabajo, educación y exclusión social de jóvenes pobres en Argentina*, Buenos Aires, Miño Dávila, pp. 13-31.

TANGUY, L. (dir). 1986. *L'introuvable relation formation-emploi*, Paris, La documentation française.

TIRAMONTI, G. 2007. "Nuevos formatos escolares para promover la inclusión educativa. Un estudio de caso: la experiencia argentina", Documento de FLACSO.

TROTTIER, C. 2001. "La sociologie de l'éducation et l'insertion professionnelle des jeunes", *Education et sociétés* 1/2001, no 7, pp. 5-22.

TUÑON, I. y A. SALVIA. 2008. "Los jóvenes pobres como objeto de políticas públicas: ¿Una oportunidad para la inclusión social?", en A. SALVIA (comp.), *Jóvenes promesas. Trabajo, educación y exclusión social de jóvenes pobres en Argentina*, Buenos Aires, Miño Dávila, pp. 155-180.

VERDIER, E. y C. BUECHTEMAN. 1998. "Regímenes de educación y de formación profesional: evidencia macroinstitucional", en J. GAUTIE, y J. NEFFA (comps.), *Desempleo y políticas de empleo en Europa y Estados Unidos*, Trabajo y Sociedad, CEILPIETTE / CONICET, Buenos Aires, Lumen / Humanitas.

WALTHER, A. y A. PHOL. 2005. *Thematic study on policy measures concerning disadvantaged youth*, Tubingen, Iris.

WELLER, J. 2007. "La inserción laboral de los jóvenes: características, tensiones y desafíos", *Revista de la CEPAL*, 92, agosto, pp. 61-82.

TRES MODALIDADES DE FORMACIÓN PROFESIONAL DE JÓVENES EN FRANCIA: UNA SEGMENTACIÓN PERSISTENTE

Catherine Agulhon

La formación profesional está, sin lugar a dudas, tan imbricada en una compleja red de relaciones entre el mundo político, económico y social, que resulta difícil pensarla de manera aislada. Tiene lazos orgánicos con el trabajo y se encuentra involucrada en la búsqueda de la promoción "social", es decir, tanto en la emancipación de los individuos como en su movilidad profesional. Sin embargo, en Francia, cada una de las modalidades de la formación profesional tiene su propia historia particular. Este artículo se propone analizar cada una de ellas. Una primera gran división debe establecerse entre la formación inicial y la formación continua. La formación inicial, se divide a su vez en contratos de aprendizaje[17] y en formación profesional escolar, resultado de las recurrentes negociaciones entre el Estado y el mundo económico en los últimos dos siglos. En el caso de la formación continua, la ley de 1971 la incorpora como sistema, sobre la base de un derecho específico a la formación. Incluye distintos tipos de formación para los asalariados y para quienes buscan empleo, y comprende un tercer tipo de formación para jóvenes, creada hacia fines de

---

[17] El aprendizaje en Francia tiene por objeto brindar a los jóvenes que terminaron la escolaridad obligatoria una formación general, teórica y práctica, para la obtención de una calificación profesional. Se basa en la alternancia entre un centro de formación y la enseñanza de la ocupación en una empresa. La duración del contrato puede ser de uno a tres años, según el tipo de profesión a la que se orienta.

los años setenta, en respuesta al aumento del desempleo en ese grupo etario. Al estar menos institucionalizada, la formación continua queda sujeta a los permanentes vaivenes de la política (Mauger, 2001).

Con el fin de dar cuenta en forma acabada de las distintas modalidades de la formación profesional, podemos hacer referencia a trabajos históricos, sociológicos, económicos e incluso del campo de las ciencias políticas. Entre las investigaciones que han analizado esta temática, podemos citar las de Charlot y Figeat (1985) o Dubar (1983); Paul (1984); Agulhon (1997); Tanguy (1996 y 2000) o Vasconcellos (2003) e incluso las de Mauger (2001) y Fretigné y Lescure (2007). Los hilos conductores de estas investigaciones varían: algunos autores analizan las políticas, los actores y las prácticas para esclarecer las especificidades de las modalidades de formación; otros se concentran en los efectos de la formación e insisten en el peso que ha tenido la crisis del empleo. Para ello, toman como eje las dificultades de inserción laboral de los jóvenes, que influyen en las políticas de formación, así como ciertos cuestionamientos sociológicos. A mitad de camino entre los mundos de la educación y el trabajo, Dubar (2007) se pregunta si es posible hablar de formación como objeto de investigación autónomo, dado que, como todo objeto de investigación sociológica, es un fenómeno social y, como tal, está inscripto en las relaciones sociales, es decir que sus fronteras son lábiles y móviles. Intentaremos, entonces, establecer algunas de las características de esos tres tipos de formación, sabiendo de antemano que se entrelazan desde un principio con el sistema educativo para derivar en los sistemas de formación continua y de empleo, y por ello, se inscriben en las inestables relaciones entre los servicios públicos y el mercado. Eric Verdier (2001) elaboró una tipología de regímenes de educación y formación, sobre la configuración de los actores, los modos de organización y las modalidades de ajuste. Distingue tres tipos de régimen: un primer régimen académico o meritocrático, basado en la forma escolar dominante en Francia, un régimen profesional como el que predomina en Alemania, basado en el sistema dual, y por último, un régimen basado en el mercado y en el enfrentamiento entre oferta y demanda, que domina el sistema de formación continua. Dicho autor se interroga sobre el desplazamiento del modelo francés, en tanto se propende hacia la alternancia para los jóvenes escolares, también al desarrollo de un sistema de aprendizaje dual para los jóvenes, la creación de contratos de calificación o de profesionalización y la ampliación de diferentes formas de certificación de los sectores de actividad.

No podemos, por lo tanto, aislar una única forma de análisis para la formación profesional, dado que se trata de un fenómeno político y socio-económico, que evoluciona a través de relaciones cuasi orgánicas entre los sistemas educativo y productivo. La modalidad escolarizada de la formación profesional y el sistema de aprendizaje dual compiten, debido a que están dirigidos al mismo público y comparten el sistema de certificación; al mismo tiempo, estos dispositivos están inmersos en el mercado de la formación y dependen irremediablemente de los designios públicos o del mercado de la formación. La descentralización a través de la construcción de los sistemas de formación regionales incluye al conjunto de estas modalidades de formación (Agulhon, 2005).

Como polos del análisis (a la vez institucional y constructivista) del funcionamiento de estas tres modalidades, tenemos, por un lado, la definición de las relaciones entre formación y empleo, y por el otro, el examen de los modos de inserción de los jóvenes. Podríamos agregar que este tipo de análisis de las relaciones institucionales internas y externas es característico de la investigación actual, dado que la crisis del empleo renueva desde hace veinte años la problematización respecto de la función de la formación, el valor de los diplomas y la competencia entre las diferentes categorías de mano de obra frente al empleo. En este artículo revisaremos la historia de la formación profesional, las políticas de oferta, las relaciones internas en las instituciones y los interjuegos entre los actores, así como también la inserción de los jóvenes y sus trayectorias, atravesadas por las relaciones entre formaciones y empleos. Finalmente, abordaremos las medidas de validación de saberes adquiridos en la práctica[18] que comprometen al acto mismo de formación, y ponen en competencia los distintos modos de certificación de saberes y de la experiencia. Este último aspecto, que anteriormente ha sido tomado como indicador de la calificación, se extiende cuestionando el valor mismo del acto de formación.

1. Una historia caótica

En 1791, la Ley Le Chapelier suprimía las corporaciones y la figura del aprendiz. Más tarde, el liberalismo y la industrialización, que estructuraron la vida económica y social del siglo XIX, contribuyeron a la degradación de esa institución.

Por su parte, la Tercera República representaría un período propicio para el desarrollo de la escolarización, proclamando la construcción de una enseñanza técnica y profesional. Bastarían diez años y una guerra para que la propuesta de 1905, del parlamentario Cohendy, fuera ratificada por la Ley Astier, en 1919. Los cursos profesionales, desde ese momento instituidos por el Estado, no serían obligatorios, generando escasa popularidad y

---

[18]   Se refiere a la certificación de competencias profesionales adquiridas en la trayectoria laboral.

provocando el desdén por parte de los patrones. En 1936, J. Zay, Ministro de Instrucción Pública, vuelve a introducir la idea de la alternativa técnica integrada al sistema educativo. Más tarde, el gobierno de Vichy crearía los centros de formación profesional, podría decirse a modo de enclave ideológico (Brucy y Troger, 2000). En 1944, 110.000 niños concurrían a escuelas técnicas, 56.000 a unos 300 centros de formación profesional y 190.000 a los cursos profesionales Astier.

Luego de la Segunda Guerra Mundial, diversos factores económicos, políticos y culturales jerarquizaron la escolarización de una enseñanza profesional, dándole el tiro de gracia a su ruptura con la institución del aprendiz. Sin embargo, las organizaciones patronales no accedieron a perder su dominio sobre la formación profesional. Ellas cuestionaron la enseñanza escolarizada, preconizando la excelencia en la formación en la tarea. Sin embargo, hasta 1971, esta última estuvo mal organizada y poco reglamentada, ya que se limitó en gran medida a la fracción de las pequeñas empresas y los sectores más tradicionales, como la construcción y la alimentación.

El rol del Estado fue decisivo en el proceso de escolarización de la enseñanza profesional. Los primeros directores de Enseñanza Técnica propugnaron la formación obrera laica. Los sindicatos, en especial la CGT cercana al gobierno de la liberación, avalarían la creación de esta modalidad, cuya especificidad se concreta en estos términos: aislar al oficio de sus raíces empíricas, asociar el aprendizaje a la formación del ser social y a la realización personal.

Entre 1960 y 1980, la ola de democratización se traduce en la prolongación de la escolaridad obligatoria y en la creación del colegio único.[19] Desde los años sesenta, los centros de aprendizaje van cambiando de denominación,

---

[19]   N. T.: Se refiere al *college unique*, nivel secundario inferior en Francia.

para llegar en 1984, a denominarse Liceos Profesionales (LP). Estos cambios, que acompañaron el desplazamiento desde la red primaria profesional hacia el ciclo intermedio y después hacia el ciclo superior de la secundaria, marcaron a su vez la debilidad de la modalidad. De la mano de la extensión de la escolaridad, estos establecimientos dejaron de seleccionar a sus alumnos, para comenzar a recibir a aquellos que la institución escolar "reorientaba" hacia la formación profesional (en lugar de hacia los liceos), lo cual desvalorizó su imagen y devaluó su diploma. Desde mediados de los años setenta, han sido los jóvenes menos calificados[20] quienes más han sufrido las dificultades en la inserción laboral, avivando las críticas de las organizaciones profesionales acerca de una enseñanza que sería inadecuada y responsable de las dificultades de inserción. El Estado ha respondido con una modernización de los contenidos y la introducción de la alternancia escolar o pasantía.

Al mismo tiempo, dos leyes renovaron y legitimaron el sistema de aprendizaje: la primera, de 1971, que reglamenta e instituye los Centros de Formación de Aprendices (CFA); la segunda, de 1987, se aplica a todos los diplomas profesionales y asegura su extensión. La descentralización de 1986 dio participación a las regiones en materia del sistema de aprendizaje, lo cual aumentó la legitimidad a la modalidad.

Sin entrar en los detalles de la historia desordenada de los dispositivos para jóvenes, basta recordar que los primeros pactos de empleo aparecieron en 1976, y el libro

---

[20]   La clasificación en niveles de formación (de V a I), sancionada en julio de 1967, ha sido cuestionada por los servicios del plan y del Comité Interministerial de la Formación Profesional y de la Promoción Social, y actualizada por estas mismas instancias. El nivel V comprende el CAP y luego el BEP; el nivel IV, los *baccalauréats* y los *brevets* de técnico y profesional.

blanco de Schwartz estableció, en 1981, los principios de tales dispositivos. Los mismos se apoyan en la orientación (misiones locales y servicios de recepción, información y orientación, *Permanences d'Acceuil, d'Information, et d'Orientation, PAIO*), en la formación brindada en diferentes tipos de organismos privados, cooperativos y públicos (estos últimos conocidos como *GRETA, Groupement d'établissements publics d'enseignement*), en la alternancia y el involucramiento de las empresas. La certificación y la inserción laboral son los dos objetivos que guían la evolución de estos dispositivos, que pueden considerarse lábiles y que se apoyan en la alternancia, el financiamiento público y la exención impositiva para las empresas.

2. Las relaciones formación y empleo en el centro de la discusión

Ya en 1945, Naville sostenía la interdependencia entre el funcionamiento del sistema educativo y la división social del trabajo. No era el primero: Durkheim y los funcionalistas ya habían establecido esta relación cuando pensaban al sistema educativo como una "institución", cuyo funcionamiento depende de la sociedad que la produce, y participa, por lo tanto, de la reproducción social. Sin embargo, en tanto Durkheim consideraba necesaria la división social del trabajo, Naville cuestionaba la sujeción del individuo. Este proceso mediatizado por el sistema educativo, le resultaba tanto más perverso en cuanto se apoyaba en la noción de *aptitud individual* como justificación de la diferenciación de las trayectorias escolares y profesionales. En este sentido, la escuela contribuía, con plena conciencia y autonomía, a la reproducción de las jerarquías sociales y a la división social del trabajo.

La obra coordinada por Tanguy (1986), *L'introuvable relation formation-emploi,*[21] abre la reflexión teórica sobre estas relaciones, ofreciendo la osadía de un debate inacabado a partir de la reunión de las contribuciones de una veintena de investigadores, sociólogos y economistas dedicados tanto al mundo de la educación como del trabajo. La pluralidad de perspectivas señala la segmentación de un objeto que comprende tanto la formación como la calificación y la inserción profesional de los jóvenes, situándolo en la intersección de diferentes campos que se apoyan en teorías y trabajos tanto de análisis estructurales o institucionales (acerca de políticas públicas, el rol del Estado y de las instituciones), como constructivistas (los roles y el juego de actores institucionales o individuales).

Como conclusión, los autores afirman que es imposible definir las relaciones entre formación y empleo *ex ante* desde el punto de vista prospectivo y de la planificación. Asimismo, señalan el carácter "adecuacionista" de estos trabajos, tal como precisa Rose (1998):

> *"No está de más caracterizar a la problemática como "adecuacionista", por varias razones, pero, en particular, por el carácter poco eficaz y pertinente de la noción de necesidad de calificación. Por un lado, es casi imposible identificar la naturaleza de las necesidades, por el otro, las empresas suelen tener escaso conocimiento de sus necesidades reales y no están preparadas para traducirlas en términos de capacitación y reclutamiento, asimismo, dichas necesidades pueden ser satisfechas de muy variadas maneras y los márgenes de maniobra son mucho más amplios de lo que podría suponerse a priori; por último, el sistema educativo tiene sus propios tiempos y sus objetivos específicos, que le aseguran cierta autonomía de cara al sistema productivo".*

---

[21]   N. T.: *La inencontrable relación formación-empleo.*

Sin embargo, la formación profesional sigue estando a la vanguardia de una búsqueda adecuacionista. Ella se constituye en el entrecruzamiento de los sistemas educativo y productivo, que evolucionan a su propio ritmo y están sometidos a imperativos irreductibles. El sistema educativo busca la socialización y la integración social, responde a la demanda social de educación y trabaja sobre la inserción de los jóvenes a través de la certificación. El sistema productivo busca reducir sus costos, moviliza y administra una mano de obra cuya certificación ratifica a través de una calificación que brinda acceso a un salario; una relación salarial, que no deja de ser un constructo social, codificado y que evoluciona.

Estos debates y controversias, si bien ponen de manifiesto las diferencias en cuanto a lo que está en juego en la formación y en el mundo del empleo, no erradican la búsqueda de adecuación que persiguen las instituciones. Esto es así en muchos países occidentales. La OCDE lleva adelante investigaciones desde la perspectiva de la adaptación de los sistemas de formación a las necesidades de los sistemas económicos. Sin embargo, estas cuestiones exceden incluso el plano europeo. Investigadores como Mons (2004), Braslavsky (2002) y Jacinto (2005) en Argentina; así como Bougroum y Ibourk (2002) desde Marruecos, por no citar más que algunos ejemplos, han podido apoyarse en teorías de elaboración europea, para el análisis de realidades locales.

3. La definición de la oferta: juego de actores

En su obra *L'école aux enchères* (1979),[22] Charlot realiza una crítica radical de la planificación escolar: desde una

---

[22]   N. T.: En español, *La escuela en subasta.*

perspectiva republicana y democrática, denuncia la subordinación de la formación a las necesidades de la economía. Por su parte, Tanguy (1986) demuestra que tanto la temporalidad como la lógica de acción de la formación y el trabajo no pueden reducirse a una perspectiva adecuacionista.

Sin embargo, los trabajos de planificación privilegian la prospectiva y la coordinación de políticas de diferentes instituciones y reorientan los objetivos de las grandes encuestas nacionales. La evolución del contexto económico (el aumento del desempleo y la recomposición de los empleos), social (el crecimiento de la demanda de educación), institucional (las reformas de los sistemas de formación y empleo) y político de los últimos treinta años, ha incidido en las políticas que vinculan las evaluaciones de resultados y los objetivos perseguidos.

Sin alcanzar una planificación global, la arquitectura de las modalidades de formación, los diplomas y las certificaciones se construyen en el seno de los ministerios de educación y trabajo, y en los consejos regionales. Evolucionan al calor de conflictos políticos, en los cuales no ahondaremos. Las negociaciones que se llevan a cabo en el seno de las instancias *ad hoc*,[23] reflejan las tensiones entre los actores del mundo de la formación, el mundo económico y los sindicatos (Moebus y Verdier, 1997; Veneau y Maillard, 2007).

3.1. Ministerios y certificaciones

Al contrario de lo que sucede en Gran Bretaña o Alemania, en Francia el Estado juega un papel preponderante, teniendo como objetivo para la formación inicial y

---

[23] Dependientes del Ministerio de Educación, las CPC fueron creadas en 1948 y renovadas en 1972. Son aproximadamente una veintena y se corresponden con los principales sectores de la actividad (metalúrgica, química, electrotécnica, de la construcción, etc.). La CTH fue creada en 1971 por el Ministerio de Trabajo.

la formación continua, la igualdad de oportunidades y la homogeneización de las condiciones de acceso a la formación o a la certificación. Esta concepción de la escuela o de la formación heredada de la Tercera República (Lelièvre, 1996) ha sido muy analizada por los sociólogos. Algunos investigadores, como Duru-Bellat y Merle (2000) o Van Zanten (2000), se preguntan si puede pensarse que una estructura homogénea –una organización única con contenidos unificados– es garantía de igualdad. En las diferentes instancias participativas, la relación entre los contenidos propios del trabajo y los de la formación, es objeto de controversias y disputas con los empresarios y sindicatos.

En efecto, en las Comisiones Profesionales Consultivas (CPC) y en la Comisión Técnica de Homologación (CTH) es donde se produce la negociación entre los actores del mundo escolar y del económico. Son instancias paritarias donde se discuten la creación y renovación de diplomas y certificaciones, así como la formación prescripta (horarios, programas, modalidades de examen o de validación). Es justamente esta adaptación de la formación al empleo, en términos de la construcción de referenciales de formación basados en los perfiles de los empleos, lo que sitúa la problemática de la adecuación formación-empleo como eje de la definición de contenidos. Esta construcción se da de manera diferente en el seno de las CPC y de las CPH. En la primera instancia, existe una homogeneización de las modalidades, los diplomas y los contenidos de formación, por tradición. Este tipo de diploma es original en dos sentidos: por un lado, es elaborado en acuerdo con el mundo profesional, lo cual obstruye parcialmente la autonomía del sistema educativo, y por el otro, es legitimado por su reconocimiento en las convenciones colectivas, es decir, por fuera del sistema educativo (Jobert, 2000). En el segundo caso, la CTH pretende expandirse poniendo en práctica la política europea y del Ministerio de Trabajo, y realiza acuerdos de homologación para las certificaciones de diversas instituciones y organizaciones profesionales. El repertorio nacional de certificaciones profesionales es un ejemplo de la dispersión de los distintos tipos de formación y modalidades de puesta en práctica, así como de la legitimidad de distintos actores a la hora de influenciar las políticas de formación. Por último, la CTH homologa también certificaciones aun sin contar con sus directivas de formación, tal es el caso de la Validation des acquis de l'experience (VAE) que se refiere a lo aprendido mediante la misma experiencia de trabajo (Veneau y Maillard, 2007).

De esta manera, los escenarios de la formación profesional se han complejizado a lo largo de los últimos veinte años, en respuesta, por un lado, a las demandas del mundo profesional, y, por el otro, a las demandas institucionales. Los actores del sistema de aprendizaje y de los organismos de formación, se someten a las certificaciones que imponen sus socios. Formación y certificación se diferencian, pero sosteniendo entrecruzamientos múltiples, tanto institucionales (rivalidad) como salariales (calificación y competencias).

3.2. Los "referenciales": ¿vector de adecuación?

Hace ya veinte años que la construcción del curriculum, ya sea de formación profesional inicial o continua, pasa por los referenciales de empleo. Este método se ha generalizado y es interrogado tanto por sociólogos (Eckert y Veneau, 2000), como por pedagogos cognitivistas y especialistas en didáctica. Es parte de una lógica de desglose de saberes y prácticas propios de los empleos, a través de la lógica de las competencias. ¿Cuáles son los factores sociales que se ponen en juego a través de estos recortes? ¿Se trata de una simple prescripción pedagógica o, por el contrario y una vez más, de una transformación de la construcción de las relaciones sociales de producción?

Los referenciales de certificaciones se construyen a partir de los referenciales de empleo, que especifican las funciones y tareas realizadas en cada puesto. Se presenta como una lista de competencias a ser puestas en acción. Los *corpus* de saberes no se construyen con una lógica disciplinaria, ni existen como un elemento a enseñar en sí y para sí, sino para facilitar la puesta en práctica de competencias operativas de los jóvenes en el empleo. Segmenta las actividades que no remiten inmediatamente a conocimientos específicos, omite pasos obligados e impone reinterpretaciones respecto de la constitución de saberes organizados y jerarquizados en las disciplinas tradicionales, pero, por sobre todo, invita a un acercamiento adecuacionista e inmediato sobre las relaciones entre formación y empleo. Los referenciales formalizan y esquematizan tanto los contenidos de la formación como del empleo, dejando a los actores la tarea de reconstruir una coherencia (Ropé y Tanguy, 2000).

La construcción de distintos tipos de formación, de referenciales y certificaciones implica compromisos entre la lógica escolar (elevación global del nivel de formación) y la lógica profesional (ajuste de la formación al empleo) y participa de hecho en la construcción de las relaciones formación-empleo (Agulhon, 1994). Ella involucra a socios con objetivos antagónicos ya que los actores de la formación pretenden el reconocimiento de los diplomas dentro del mundo profesional, y los actores del empleo tienden a guardar el control sobre las modalidades de reconocimiento de la calificación. Sin embargo, también aparecen como un elemento de regulación de un consenso entre fracciones muy heterogéneas y segmentadas, tanto del mundo de la formación (institucionales, formadores de docentes, sindicatos) como del mundo económico (como representantes de grandes organizaciones profesionales, de grandes y pequeñas empresas, sindicatos).

4. La descentralización de la formación profesional: ¿nuevos desafíos?

Desde hace veinte años, el Estado impulsa la descentralización de sus propias competencias hacia las veintiséis regiones.[24] Las leyes de 1983 y 1993 les dieron los medios para llevar adelante una política de educación y formación, limitada por un encuadramiento nacional que integra estructuras anteriores. Esta política es objeto de muchos interrogantes. ¿Cuáles son las posibilidades reales de las regiones de poner en práctica estas políticas? ¿Cuáles son sus dinámicas? Las regiones, ¿constituyen un sector del Estado descentralizado o son, en sí mismas, entidades autónomas?

Algunos investigadores consideran que la descentralización implica un Estado que se desentiende de sus obligaciones, en tanto otros estiman que en ciertos consejos regionales se desarrolla un liberalismo antinómico respecto de la democracia (Charlot, 1994). Esto demuestra que esta recomposición, tanto de las prerrogativas como de las competencias institucionales, no puede ponerse en práctica sin que existan contradicciones en las lógicas de acción, ni paradojas en sus metas.

4.1. La Región como actor pivote del sistema de formación

En un primer momento, la Región era la encargada de gestionar el segundo ciclo de la educación secundaria; los municipios, el primer grado; y los departamentos, el

---

[24]   Las regiones son un resultado de la política de planificación y ordenamiento del territorio de los últimos cincuenta años. Se fueron construyendo poco a poco entre 1945 y 1983, con un momento de auge entre 1968 y 1972, en el período gaullista. Con las leyes de descentralización de 1982 y 1983, adquirieron autonomía política.

primer ciclo secundario. La Región fue la responsable de la construcción de la red edilicia y de la elaboración de un esquema provisorio de formación profesional y técnica. Ella ha desarrollado el sistema de aprendizaje. En este sentido, había encontrado un espacio para poner a prueba su capacidad de impulsar y reglamentar un sistema de formación, así como para legitimar su liderazgo. Sin embargo, este proceso está plagado de contradicciones. Si bien el Estado se encarga de legislarlo, no cuenta con los medios para hacer frente a las múltiples resistencias que se presentan en el seno de las diversas instituciones. El Ministerio de Educación Nacional impone leyes, decretos y circulares a las academias, sin tener en cuenta en absoluto el peso que las regiones puedan tener en sus decisiones; asimismo, desde 1993, el Ministerio de Trabajo dicta nuevos programas nacionales de inserción de jóvenes, en paralelo con los esfuerzos regionales por controlar estos dispositivos. Los jefes de los establecimientos negocian la oferta de formación con el Rectorado y el Consejo Regional, en tanto que los docentes y sus sindicatos –por fuera del debate institucional– "resisten" simbólicamente los embates del "invasor" (la Región). Los centros de formación de aprendices dependen de esta instancia en forma más directa, ya que la Región define su oferta y controla el proceso de formación.

En 1993, las competencias de las regiones se expandieron a la formación profesional continua. Asimismo, la ley otorga a las regiones, en consenso con el Estado, la responsabilidad de elaborar un plan de desarrollo de la formación profesional, así como de garantizar la coherencia de los dispositivos. Esta planificación se realiza a través de la consulta a diversos actores económicos y sociales, y al Consejo Económico y Social regional. El cuestionamiento acerca de la "coherencia" es válido tanto para los actores sociales involucrados directamente como para los observadores.

¿Puede hablarse de complementariedad? ¿De qué manera? ¿O es un intento de reducir la separación institucional, la especificidad de las modalidades? Las interpretaciones varían según la región, la institución y los actores.

Estas regulaciones plantean el problema de la articulación entre la formación inicial y la continua, pero también el dilema inclusión-exclusión de la formación profesional respecto del sistema educativo, o el sistema de aprendizaje y los dispositivos jóvenes, respecto del mundo del trabajo. Una redefinición conlleva las otras: la enseñanza profesional siempre ha tenido un lugar indefinido, y las reformas implementadas han sido aun más desestabilizantes. Se ha convertido en el lugar en que se cristalizan las disputas políticas, interinstitucionales y socioeconómicas a nivel regional.

4.2. Las disparidades del funcionamiento de las regiones

Por otra parte, a la segmentación vertical que implica la gestión política y administrativa, se suma la heterogeneidad entre regiones. Cada una de estas veintiséis entidades es producto de una historia política, religiosa, económica y social que pesa sobre su configuración. Cualquier indicador que se elija marca una diversidad significativa: tanto el tamaño como la evolución demográfica, el peso de los distintos sectores de actividad y el desempleo, las tasas y modos de escolarización, etc. (Caro e Hillau, 1997).

Son pocas las regiones que han alcanzado una armonía entre las tres modalidades (formación inicial, aprendizaje y formación continua). El modelo integrado (enseñanza profesional, aprendizaje y contrato de calificación), meta de la ley quinquenal, no es más que un tipo ideal, que aún está por construirse (Bel *et al.*, 2003). La descentralización ha transformado los modos de regulación de la formación profesional, implementando un sistema regional de formación imperfecto, en el cual tanto la conjunción de las tres modalidades como la Región carecen de legitimidad política frente a los otros actores.

5. La heterogeneidad de los organismos de formación

Además de la multiplicidad de instancias políticas, tampoco existe homogeneidad a nivel de implementación. Los liceos profesionales y tecnológicos dependen del Ministerio de Educación, los CFA son en su mayoría privados y dependen de distintas instituciones (la Región, las asociaciones profesionales o incluso el sector público), los dispositivos para jóvenes movilizan organismos de formación eclécticos y de diferentes jerarquías (públicos, privados o cooperativos). ¿Qué puede tomarse como elemento unificador o de acercamiento entre estos organismos? Tienen por un lado modos de funcionamiento muy distintos, y por el otro, similitudes. Son dependientes, aplican programas elaborados por fuera de su estructura, están inmersos en marcos económicos específicos y establecen relaciones con empresas para poner en práctica la formación. Asimismo, entran en competencia para captar a los jóvenes.

El establecimiento educativo o el organismo de formación están estructurados por sus relaciones con el entorno y las distintas jerarquías, que se desarrollan dentro de las interacciones entre los individuos y referentes culturales heterogéneos. Estos factores producen configuraciones que actúan sobre el clima y la imagen que adoptan. Sus identidades se estructuran en la conjunción de estas interacciones múltiples. Sus historias particulares, sus posiciones en el entorno institucional, jerárquico y económico, sobre una red específica de formación y empleo, influyen en la oferta de formación que proveen y la intensidad de su relación con las empresas. El estatuto y la estructura del organismo, las modalidades de aplicación de las directivas administrativas, construyen un clima que, a su vez, nutre el grado de movilización y cohesión de sus equipos.

El Rectorado, la Dirección Regional de Trabajo y la Región son sus principales interlocutores, y el plan regional de formación, elaborado a través del diálogo entre estos actores, configura su recomposición. Los organismos más sólidos sabrán aprovechar los beneficios resultantes (en términos de material, equipo pedagógico y especialización operativa), los restantes quedarán aislados en su trabajo de apoyo a jóvenes vulnerables. De esta manera, cuanto más se habla de autonomía, más se refuerza la percepción de dependencia de las instancias regionales y académicas.

6. Docentes y formadores: de la profesionalización a la compensación

Existen escasos análisis que toman estas categorías de actores en forma conjunta, debido a la segmentación de las distintas modalidades. Tanguy (1991) realizó una investigación profunda sobre los docentes de "técnica", que se perciben dominados, tanto en su práctica como en el sector en el que intervienen. Con menor formación, menos valorizados, menor retribución y cargas horarias más pesadas, hacen que desarrollen un sentimiento de marginalidad dentro de la institución. Su identidad se construye sobre la cultura de la técnica, que los distingue. Además de la oposición "general-técnica", los dilemas se ponen de manifiesto diariamente entre la enseñanza profesional práctica y los saberes de la enseñanza técnica teórica, que tienden a estar a cargo de las materias científicas. La evolución de los modos de reclutamiento de las últimas dos décadas ha acentuado la ruptura entre una generación de viejos profesionales salidos del mundo productivo y la generación de técnicos superiores de hoy que cuenta con una licenciatura, y que entra directamente a la docencia, posicionándose más cerca de los docentes de materias generales. Los docentes de LP consideran que sus colegas de los colegios han producido un gran daño en los jóvenes, al cristalizar su fracaso bajo la idea de que son incapaces, estigmatizando la orientación hacia los LP, que ellos mismos les han impuesto (Jellab, 2001).

La categoría de "formadores" nació de la institucionalización del sistema de formación continua en 1971, y es más heterogénea aun que la de los docentes. No son considerados funcionarios, sino que sus formas de contratación devienen del derecho privado. Si consideramos que el proceso de profesionalización pasa por la homogeneización de modos de reclutamiento y por las prácticas profesionales, los formadores no han alcanzado estos requerimientos. En efecto, intervienen en organismos diversos y tienen niveles de formación dispares. No hay comparación posible entre un formador técnico de un centro privado, con título de ingeniero y que ejerce dentro de un estatuto profesional privado, y un formador de un organismo asociativo pequeño, dedicado a solucionar problemas cognitivos y financieros para la Región, que no siempre contará con un diploma, y tendrá, por lo general, un estatuto precario y un salario bajo (Gravé, 2002). Con menor legitimidad que los docentes, los formadores han construido su identidad en oposición a ellos, seguros de ser portadores de valores más modernos y prácticas pedagógicas mejor adaptadas (Géhin, 1998). De acuerdo con Cardon (1998), la distribución por género es equitativa en esta población, que promedia los 37 años, proviene de horizontes diversos y tiene ya tras de sí una vida profesional; ellos mismos han pasado por la formación continua y son representantes de los valores de la "segunda oportunidad". En general, provienen de hogares populares, y se dividen por actividades: políticas y estrategias de formación, organización pedagógica o actividades de formación. Las identidades de los actores están marcadas por la modalidad en la cual se desempeñan y los valores sobre los que ésta se funda (servicio público vs. mercado de formación). Existe una tensión entre una lógica democrática, que pugna por la compensación e inclusión social, y una lógica industrial, que los incita a buscar la eficacia esperada por las empresas en términos de adquisición de competencias.

7. Los alumnos: ¿de la resistencia al compromiso?

Las modalidades de formación estudiadas reúnen a jóvenes que "no han aprobado la escuela". Por lo tanto, son, en su mayoría, jóvenes de medios populares cuyas oportunidades y proyectos son inciertos, vapuleados por las instituciones y sus normas que dominan poco. Muchas veces, pueden pasar de una modalidad a la otra (enseñanza profesional escolarizada, aprendizaje y dispositivos "jóvenes") sin llegar a obtener ningún diploma. Tampoco puede hablarse ya de una población marginal, cuyos límites y parámetros son de por sí difíciles de estimar a medida que se extiende la formación profesional: 720.000[25] jóvenes escolarizados en el Liceo Profesional, 385.000 aprendices, cerca de 500.000 jóvenes en los diferentes dispositivos de inserción.

7.1. Los alumnos: del fracaso a la movilización

La escuela, en tanto lugar de socialización (Dubet, 1996), no se limita a proveer saberes, sino que además se

---

[25]   La profesionalización de los cursos universitarios es una de las extensiones contemporáneas que participa de la porosidad de las fronteras entre formación inicial y continua, formación general y profesional.

nutre de todas las relaciones sociales que se viven dentro y fuera de sus paredes durante el tiempo que dura esta socialización. Impregna la vida de los jóvenes de reglas, normas, esquemas de pensamiento y acción en las complejas interacciones que se establecen entre las familias, el personal educativo, su estructura edilicia y una serie de configuraciones jerarquizadas (el lugar de la modalidad dentro del sistema educativo, así como del edificio de la escuela dentro de la red local de establecimientos o la ubicación del aula dentro del edificio). Los modos de adhesión (Coulon, 1997) –es decir, la manera en que los jóvenes entran en contacto con una configuración escolar dada, comprendiendo y adhiriendo a sus normas y restricciones– dependen de su autonomía en el proceso de orientación, del entorno escolar, de la legibilidad de los objetivos, así como del trabajo a realizar. Todos estos elementos participan de la experiencia escolar. Los alumnos construyen, así, una relación con la escuela mediada por las finalidades del segmento sobre el cual han sido escolarizados. La movilidad de un circuito al otro no es un fenómeno frecuente entre estos alumnos. Jellab (2001) así lo demuestra: estos jóvenes no llegan a aprehender el sentido intrínseco de los saberes y necesitan como mediador al docente, para adherir a la formación e interiorizar, como el resto de los liceístas, los valores de uso y de cambio de los diplomas y la necesidad de presentarse al mercado de trabajo con ciertas competencias.

La búsqueda de una pasantía en una empresa es otro de los momentos difíciles en la construcción identitaria de estos jóvenes, ya que pueden enfrentarse al rechazo, que conlleva la desvalorización de su formación. Son, en general, mano de obra prescindible, más o menos maleable, conscientes del lugar que ocupan en la división del trabajo y de las restricciones y grado de dominación que les impone su salario. Por otro lado, tienen pocas posibilidades de continuar sus estudios y les resulta muy arduo identificarse con una enseñanza de nivel superior, lo cual refuerza el sentimiento de desvalorización e ilegitimidad en el mundo académico, como ha demostrado Beaud (2002).

7.2. Los aprendices: trabajadores escolarizados

Los aprendices, que también provienen de sectores populares, con mayor o menor grado de fracaso escolar, esperan de esta formación una socialización en el trabajo y un pasaje a la edad adulta (Moreau, 2003). El sistema de aprendizaje permite crecer, "madurar" según sus palabras, lo cual hace que atraviesen una escolaridad que no rechazan. Por tradición familiar (hijos de trabajadores manuales), por fracaso en las disciplinas escolares o por la valorización del trabajo, ellos aprecian este tipo de formación, sin por ello estar deseosos de entrar en el mundo del trabajo "real" adulto. Moreau considera esa cadena de contratos de aprendizaje como "la paradoja de una paradoja", ya que se valora el aprendizaje en su forma escolar, a la vez que subraya el "techo de cristal" que distingue aún hoy a las formaciones tradicionales de niveles V y IV, de las de la enseñanza superior que reciben el flujo de jóvenes mejor dotados de capital escolar y social.

Al igual que el propio objeto de su análisis, las investigaciones sobre los jóvenes que reciben estos dispositivos son más eclécticas. Siempre de origen popular, estos jóvenes han alcanzado niveles de escolarización variables, desde aquellos que no tienen ningún diploma, o sólo uno, hasta los que obtuvieron un *Certificat d'aptitude professionnelle* (CAP) o un *Brevet de Technicien Supérieur*[26] y se inscriben en distintos tipos de formación. Frecuentemente, aceptan

---

[26]   Certificado de Aptitud Profesional y Diploma de Técnico Superior. [N. T.]

estos contratos por carencia de empleo, pero no valoran la formación ni creen en el diploma. Desean adquirir experiencia necesaria para el empleo. En 1991, Dubar demostraba que la socialización familiar moldea la socialización profesional. La valoración de la formación, de los diplomas y de las calificaciones depende de los modelos disponibles en los entornos de los jóvenes. Si no disponen de una figura positiva en empleos calificados, no invertirán en su formación. Estos tipos de formación alternativos tienen una jerarquía relativa respecto de su capacidad de insertar a los jóvenes, quienes a su vez no se engañan; los mejor dotados acceden a formaciones más eficaces. Existe una reproducción de los modos de selección de la escuela y del mercado del trabajo que deja fuera a los menos dotados.

La extensión de la escolaridad y el descenso de la oferta de empleo alejan a la juventud del mundo del trabajo. La figura de la juventud es estudiante o liceísta. La alternancia permite a los jóvenes de sectores populares transigir con estos dos mundos y construirse una trayectoria.

8. La inserción: un proceso lento

Si las políticas de formación se multiplican es porque la inserción profesional de los jóvenes sigue siendo un problema. Como decían Maurice, Sellier y Silvestre en 1982, las mismas son resultado de la conjunción de los sistemas educativo y productivo, que tienen sus especificidades a nivel nacional.

La juventud ha atraído el interés tanto de los historiadores como de los sociólogos. Así, siguiendo los pasos de Manheim en 1928, Galland (1991) y Mauger (2001), nos vemos tentados a acotar el concepto y definirlo por sus características como clase o generación. ¿Puede decirse que la pertenencia a una generación, con sus coyunturas fácticas y culturales, trasciende la pertenencia a una clase determinada? En los años sesenta, el período en el cual la juventud se convierte en actor autónomo, la perspectiva culturalista supo contribuir a pensarla como un grupo social con su propia cultura, y con relaciones con el trabajo y modos de consumo específicos. Pero en 1980 Bourdieu proclamó: "La juventud no es más que una palabra", abriendo así el debate sobre la categoría *joven*. ¿Es realmente legítimo pensar la juventud como grupo social dotado de ciertas características y atributos homogéneos, de representaciones y actitudes ligadas a la edad?

Las trayectorias sociales y profesionales (Dubar, 2001) son el resultado de las relaciones sociales propias de cada sociedad, producto de su historia, de la organización del trabajo y de la formación profesional imperantes, tanto como de las estrategias de los actores (jóvenes, intermediarios de la inserción y actores económicos). De esta manera, desde la construcción institucional de las relaciones entre formación y empleo, hasta las estrategias implementadas por los jóvenes en un marco restrictivo y sobre un mercado del trabajo segmentado, este campo de investigación de límites difusos reúne a numerosos investigadores e invita tanto a la crítica social como a la comparación internacional (Trottier, 2001).

En Francia, los métodos de investigación para dar cuenta de estas trayectorias se revisan con frecuencia. La prolongación del período de observación responde a la incertidumbre sobre el momento de estabilización de las trayectorias y traduce, al mismo tiempo, el aumento de las dificultades de inserción de los jóvenes de los últimos años. Asimismo, ilustra las dificultades para establecer un punto de vista compartido acerca de los límites del período de inserción, así como para elaborar una teoría de la inserción estable y cuasi estructural. Por otra parte, tampoco es fácil fijar el límite de salida de la formación inicial, dado que los jóvenes suelen trabajar mientras continúan con sus estudios (Béduwé y Giret, 2001). Otros, entran en los sistemas de alternancia (contratos de inserción, contratos de calificación) y se inscriben tanto en un sistema como en el otro, desdibujando la idea de una frontera o de una ruptura neta entre ambos momentos y reforzando la validez de la teoría de la transición. Además, la sucesión de situaciones temporarias, intermediarias y precarias que suponen los empleos subsidiados, los empleos por tiempo determinado (interino y contrato por tiempo determinado) intercalados con períodos de desempleo, no permite establecer una demarcación clara entre estabilidad e inestabilidad, situaciones transitorias o definitivas, movilidad o estancamiento. Gozar de una efectiva inserción laboral, ¿es tener un empleo definitivo (aun cuando sea temporario) o se relaciona con la seguridad de una verdadera estabilidad en el empleo o la constancia de un salario decente? ¿Debe considerarse al salario como indicador de estabilidad en las trayectorias?

Algunos de los factores de inserción son más bien estructurales (como el origen social o étnico, el sexo, el nivel de formación), en tanto que otros son coyunturales (la edad, el segmento del mercado de trabajo evaluado, el estatus de los empleos y el momento económico). La discriminación relacionada con el origen social, étnico, con el sexo o el nivel de formación es difícilmente reductible, perdura a lo largo de toda la vida. Como contrapartida, la edad suele ser un factor de discriminación en un principio, pero luego se atenúa con el tiempo. Más que el tipo de empleos al que acceden, es la progresión constante del desempleo de los jóvenes el detonante de las demandas sociales sobre la evaluación del fenómeno y su intensidad.

Un trabajo colectivo (Giret, López y Rose, 2005) examina las formas de adecuación entre formación y empleo que sufren los jóvenes a la hora de la contratación. Dicha correspondencia es por lo general mediocre. Evoluciona desde un promedio del 41% al momento de la entrada en la vida activa, hasta el 43% cinco años más tarde. Las características de los individuos son el elemento de diferenciación en todas las configuraciones. Esta correspondencia varía según la generación, el nivel educativo y la especialidad. Desde el 54% para el nivel superior industrial o científico, hasta el 33% para el nivel de bachillerato terciario (*baccalauréat tertiaire*). El CAP y el BEP son los niveles en los cuales esta correspondencia es más débil, más aun en el caso de las mujeres. Los autores se preguntan si existen empleos para los jóvenes del CAP y del BEP cuando tienen que entrar en competencia con los bachilleres, incluso para los empleos menos calificados. El desempleo y la precariedad caracterizan sus trayectorias, aun más que la simple falta de adecuación. Las mujeres pierden en todas las configuraciones, quedando aisladas del mercado terciario poco calificado; sin embargo, ponen su carta "femenina" en juego en los sectores de la educación, la salud o el trabajo social.

9. Certificado vs. Experiencia: competencia o complementariedad

Hoy más que nunca, la escuela produce certificados y las empresas demandan experiencia. Esta última se construye a través del empleo y es validada a través de la calificación y el salario, por lo tanto, participa de las relaciones salariales tanto como el certificado. Las relaciones entre estos dos componentes de la calificación se inscriben en las grillas de clasificación, pero también en las múltiples situaciones de competencia que se dan en los mercados de trabajo entre las distintas categorías de mano de obra, fomentando las polémicas entre actores (Grasser y Rose, 2000). La introducción de la validación de saberes adquiridos en la práctica laboral ha renovado la dignidad de la experiencia y le ha dado un nuevo estatus, desencadenando un análisis crítico por parte de los investigadores, que ven en ella una negación tanto de los saberes como del valor de los modos de transmisión formales. ¿Cuáles son, por lo tanto, las encrucijadas a las que se enfrentan, una vez más, la escolarización, la formación y el trabajo?

La construcción de relaciones entre títulos y experiencia se inscribe en el marco de las relaciones profesionales, derivando en una problemática más reciente relativa a la sustitución de las calificaciones por las competencias. Estas relaciones entre diploma y experiencia se ponen en juego igualmente en el mercado del trabajo, un mercado fragmentado en el cual la mano de obra subcontratada empieza poco a poco a competir con la mano de obra de planta experimentada.

Los certificados tienen un valor de uso intrínseco, clasifican a los individuos y participan de la construcción de su identidad; tienen también un valor de cambio extrínseco que evoluciona a la par de los modos de reclutamiento de las empresas; y por último, tienen un valor simbólico, ya que expresan un nivel o pertenencia a un determinado mundo intelectual, económico o técnico (Bourdieu, 1975; Vinokur, 1995). La masificación de la escolarización ha transformado las representaciones de los certificados, modificando al mismo tiempo su eficacia sobre los diversos mercados de trabajo, confirmando las distorsiones imperantes entre título y puesto (Bourdieu, 1978) y una inflación de los diplomas (Passeron, 1982). En el caso de los certificados profesionales, estas afirmaciones toman una dimensión específica (Moëbus y Verdier, 1997).

La noción de *experiencia* es netamente más difusa. No resulta claro si se trata de la experiencia reconocida a partir de las clasificaciones, de la formación en la tarea, de un "saber ser" y "saber hacer" adquirido a través de la alternancia o de las distintas formas de socialización profesional valoradas hoy en día.

Más allá de que se acumula con el paso del tiempo, la experiencia pertenece al ámbito de la socialización profesional, es un factor de integración al mundo colectivo, de mejora de la productividad, de adhesión a la cultura empresarial; es un constructo en el cual se entrecruzan factores colectivos y productivos. La alternancia, los distintos trabajos, los primeros empleos son parte de esta socialización laboral. Béduwé y Giret (2001) evaluaron sus efectos sobre la inserción, poniendo ya en duda la separación entre formación y empleo. Sin embargo, vieron el efecto positivo de la alternancia sobre la estabilización en el empleo y la remuneración, en tanto la experiencia es reconocida por los empleadores si proviene de un contrato ordinario de trabajo. Estos efectos son más visibles entre los jóvenes provenientes de la enseñanza profesional que entre los estudiantes.

La reducción de la oferta de empleos permite a los empleadores multiplicar las exigencias y diversificar las modalidades de selección de la mano de obra. De esta manera, el diploma se transforma en un recurso demasiado débil, que debe estar acompañado de experiencia en las funciones propuestas, así como de una gran variedad de competencias operativas. La selección se realiza, de esta manera, a través de indicadores poco mensurables, lo cual deja abierto un amplio espacio para la negociación de la remuneración salarial, pero también para la subjetividad y parcialidad de los reclutadores.

Finalmente, los procesos de validación de los saberes profesionales, regulados por dos leyes (de 1988 y 1992), así como por la validación de la experiencia, introducida por la ley de modernización social de 2002, niegan a la escuela una de sus misiones originales: la de transmitir un saber que trascienda las competencias. Modifican la concepción de los modos de reconocimiento de los logros y de su expresión en certificaciones. Suponen la aplicación de instancias de validación y la construcción de procedimientos, que son todavía poco conocidas, poco utilizadas pero, sobre todo, cuestionadoras de la forma escolar de aprendizaje. Restan validez a la articulación entre formación y certificación en beneficio del trabajo y de la experiencia, que sustituye a los saberes. Las representaciones de estas transformaciones varían para cada actor: quienes pertenecen al mundo escolar desconfían de tal ruptura, mientras que aquellos del mundo económico ven en ella una posibilidad para estrechar incluso más los saberes académicos o los modos formales de su transmisión. Los aspirantes saben que lo que se persigue es reducir los costos de formación, sin embargo, se sienten atraídos por esta nueva forma de certificación.

10. Conclusión

La formación profesional remite a la compleja articulación entre escuela y trabajo. Proviene de una historia fragmentada plagada de contradicciones políticas y sociales. El análisis de las distintas modalidades de formación profesional pone en evidencia tanto sus diferencias como sus similitudes. Desde un punto de vista prescriptivo, pueden parecer similares (descentralización), pero desde su institucionalidad son muy diversas. Brucy y Troger (2000) proclamaron el fin del "paternalismo escolar". En efecto, la inclusión de estas modalidades en un plan regional debería tender a garantizar su complementariedad e integración, sin embargo, guardan su especificidad institucional. ¿Se puede pensar, por lo tanto, que el régimen de competencias destrona el régimen académico (Verdier, 2001)? Aparentemente, estas modalidades inmersas en un sistema complejo movilizan actores cuyos objetivos son contradictorios, lo cual perpetúa la segmentación. Por último, aunque desprestigiado por el mundo académico, el mundo de la formación profesional construye su legitimidad sobre las tensiones del mercado laboral, la renovación de las relaciones entre formación, certificación y calificación introducidas por las reformas, y ante todo, sobre la dificultad de inserción profesional de los jóvenes así como sobre la incertidumbre que conllevan sus trayectorias profesionales.

11. Bibliografía

AGULHON, C. 1994. *L'enseignement professionnel. Quel avenir pour les jeunes ?*, Paris, Les éditions de l'Atelier.

AGULHON, C. 1997. "Les relations formation-emploi. Une synthèse de la littérature", *Carrefour de l'éducation*, n° 4.

AGULHON, C. 2005. "Les politiques régionales de formation professionnelle : du référentiel commun à la politique locale", *Education et Sociétés*, n° 16, Edition de Boeck Université.

BEAUD, S. 2002. *80% et après ?... Les enfants de la démocratisation*, Paris, La Découverte.

BÉDUWÉ, C. y J. F. GIRET. 2001. "Le travail en cours d'études a-t-il un effet sur l'insertion professionnelle ?", *Formation-Emploi*, n° 73, pp. 31-52.

BEL, M., P. MEHAUT y O. MERIAUX. 2003. *La décentralisation de la formation professionnelle : quel changement dans la conduite de l'action politique ?* Paris, L'Harmattan.

BOUGROUM, M. y A. IBOURK. 2002. "Le chômage des diplômés au maroc : quelques réflexions sur les dispositifs d'aide à l'insertion", *Formation Emploi* (Paris), n° 78.

BOURDIEU, P. 1975. "Le titre et le poste : rapport entre le système de production et le système de reproduction", *Actes de la recherche en sciences sociales*, n° 2, pp. 35-51.

BOURDIEU, P. 1978. "Classement, déclassement, reclassement", *Actes de la recherche en sciences sociaux,* n° 24, pp. 2-22.

BOURDIEU, P. 1980. "La jeunesse n'est qu'un mot", *Questions de sociologie*, Editions de Minuit.

BOURDIEU, P. y J. C. PASSERON. 1970. *La reproduction,* Paris, Les Éditions de Minuit.

BRASLAVSKY, C. 2002. "Décentralisation et équité : possibilités et limites des politiques modernes d'éducation", Texte ronéoté, Buenos Aires.

BRUCY, G. y V. TROGER. 2000. "Un siècle de formation professionnelle en France : la parenthèse scolaire ?", *Revue française de pédagogie*, n° 131, pp. 9-22.

CARDON, C.A. 1998. "Les *formateurs* d'adultes: contre toute apparence floue de milieu indéterminé", *Les cahiers d'études du CUEEP*, n° 37-38, pp. 79-93.

CARO, P. y B. HILLAU. 1997. "La logique dominante des publics scolaires : Offre de formation et environnement local", *Formation-Emploi-59,* pp. 87-104.

CHARLOT, B. (dir.). 1994. *L'école et le territoire : nouveaux espaces, nouveaux enjeux,* Paris, Colin.

CHARLOT, B. 1979. *L'école aux enchères*. Paris, Payot.

CHARLOT, B. y M. FIGEAT. 1985. *Histoire de la formation des ouvriers de 1789 à 1984*. Paris, Ed. Minerve.

COULON, A. 1997. *Le métier d'étudiant*, Paris, PUF.

DUBAR, C. (dir.) 1991. *L'autre jeunesse*, Lille PUL.

DUBAR, C. 1983. "La formation continue en France et ses sociologues (1960-1980) Quelques réflexions problématiques rétrospectives", *Education permanente*, n° 68, pp. 25-32.

DUBAR, C. 2001. "La construction sociale de l'insertion professionnelle", *Education et Sociétés*, n° 7, pp. 23-36.

DUBAR, C. 2007. "Qu'est qu'un objet « dominé » et qu'est-ce qu'un champ légitime en sociologie ?", *Savoirs*, n° 15, pp. 72-74.

DUBET, F. 1996. *La sociologie de l'expérience*, Paris, Le Seuil.

DURU-BELLAT, M. y P. MERLE. 2000. "Politiques éducatives, évolution des scolarités et transformations de la sélection scolaire", *L'année sociologique*, n° 2, pp. 319-344.

ECKERT, H. y P. VENEAU. 2000. "Le rapprochement de l'école et de l'entreprise dans l'enseignement technique : sur les limites d'une rationalisation volontariste", *Revue française de Pédagogie*, n° 131.

FRETIGNE, C. y E. de LESCURE. 2007. "Formation et sociologie en France", *Savoirs*, n° 15.

GALLAND, O. 1991. *La sociologie de la jeunesse,* Paris, A. Colin.

GEHIN, J. P. 1998. "Le métier de formateur : quelques contours d'une identité professionnelle émergente", en BOURDONCLE, R. y L. DEMAILLY", *Les professions de l'éducation et de la formation*, Lille, PUL.

GIRET, J. F., A. LOPEZ y J. ROSE. 2005. *Quelles formations pour quels emplois ?* Paris, La Découverte.

GRASSER, B. y J. ROSE. 2000. "L'expérience professionnelle, son acquisition et ses liens à la formation", *Formation-Emploi*, n° 71, pp. 5-20.

GRAVE, P. 2002. *Formateurs et identités*, Paris, PUF.

JACINTO, C. 2005. "Politiques publiques de formation et d'emploi des jeunes en Argentine. Un bilan critique des années quatre-vingt-dix", *Perspectives documentaires*, n° 63, pp 26-35.

JELLAB, A. 2001. *Scolarité et rapport aux savoirs en lycée professionnel*, Paris, PUF, Education.

JOBERT, A. 2000. *Les espaces de la négociation collective, branches et territoires*, Toulouse, Octares.

LELIEVRE, C. 1996. *L'école à la française en danger ?* Paris, Nathan.

MANHEIM, K. 1990. *Le problème des générations*, traducido del alemán por G. Mauger, Nathan.

MAUGER, G. 2001. "Les politiques d'insertion. Une contribution paradoxale à la déstabilisation du marché du travail", *Actes de la recherche en sciences sociales*, nº 136-137, pp. 5-14.

MAURICE, M., F. SELLIER y J. J. SILVESTRE. 1982. *Politique d'éducation et organisation industrielle en France et en Allemagne*, Paris, PUF.

MOËBUS, M. y E. VERDIER. 1997. "Les diplômes professionnels en Allemagne et en France Conception et jeux d'acteurs", Paris, L'Harmattan.

MONS, N. 2004. "Politiques de décentralisation en éducation : diversité internationale, légitimations théoriques et justifications empiriques", *Revue française de pédagogie-146*, pp. 41-52.

MOREAU, G. 2003. *Le monde apprenti*, Paris, La Dispute.

NAVILLE, P. 1945. *Théorie de l'orientation professionnelle*, Paris, Gallimard, Idées, segunda edición 1972.

PASSERON, J. C. 1982. "L'inflation des diplômes", *Revue française de sociologie*, n° 4, pp. 551-584.

PAUL, J. J. 1984. "Les analyses françaises des relations formation-emploi", *Revue française de pédagogie*, 69, pp. 65-98.

ROPE, F. y L. TANGUY. 2000. "Le modèle des compétences : système éducatif et entreprise", *L'année sociologique*, 50, 2, pp. 493-521.

ROSE, J. 1998. *Les jeunes face à l'emploi*, Paris, Desclée de Brouwer.

SCHWARTZ, B. 1981. *L'Insertion des jeunes en difficulté*, (rapport au Premier ministre), Paris, La Documentation française.

TANGUY, L (dir.). 1986. "L'introuvable relation formation-emploi", Paris, La documentation française.

TANGUY, L. 1991. *L'enseignement professionnel, Des ouvriers aux techniciens*, Paris, PUF.

TANGUY, L. 1996. "Remarques préalables à une analyse comparative internationale en matière de relations éducation et travail", *Carrefour de l'éducation*, 2, pp. 34-50.

TANGUY, L. 2000. "Histoire et sociologie de l'enseignement technique et professionnel en France", *Revue française de pédagogie*, 131, pp. 97-128.

TROTTIER, C. 2001. "La sociologie de l'éducation et l'insertion professionnelle des jeunes", *Education et Sociétés*, n° 7, pp. 5-22.

VAN ZANTEN, A. 2000. "Massification et régulation du système d'enseignement. Adaptations et ajustements en milieu urbain défavorisé", *L'année sociologique*, 50, 2, pp. 409-436.

VASCONCELLOS, M. 2003. "L'éducation, la formation et la dynamique sociale de l'emploi", *Revue française de pédagogie*, 143.

VENEAU, P. y D. MAILLARD. 2007. "La formation à l'épreuve de la certification. L'exemple de la Commission Technique d'Homologation", *Education et Sociétés*, n° 20, pp. 135-148.

VERDIER, E. 2001. "Les politiques d'insertion professionnelle des jeunes et le régime d'éducation et de formation en France", *8° journées de Sociologie du travail*, Aix, Ronéoté.

VINOKUR, A. 1995. "Réflexions sur l'économie du diplôme", *Formation-Emploi*, 52, pp. 151-184.

12. Lista de siglas

CAP: *Certificat d'aptitude professionnelle* (Certificado de Aptitud Profesional).
CFA: Centros de Formación de Aprendices.
CPC: Comisiones Profesionales Consultivas.

CTH: Comisión Técnica de Homologación.

BEP: *Brevet d'études professionnelles* (Diploma de estudios profesionales).

LP: Liceos Profesionales.

La inserción profesional de los jóvenes y las políticas de empleo y de formación: una comparación de los sistemas europeos

Florence Lefresne

1. Introducción

Las dificultades para acceder a una primera experiencia profesional, la frustración de no contar con un certificado reconocido, la degradación que imprimen los salarios relativos y la inestabilidad de las trayectorias son algunas de las situaciones que los jóvenes deben enfrentar para acceder a un empleo en la mayor parte de los países. Estas dificultades –cuyas consecuencias, tanto en lo individual como en lo colectivo, estamos todavía lejos de poder analizar con precisión– han hecho que desde hace treinta años, los jóvenes se hayan convertido en una *categoría objeto* de políticas públicas, a nivel nacional, pero también de la Comunidad Europea a través de la Estrategia Europea para el Empleo, definida en 1997 por el Consejo Europeo de Luxemburgo. El balance de estas políticas subraya a la vez la diversidad de perspectivas y la insuficiencia de resultados para enfrentar la encrucijada.

1.1. Hablar de jóvenes, ¿constituye una categoría pertinente?

Hablar de "los jóvenes", como si se tratara de una entidad homogénea, genera al menos un problema. ¿Qué destino común podría pensarse para el joven estudiante de alguna de las prestigiosas modalidades universitarias y el joven que termina de cursar su escuela secundaria sin obtener ningún diploma? En estos últimos años, hubo dos hechos que pusieron en evidencia el contraste existente en Francia entre estas dos juventudes. En el otoño de 2005, los amotinamientos, que sacudieron los suburbios e inundaron los noticieros, expresaban un profundo descontento de los jóvenes, en su mayoría, hijos de la inmigración que se sentían excluidos del mercado del trabajo e incluso de la sociedad misma. En la primavera de 2006, otra juventud levantó la voz y dio que hablar: los liceístas y estudiantes se moviliza-ron contra la puesta en práctica de un nuevo contrato de trabajo que el gobierno había diseñado para ellos, el Contrato Primer Empleo.[27] Por cierto, los niveles de fragilidad social de estas dos juventudes, así como sus manifestaciones, distan mucho uno del otro: los unos recurren a la violencia, los otros hacen marchas e inter-pelan el debate público. De todas maneras, aunque se les asocie significados muy diferentes, existe un germen de conciencia común acerca de la precariedad, que es quizás irreversible para los primeros y una amenaza constante para los segundos.

1.2. El empleo: más que un estado, una trayectoria

En relación con otras categorías sociales (muje-res, obreros, etc.), la categoría jóvenes presenta una

---

[27]   Implementado por el gobierno de Villepin, en enero de 2006, el Contrato Primer Empleo, dirigido a los jóvenes menores de 26 años, tomaba la forma de un contrato por tiempo indeterminado introduciendo un cambio significativo en el derecho laboral. Daba al empleador la posi-bilidad de cancelar el contrato en cualquier momento, durante los dos primeros años, y sin la obligación de justificar la cancelación por causa real o seria. Al ser rechazado por una movimiento social muy amplio, la aplicación de este contrato nunca se efectivizó.

ambigüedad específica: define a la vez un *stock* y un flujo, un grupo de edad particular de transición universal. Por lo tanto, la relación de los jóvenes con el empleo no puede resumirse con una fotografía: como bien destaca José Rose (1998), se trata de una trayectoria –más que de un estado– entre una *situación inicial* y una *situación final*. De acuerdo con la definición más habitual, es la transición que conduce al joven desde su salida del sistema escolar inicial hasta el acceso a un empleo durable. El problema se centra, entonces, en la definición de estos dos bordes, porque por un lado, la salida del sistema escolar inicial es cada día más difícil de definir, y por el otro, el regreso al sistema de formación inicial o a un dispositivo resta validez al punto de llegada. La idea misma de un pasaje progresivo y medible entre dos puntos, como el fin de la formación inicial y la adquisición de una primera experiencia profesional o una posición estable, ya no parece adecuada para describir trayectorias que son cada vez menos lineales y que suelen superponer la formación y la inactividad sin formación, o el empleo y el desempleo.

1.3. Edad y generación: la doble dimensión de la inserción de los jóvenes

La noción de *inserción* se forjó en las economías en las cuales la gran mayoría de la población activa conseguía una situación estable, en el marco de una relación salarial dominada por el empleo a tiempo completo y el contrato por tiempo indeterminado con un solo empleador. Pero los derroteros profesionales son cada vez más caóticos y diversificados, ya que portan las marcas de las profundas mutaciones que ha sufrido el empleo. La noción de *inserción* condensa dos dimensiones que conviene distinguir: la de pasaje de un estado al otro (de joven a adulto, de inactivo en formación a activo en un empleo permanente) y la forma histórica correspondiente a este pasaje. En cuanto al primer aspecto, podemos plantear la especificidad de la observación desde la perspectiva del adulto –ya inserto– y por lo tanto pasible de un *efecto edad*. Podemos considerar que un joven logra insertarse cuando las características de su desempeño laboral, que lo diferencian del resto de la población activa, dejan de ser singulares. Bajo el segundo aspecto, se toma la relación salarial en su dimensión diacrónica, que revela un *efecto generacional*. Las dos dimensiones se imbrican en una misma naturaleza. La prolongación de la inserción esconde en parte el hecho de que es la situación del adulto la que está en plena redefinición. Por eso, *al hablar del empleo de los jóvenes, tratamos con un objeto que va más allá de la especificidad de una edad y que se encuentra con las transformaciones mismas del sistema de empleo y la movilidad.*

2. Datos de referencia sobre empleo y desempleo de jóvenes en Europa

2.1. Desempleo joven en Europa

Al realizar una comparación a nivel internacional de tasas de desempleo joven es necesario ser prudente, dado que este indicador pone en relación la cantidad de jóvenes desempleados con la de jóvenes activos. Este último elemento de la ecuación es el que genera mayores dificultades. En ciertos países, los jóvenes entran al mercado de trabajo en forma precoz, tal es el caso del Reino Unido; en otros, la escolaridad inicial se prolonga tanto, y cada vez más, que los jóvenes entran al mercado de trabajo en forma tardía. En Francia, la tasa

de desempleo de los menores de 25 años, que era 23,1%
en 2008, estaba basada en una tasa de activos de 38%
(datos Eurostat 2007). En otras palabras, la proporción
de jóvenes desempleados es 8,6% de un grupo de edad.
De esta manera, la naturaleza del sistema de formación
inicial juega un rol importante. En el caso francés y de
los países latinos, esto se da básicamente por la inactividad vinculada a la formación, que constituye –de
alguna manera– la primera política de empleo de estos
países. Por el otro lado, en Alemania, la formación por
alternancia, que ocupa a dos tercios de una clase, es
considerada como un empleo. La tasa de desempleo
joven en Alemania (14,2%) se calcula sobre una tasa de
actividad más alta que en Francia (50%); sin embargo,
la proporción de jóvenes desempleados es cercana a la
de Francia.

Gráfico 1: Desempleo joven y proporción de jóvenes (15
a 24 años) desempleados en la Unión Europea, en 2008

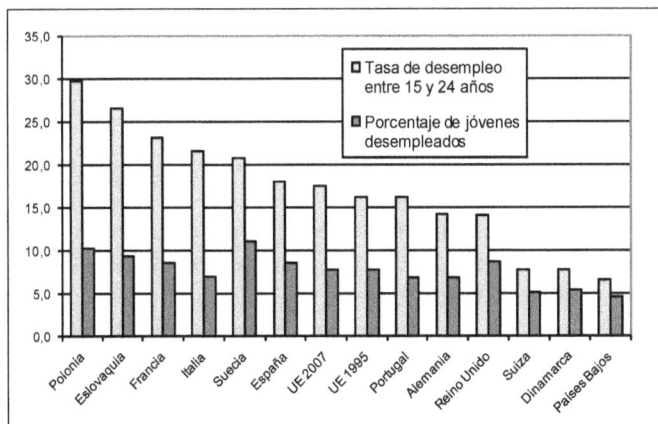

Fuente: Eurostat

Si tomamos como indicador la tasa de desempleo de los menores de 25 años, Francia se ubica bien por encima de la media de la Unión Europea actual y la que comprendía quince países. Dinamarca, los Países Bajos y el Reino Unido tienen los mejores resultados, en tanto Eslovaquia y Polonia tienen las peores cifras. La explicación de las diferencias debe ser investigada, por un lado, a través del desarrollo del mercado laboral local, y por el otro, por la manera en que cada país trata a sus jóvenes. Frente al desempleo, existe un efecto de arbitraje intergeneracional, que funciona de distinta manera en cada país. Cuando la formación y el empleo de los jóvenes se convierten en un compromiso central de las políticas, la presión del desempleo se distribuye entre todas las clases de edad. Este compromiso entre actores sociales se ha centrado por mucho tiempo en la función fuertemente integradora del sistema dual (ver recuadro) en Alemania, pero también en Austria, Dinamarca y los Países Bajos. De este lado del Rin, el compromiso está sometido a fuertes tensiones (reunificación, crisis económica) que aparecieron en los últimos años y que han empujado el desempleo joven por encima de la media, un fenómeno que en el pasado era contenido por el sistema dual. En Suecia, los compromisos respecto de las políticas de empleo y de formación han sufrido una inflexión que se tradujo en una precarización de la situación de los jóvenes. En los países latinos, y por lo tanto en Francia, donde el peso del desempleo es ya tradicionalmente carga de los más jóvenes y los más ancianos, no existe un compromiso central que preserve a estas categorías; en los períodos de bonanza, el cerco del empleo se cierra sobre los salarios otorgando valor a la antigüedad, hasta que ésta termina por convertirse en desventaja...

El sistema dual alemán: un sistema multisectorial

El sistema dual comprende, aún hoy, a dos tercios de la clase de edad y se aplica a todos los sectores de la actividad económica. Los jóvenes reciben una formación práctica en una empresa u oficina administrativa que los remunera y corre con todos los costos correspondientes. Son también beneficiarios de una formación teórica –de menor carga horaria– en el marco de las escuelas profesionales. La originalidad del sistema radica en el fuerte compromiso de los actores sociales intervinientes, resultado de un acuerdo de 1969 entre los dos partidos que formaban la alianza gobernante, en ese momento: los social-demócratas y los demócrata-cristianos. Con el objetivo de garantizar la formación profesional de los jóvenes y la estandarización de los contenidos y calificaciones en la totalidad del territorio (más de doscientos certificados), los social-demócratas y las organizaciones sindicales reivindicaron que el sistema fuera controlado por el Estado. Los demócrata-cristianos y las organizaciones patronales eran contrarios al sistema que catalogaban de "estatal". El compromiso al que se llegó preveía la asociación de actores sociales, de representantes del Estado y de los Länders. Los contenidos de la formación dentro de la empresa, de ramas de actividad, y los parámetros de evaluación, son definidos por comisiones nacionales que reúnen a representantes de los actores sociales de la rama en cuestión. A estos últimos se suman los representantes de los Länders que tienen competencia sobre lo esencial del sistema educativo y están a cargo de la parte más estrictamente escolar del sistema dual, al igual que los representantes de la Federación. En los hechos, estos representantes de la administración no intervienen en las discusiones entre patrones y sindicatos sobre la formación en la empresa. Este tipo de compromiso presenta dos grandes ventajas: el carácter nacional de la normativa, que asegura la homogeneidad de los títulos en todo el territorio, al tiempo que la regulación por rama garantiza a los distintos actores intervinientes la posibilidad de modificar los objetivos y calificaciones de la formación inicial, en función de las restricciones económicas y técnicas del sector.

2.2. Una evolución del empleo mediocre, en comparación con otras regiones del mundo

El gráfico 2 nos muestra que a pesar de los ambiciosos objetivos fijados por la Estrategia de Lisboa (2000) en materia de tasas de empleo (70% para 2010 para la población entre 15 y 64 años, y 60% para las mujeres), en la última década, la tasa de empleo de jóvenes ha tenido una tendencia decreciente. La tasa de desempleo también ha disminuido levemente. Solamente el desempleo a largo plazo (superior a un año) ha bajado 3,9 puntos entre 2000 y 2006. Sin embargo, estos resultados son sensiblemente menos auspiciosos que los de Norteamérica (Canadá y EE.UU.) o Japón (cfr. Cuadro 1).

Gráfico 2: Evolución de las tasas de empleo, de desempleo y de la proporción de jóvenes desempleados (15-24 años) en la Unión Europea actual, 2000-2006

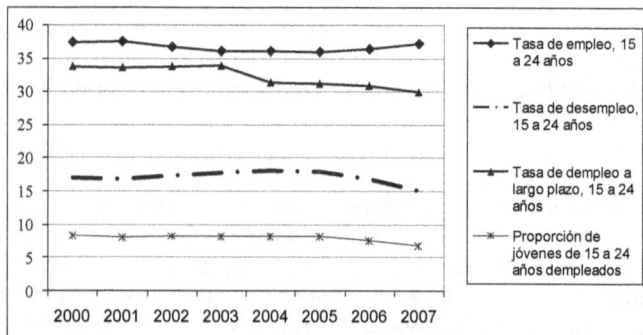

Fuente: Eurostat

Cuadro 1: Tasas de empleo y desempleo de 15 a 24 años en Europa, en EE.UU. y en Japón, antes de la crisis de 2008

	Tasa de empleo %	Tasa de desempleo %
Unión Europea	36,3	17,4
Estados Unidos	54,2	10,5
Canadá	58,7	11,6
Japón	41,4	8

Fuente: OCDE, Perspectivas del empleo 2007

3. El rol de la formación básica

El primer componente de los sistemas nacionales de inserción profesional es la formación básica, que da lugar a una organización institucional propia y anclada en cada historia nacional.

3.1. Las instituciones de formación básica

Una primera diferencia aparece entre los países con tradición en la formación profesional anclada en la escolaridad a tiempo completo (es el caso de los países latinos como Francia, y de Suecia), respecto de los países con una tradición de pasantías y formación profesional a través del empleo (como el sistema alemán, danés, austríaco u holandés). En el primer grupo, las situaciones de formación-empleo son menores en cantidad, aunque muestren una tendencia creciente, y están concentradas en los estudiantes que realizan una actividad de medio tiempo. En Francia, por ejemplo, un tercio de los estudiantes ejerce una actividad remunerada a lo largo del año. La multiplicación de los formatos de formación profesional que incluyen el contrato de trabajo en alternancia, por ejemplo, en gran medida impulsada por el desarrollo de políticas de empleo en los años ochenta, facilita que la relación formación-empleo se haga más estrecha en el conjunto de los países latinos, como Francia (cfr. Gráfico 3). De todas maneras, no sorprende que existan situaciones de superposición entre la formación y el empleo, aun más numerosas que en Alemania, los Países Bajos o Austria, o que la formación profesional de los jóvenes, en forma habitual y mayoritaria, se lleve a cabo en el empleo.

Es importante no sucumbir a la tentación de reducir la explicación del nivel de desarrollo de las situaciones de empleo-formación a una evaluación del desempeño de los sistemas de inserción. Porque, ¿puede decirse que acceder a una primera experiencia laboral durante la trayectoria de formación básica atenúe las dificultades de inserción de los jóvenes? En este sentido, podemos identificar tres mecanismos diferentes, pero combinables:

- El proceso de socialización propio del trabajo (adquisición de reglas generales del mundo laboral, y específicas relacionadas con el oficio o la empresa).
- El proceso cognitivo de interacción entre los logros de tipo escolar y la experiencia en el trabajo. Este proceso contribuye al estrechamiento de la relación formación-empleo.
- El proceso de constitución de la red que da acceso a la información que le permite a los jóvenes situarse en el mercado de trabajo.

Desde el punto de vista del empleador, la adquisición precoz de experiencia profesional, previa a la finalización de los estudios, es un indicador de competencias extra y complementarias, así como de una motivación por el trabajo.

De todas maneras, hay que mantener la prudencia en cuanto a la capacidad "real" de inserción que producen estas situaciones intermedias. Si bien es cierto que el sistema de pasantías aplicado en Alemania, Austria, Dinamarca o los Países Bajos sigue siendo la explicación de buena parte del buen funcionamiento del sistema de inserción, a pesar de la significativa diferencia entre los oficios para los que se prepara a hombres y mujeres, da cuenta de una gran diversidad de modalidades, muchas demasiado débiles, casi precarias, en especial, para las mujeres en empleos de medio tiempo. En algunos casos, cuando los jóvenes son estudiantes, el empleo a tiempo parcial si bien los alivia de su necesidad económica, también se transforma en un obstáculo para que tenga éxito en sus estudios.

Gráfico 3: Tasa de empleo de 15 a 24 años según situación respecto a la formación, 2006 En % de la clase de edad

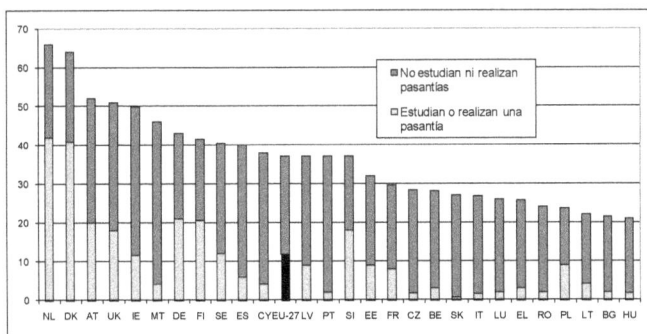

Fuente: Eurostat

3.2. El nivel de formación básica es siempre determinante del empleo

El gráfico 4 nos muestra que el rápido acceso al empleo, luego de la formación básica, se correlaciona en forma positiva con el nivel del diploma. Por el otro lado, el desempleo o las situaciones de inactividad se correlacionan en forma negativa con el nivel del diploma. En esta población de escasa calificación, la inactividad sacude sobre todo a las mujeres, y el desempleo a los hombres.

Gráfico 4: Transición profesional de jóvenes de 15-24 años, en la Unión Europea, según el nivel del diploma, en 2006

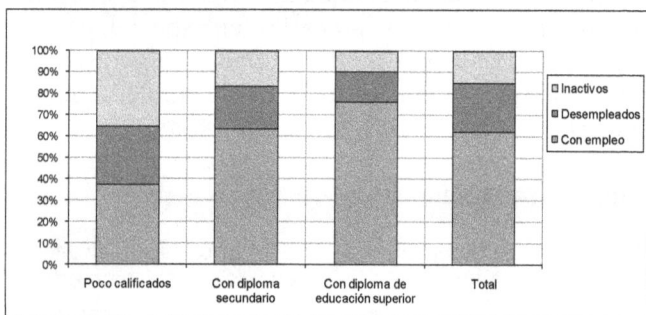

Fuente: Eurostat

NB: las situaciones observadas (empleo, desempleo, inactividad) corresponden al año siguiente al egreso del sistema educativo. La categoría "con baja calificación" designa a aquellos que no han sobrepasado el primer ciclo de enseñanza secundaria o el segundo ciclo de enseñanza básica.

3.3. Dos grandes desafíos para los sistemas de formación básica

El primer desafío está representado por los jóvenes no calificados. En Francia, la proporción de jóvenes que sale de la escuela sin calificación (en la enseñanza primaria, la secundaria o, un poco menor, de la formación profesional) ha descendido significativamente en las últimas décadas, pasando de 35% en 1965 a 8% en 1994. Pero desde esa fecha se ha estancado en un 7% (según estadísticas de la dirección de evaluación y de la prospección de la educación nacional); con un leve movimiento decreciente en el período más reciente. Para muchos, este piso alcanzado da muestra del fracaso de la ley de orientación de 1989 (que establecía que el conjunto de la clase de edad llegara al menos al nivel del *Certificat d'aptitude professionnelle (CAP)* y del *Brevet d'études professionnelles (BEP)*[28] (y el 80% en el nivel del bachillerato). Si a este 7% le agregamos los egresados de la escuela primaria que, en el mejor de los casos, acceden a un certificado secundario inferior, comprobamos que el conjunto de "sin diplomas" alcanza al 20% de los egresados (unos 150.000 jóvenes). Para aquellos que el sistema escolar ha dejado de lado, las dificultades de inserción y el riesgo de desempleo son considerables.

Pero es necesario agregar otro dato tan preocupante como el anterior: si bien la situación de quienes cuentan con un diploma mejoró considerablemente durante la última bonanza laboral de 1997 a 2001, la tasa de desempleo de quienes no cuentan con diploma alguno (*a fortiori*, de los no calificados) permaneció casi estable, alrededor de 50%, con una diferencia considerable entre mujeres y hombres jóvenes, en detrimento de las primeras, a pesar de que son menos en cantidad las que carecen de diploma o calificación. Es importante destacar que a lo largo de este período, se creó una cantidad importante de empleos no calificados, que beneficiaron, en primer término, a jóvenes con algún tipo de diploma. Este es un problema muy frecuente en Europa, en particular en los países del sur europeo. El gráfico 5 nos muestra que, en Chipre, Malta, Italia, España y Portugal, existe una elevada proporción de jóvenes que abandonan el sistema escolar tras el primer ciclo de formación secundaria o tras algunos meses de formación profesional y que no adhieren a ninguna instancia de formación continua.

---

[28]   Certificado de Aptitud Profesional y Diploma de Estudios Profesionales

Los trabajos de comparación internacional ponen de relieve un conjunto de resultados convergentes respecto de los jóvenes sin calificación. En primer lugar, el fracaso escolar precoz estigmatiza a todos. Esta marca durable a lo largo de la trayectoria de los jóvenes cobra el aspecto, en numerosos casos, de exclusión social. En segundo lugar, los determinantes sociales de la falta de calificación son los mismos en todas las sociedades: medios sociales desfavorecidos, situaciones familiares precarizadas (familia monoparental), desempleo de los padres. Desde este punto de vista, Francia detenta un triste récord: "La influencia del estatus económico, social y cultural sobre los resultados está por encima de la media" (Hussenet y Santana, 2004; Duru-Bellat *et al.*, 2004). En tercer lugar, las dificultades escolares se ven reforzadas por la concentración geográfica del fracaso escolar. La desigualdad social de la cual surge el fracaso escolar renueva a su vez una fuerte segregación espacial, cuyos efectos, en términos de interacciones escolares y extraescolares, no hacen más que redoblar las situaciones de inequidad. Por último, en cuarto lugar, el desempeño escolar está más ligado al medio de origen a medida que los jóvenes con dificultades son escolarizados en "estructuras particulares". La implementación de modalidades o clases específicas en el seno del sistema educativo, en general bajo la justificación de tener un espacio para tratar mejor estos problemas, opera en realidad como forma de segregación donde se reproducen las inequidades sociales. Desde este punto de vista, se hace perentorio leer la última obra de Baudelot y Establet (Baudelot y Establet, 2009), en la cual los autores, a partir del análisis de las encuestas internacionales *Programme for International Student Assessment* (PISA), ponen el dedo en la llaga de la educación, el elitismo republicano de la escuela en Francia, su cultura de enclasamiento

y de eliminación precoz, su tolerancia a las desigualdades y a su reproducción. Más allá de las políticas de
democratización, la escuela francesa continúa siendo
selectiva desde temprana edad.

Gráfico 5: Proporción de jóvenes con escasa calificación
en la Unión Europea, que no tienen formación básica
completa o continua, en 2005. En % sobre 18-24 años

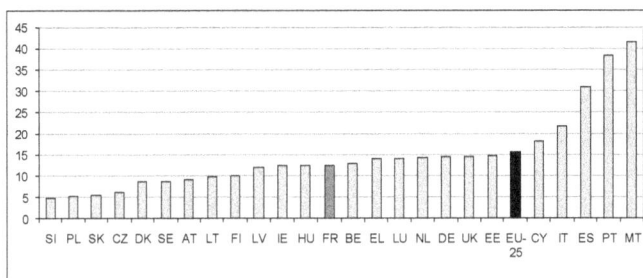

Fuente: Eurostat

El segundo desafío concierne al fracaso en el primer ciclo universitario. El fenómeno es masivo en
Francia, pero también en Bélgica, Alemania, Italia.
Aproximadamente el 30% de los estudiantes efectivos
del primer ciclo reprueba y tiene dificultades de inserción laboral importantes. En Francia, la tasa de desempleo de esta población es muy superior a la de quienes
tienen títulos CAP-BEP (Céreq, encuesta Generación
2001). Estos fenómenos revelan las disfunciones de los
sistemas educativos. Por un lado, ponen de relieve la
insuficiencia en cuanto a medios de encuadre de una
enseñanza superior, que en los últimos veinte años se ha
masificado sin un proceso de selección para entrar. Por
el otro, traducen los efectos de competencia entre públicos. En el caso de Francia, por ejemplo, el fracaso con el
diploma de estudios universitarios generales *(diplôme*

d'études universitaires générales), se da, en numerosos casos, porque muchos bachilleres técnicos o profesionales no tuvieron acceso a la enseñanza superior técnica (dado que los Institutos Universitarios Tecnológicos con diploma de técnico superior seleccionan principalmente a bachilleres generales) y se orientaron, a pesar de sus inclinaciones, por un estudio universitario. En algunos países, preocupados por el fracaso universitario, las innovaciones institucionales se concentran en la orientación al egreso de los cursos secundarios. De esta manera, en Alemania, el Land du Bade-Würtemberg acaba de poner en marcha, a partir de 2010, la sistematización de exámenes de aptitud y la orientación de todos los estudiantes que ingresan a la universidad.

4. El lugar que ocupan los jóvenes en el empleo

El desempleo entre los jóvenes es, en promedio, dos veces y media más elevado que entre los adultos, lo cual suele ocultar una realidad: cuando se habla del empleo de los jóvenes, hay que referirse al empleo en general. Durante la reactivación (1997–2001), los menores de 29 años fueron los primeros beneficiarios de la bonanza, con una tasa de desempleo que descendió más rápidamente que la de los adultos. Pero con el retorno de la coyuntura económica en 2001, la tasa de desempleo de los menores de 29 años volvió a aumentar más rápido que la de los adultos. Esta fuerte sensibilidad a las coyunturas nos va a permitir precisar el lugar que ocupan los jóvenes en el mercado de trabajo.

4.1. Los primeros afectados por la coyuntura económica

Para comprender esta mayor sensibilidad del empleo de los jóvenes a los ciclos económicos, hay que tener en cuenta sus características específicas. Por un lado, suelen ser particularmente vulnerables al desempleo, por la fragilidad de su experiencia profesional y su poca antigüedad en el mercado de trabajo, pero sobre todo, por su propensión a ocupar puestos temporarios. Un porcentaje mayor a un joven cada tres acepta un contrato por tiempo determinado o interino, que cuando se presenta la coyuntura es el primero en cancelarse, haciendo de los jóvenes las primeras víctimas. A la vuelta del ciclo, cuando el empleo comienza a aumentar, el nivel de formación de los jóvenes (en promedio más elevado que el de los adultos) y su propensión a aceptar empleos precarios, los ubica en una posición relativamente favorable. Sin embargo, para la mayoría, un buen diagnóstico percibe la fuerte inestabilidad que tienen en el mercado de trabajo, caracterizada por la alternancia de empleo y desempleo. Y si bien presentan tasas de desempleo más altas, se trata de períodos de desempleo más cortos.

4.2. Normas de empleo más flexibles

Los jóvenes sufren especialmente los efectos del *empleo de medio tiempo* (un "menor de 29 años" sobre cinco tiene este tipo de empleo) y las *formas de empleo temporario,* como los contratos por tiempo determinado, interinos, de pasantía y de empleos subsidiados (es decir, empleos financiados por el poder público). En Francia, el 30% de los jóvenes que trabajan lo hacen en empleos temporarios, un porcentaje que entre los adultos es 6%. Si nos atenemos solamente al empleo asalariado del sector privado (contratos a tiempo determinado o interinos), encontramos que un tercio de los jóvenes empleados tiene contratos interinos y de pasantía, contra menos del 10% entre los mayores de 30 años. Entre comienzos de los años ochenta y finales de los años noventa, las condiciones de inserción de los jóvenes se deterioraron, mientras se expandía la utilización de empleos cortos. Además, se profundizó la desigualdad en el acceso al empleo entre aquellos que tenían diploma y aquellos que no. Si bien es cierto que la proporción de empleos temporarios tiende a atenuarse con el paso del tiempo, hace surgir la pregunta acerca de los efectos a más largo plazo de este pasaje, cada vez más difundido por normas de empleo más flexibles. Algunos trabajos estadísticos demuestran que cada generación finalmente tiene menos empleos estables que la anterior. Justamente por los efectos de generación que se propagan, los jóvenes constituyen un vector esencial en la transformación del empleo. ¿Qué ocurre en otros países?

El gráfico 6 nos muestra que, en promedio, el empleo temporario representa el 41% del empleo en la franja etárea de 15 a 24 años, en lugar del 21% que representa en la de 25 a 29 años, y el 10% a que se reduce entre aquellos que tienen de 30 a 54 años. Resta decir que la mitad de este empleo temporario de los jóvenes es involuntario. En España, Polonia, Portugal, Suecia, Francia, Bélgica, Eslovaquia se observa una tasa particularmente elevada. El trabajo de medio tiempo representa un cuarto del empleo entre los jóvenes de 15 a 24 años, el 13% para aquellos entre 25 y 29, y el 16% en la franja que va de los 30 a los 54 años (gráfico 7). Un tercio del empleo joven de medio tiempo es involuntario.

Gráfico 6: Empleo temporario de jóvenes (en porcentaje de empleo entre 20 y 24 años) en la Unión Europea, 2006, por causa declarada

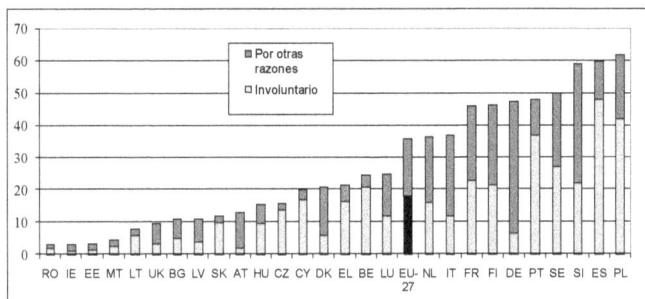

Fuente: Eurostat, 2008

Gráfico 7: Empleo de medio tiempo de jóvenes (en porcentaje de empleo entre 20 y 24 años) en la Unión Europea, 2006, por causa declarada

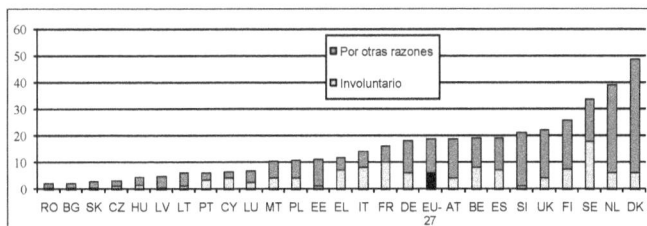

Fuente: Eurostat

4.3. Distancias salariales relacionadas con la edad y el género

En la Unión Europea, el valor hora salarial para los jóvenes menores de 30 años está, en promedio, 25 puntos por debajo del de aquellos mayores de 30 años (ver referencia del gráfico 8), y el valor hora para las jóvenes mujeres es 6 puntos inferior al de los hombres. Se observa que las distancias salariales relacionadas con el género son más leves entre los jóvenes y se profundizan a medida que se avanza en la carrera laboral, que ya es, de por sí, menos lineal en el caso de las mujeres.

Gráfico 8: Distancias salariales relacionadas
con la edad y el género, 2002

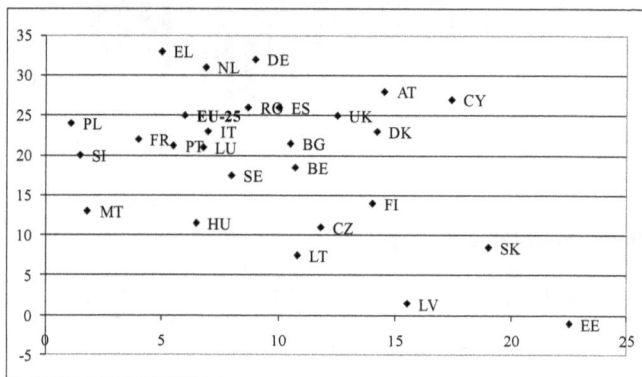

Fuente: Eurostat
Referencia: el eje de las ordenadas (vertical) contiene las diferencias salariales relacionadas con la edad, mostrando que en Francia, los jóvenes menores de 30 años alcanzan un techo en el valor hora, en promedio, 22% menor al de los mayores de 30 años. El eje de las abscisas (horizontal) deja ver, en cambio, las diferencias salariales relacionadas con el sexo, mostrando que las jóvenes mujeres francesas menores de 30 años tienen un techo salarial 4% menor, en promedio, que los hombres de la misma franja etárea.

4.4. El desclasamiento de los jóvenes

La desvalorización de los certificados y diplomas no es el simple resultado del incremento de los niveles de formación. Deriva, en un contexto de caída del empleo, del rol atribuido por las empresas al sistema educativo, que se transforma así en un filtro que permite clasificar a los individuos. El diploma juega, para el empleador, más como un signo de las capacidades de los jóvenes que como garantía de su calificación. El efecto inducido es el de una fuga hacia diplomas de nivel más alto, para conseguir posicionarse mejor en la fila de espera del empleo. El diploma se convierte así en una condición cada vez más necesaria y cada vez menos suficiente para asegurar el nivel de empleo y de salario esperados. Más de un bachiller o universitario sobre diez se enfrenta al desclasamiento permanente a lo largo de tres años consecutivos al concluir sus estudios. Esto se derrama en forma de cascada de tal manera que cada categoría de certificado, del más alto al más bajo, ha sufrido una disminución en términos de remuneración y estatus, lo cual, a su vez, empeora las dificultades de aquellos que disponen de menor certificación.

Con diferentes metodologías, y en distintos niveles, el diagnóstico del desclasamiento puede observarse en toda Europa. El gráfico 9 nos muestra la amplitud del desajuste que existe entre la especialidad de la formación básica y la del empleo realizado. Estos cambios pueden hacerse cada vez más masivos (hasta el 50% de los jóvenes de entre 20 y 24 años, en Italia). De todas maneras, la interpretación de estos fenómenos no es unívoca. En algunos casos, el desajuste puede deberse a una mala formación o a una deficiente orientación en la salida de la educación hacia el mercado de trabajo. En otros casos, los cambios de especialidad son, por el contrario, la manera en que los jóvenes pueden "reclasificarse" a través del empleo, es decir, reducir la distancia entre su nivel de diploma y el nivel de calificación de los empleos que ocupan.

Gráfico 9: Amplitud de desajustes entre formación
y empleo en la Unión Europea, 2000

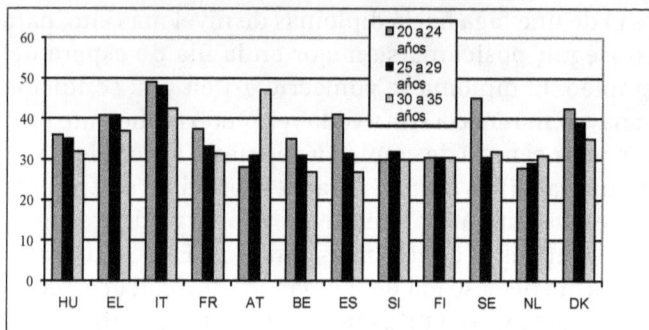

Fuente: Eurostat - Encuesta de Población activa (*Labour Force Survey*) y módulo "transición escuela-empleo")

5. Las políticas de empleo en Europa

No es nuestra intención dar detalle de las modalidades de dispositivos implementados en los distintos países europeos, pero sí señalar que desde su concepción, el rol de la política de inserción conlleva lógicas diferentes. Pueden distinguirse cuatro tipos de lógica, sin dejar de tener en cuenta que no se circunscriben a un solo modelo nacional. De todas maneras, tomaremos en cada caso como ejemplo a un país o un grupo de países, donde parece existir una lógica dominante.

5.1. Una pluralidad de registros de acción

En los países del norte de Europa, la política de empleo reviste un carácter contracíclico. El Estado despliega los medios suficientes en las etapas primarias de la coyuntura para mantener una fuerte cohesión social independientemente de los efectos del ciclo económico. El problema de los jóvenes se ataca, en este caso, como problema de formación. Por lo tanto, en Suecia se han instalado mecanismos de cooperación entre actores del sistema escolar, en lo que concierne a los menores de 18 años. Las autoridades escolares locales se hacen cargo del conjunto de jóvenes de esta franja etárea y sus dificultades, y se relacionan con los servicios públicos de empleo. Más allá de los 18 años, los dispositivos de inserción están incluidos en las negociaciones colectivas de cada sector económico, en tanto los servicios públicos administran la colocación y seguimiento de los jóvenes. Es obligatoria la concertación sindical para definir las modalidades de recursos de los empleos subsidiados en el seno de la empresa y las modalidades de formación profesional asociadas a los empleos. Estas negociaciones entre los distintos actores socios contribuyen a evitar posibles abusos (tendencia de los empleadores a generar empleos subsidiados para sustituir empleos "normales"). De todas maneras, la concepción contracíclica de la política de empleo sueca enfrenta ciertas tensiones al cabo de los años. El aumento del desempleo entre los jóvenes es tres veces más elevado que el desempleo medio, lo cual pone de manifiesto los límites de los compromisos intergeneracionales que han intentado imponer, a lo largo de los años, para evitar que la situación de los jóvenes se precarice. Así, somos testigos de las crecientes dificultades de inserción que enfrentan los jóvenes egresados de la última década.

En los países con un sistema de pasantías fuerte (Alemania, Austria, Suiza, los Países Bajos, Dinamarca), se caracteriza su rol como central para la inserción de los jóvenes. En Alemania, los problemas de inserción radican principalmente en aquellos jóvenes que no encuentran lugar para su pasantía (jóvenes con dificultades escolares, en su mayoría hijos de la inmigración con dificultades de idioma). Los dispositivos se concentran, por lo tanto, en devolverles la posibilidad de realizar su pasantía. A pesar de esto, incluso cuando han completado su ciclo de pasantía, los jóvenes son cada vez más reticentes a aceptar el pasaje por contratos precarios, que a veces supone un cambio de rubro o hasta de actividad. Al día de hoy las convenciones colectivas de los distintos gremios continúan jerarquizando la formación profesional de jóvenes, pero exigiendo cada vez en más casos la obligatoriedad de que sean empleados al concluir la pasantía. La desestabilización normativa se refuerza con la fragmentación regional que tiende a generalizarse tanto en el Este como en el Oeste.

En el Reino Unido, el *New deal for young people* (*New deal* para los jóvenes), lanzado en 1998 por Tony Blair, revestía la "activación obligatoria". Todo joven desempleado debía inscribirse en un *Jobcentre plus* (despacho único y global para la colocación de empleo y el pago de la indemnización por desempleo en el Reino Unido), bajo pena de perder el derecho al seguro y asistencia por desempleo, y debiendo aceptar empleos subsidiados en el sector comercial o cooperativo, o algún tipo de formación. Las empresas se aprovechan de este dispositivo masivamente. Además, la mayoría de los jóvenes abandona estos dispositivos tras tan sólo trece semanas (Blundell *et al.*, 2004). Este tipo de programa fomenta la alta rotación en un mercado de trabajo poco regulado.

En los países latinos, en Francia o Bélgica, la política de empleo oscila entre tres lógicas de acción:

- El tratamiento social del desempleo. Se aplica a las situaciones que lindan con el desempleo, en las cuales el joven posee un estatus desvalorizado, a menudo representado por la ausencia de un contrato de trabajo –que priva al "beneficiario" de todas las garantías asociadas al derecho de trabajo–, la pobreza o ausencia de los contenidos de formación y la precariedad de su remuneración. Implícitamente, se pretende mantener

a esta población por fuera de las estadísticas de desempleo, así como evitar el riesgo social que encarna
este fenómeno. Estos dispositivos dejan lugar para que,
en lo individual, el joven pueda más allá de su estatus
desvalorizado, incorporarse a una actividad laboral
socializante que evite la ruptura del lazo social.

- La adquisición de una formación profesional.
  Representa la perspectiva dominante en términos de
  formación de ciertos dispositivos. En el caso de los contratos específicos, se trata de asegurar la adquisición
  de una formación profesional y proporcionar al joven
  un empleo en una empresa para evitar el período de
  competencia inicial con el adulto.
- Las formas particulares de empleo. Designan las configuraciones en las cuales el joven es sometido a reglas
  particulares en materia de derecho de trabajo y de
  prestaciones sociales o de convenciones colectivas.
  Una modalidad de empleo particular no necesariamente se corresponde con la afectación a un puesto
  de trabajo específico. En este sentido, el joven está
  cerca de otros asalariados y encarna muchas veces, a
  los ojos del colectivo de trabajo, la amenaza de una
  potencial sustitución. Estas medidas son principalmente utilizadas por los empleadores como instrumento
  para salvar la rigidez del mercado de trabajo (el salario
  mínimo, las reglas del derecho privado o de trabajo),
  o para bajar los costos salariales del joven.

Estas tres lógicas han intervenido en las políticas públicas de inserción de las últimas dos décadas, de acuerdo con
las modalidades y del diverso peso de las variables, en cada
uno de los países, en cada período. Un mismo dispositivo
puede, según el uso que se le dé, tender a uno u otro de
estos tres polos, que delimitan el horizonte de posibilidades
en materia de empleo joven. Es necesario recordar que un

dispositivo no existe solamente como instrumento de la economía general creado por el poder público. Su contenido real y sus efectos –tanto positivos como perversos– sobre los jóvenes dependen en gran medida de la manera en que los actores intervinientes se lo apropian.

5.2. Un balance deslucido para Francia

Los trabajos de evaluación sobre la política de empleo que se han multiplicado en Francia, desde los años ochenta, dejan que desear por la heterogeneidad de objetivos, su débil comparación de resultados y la controversia sobre su pertinencia, además de las dificultades para incidir sobre los procesos decisorios. Sigue siendo difícil tratar estas medidas como un bloque homogéneo. Algunas han dado buenos resultados en términos de inserción y formación profesional. Tal es el caso, en general, de los contratos de alternancia, aun cuando sea necesario remarcar que el nivel de compromiso de los empleadores varíe siempre de empresa a empresa. El principal límite de estos dispositivos radica en la debilidad de su contraselectividad (es decir, la propensión a contrarrestar el efecto de la selección de los más calificados): el 70% de los jóvenes con contratos de calificación (que se convirtieron en contratos de profesionalización con la ley de cohesión social de 2005) cuenta al menos a su ingreso con el bachillerato y excluyen a los más vulnerables, que serían quienes más aprovecharían la medida. Estos jóvenes se ven relegados a otros dispositivos más estigmatizantes y que los mantienen bien alejados del empleo "normal". Muchos de ellos, por ejemplo, cuando obtienen una entrevista de trabajo en el sector comercial, no mencionan su paso por un empleo subsidiado en la economía social (por ejemplo, contrato de acompañamiento en el empleo).

Sin lugar a dudas, la debilidad de la política de empleo radica en la asociación de diversos actores y las negociaciones que implica. La finalidad parecería pasar por el hecho de permitir el acceso a un contrato en una empresa (sea cual fuere). Poner el énfasis en un incentivo financiero al empleo parece una medida particularmente limitada, si lo que se pretende es un cambio profundo en las conductas de reclutamiento y gestión de la mano de obra. ¿Por qué no se reserva el Estado el derecho de negociar con el empleador los contenidos del empleo destinado a un joven, en contrapartida de la ayuda financiera que le proporciona, que suele ser sustanciosa (en 2007, se llevó a cabo una exención impositiva en cargas sociales para ayudar a los jóvenes de 24 millones de euros)? En Suecia o Dinamarca el contenido es tema de una negociación minuciosa entre los actores sociales involucrados, para evitar el abuso de las empresas, por un lado, y para garantizar al joven una trayectoria hacia un empleo "normal", por el otro. Estas negociaciones son determinantes, dado que estamos hablando de jóvenes en situación de vulnerabilidad, cuyo acompañamiento se basa en la construcción de asociaciones complejas entre empresas u organizaciones sin fines de lucro, y diferentes actores del sector público y asociativo dedicados a la inserción. Es fundamental la creación de reglas en materia de formación y empleo, para garantizarle a este público en situación de precariedad las condiciones para que su primera experiencia laboral se inscriba en una trayectoria ascendente.

6. ¿Hacia trayectorias profesionales más fluidas?

La recesión económica mundial, desencadenada en el otoño de 2008, hizo sufrir a los jóvenes un nuevo aumento de la tasa de desempleo, que se tradujo en el lugar tan particular que ocupan en el mercado de trabajo. Como primeras víctimas del cierre de empresas y del brutal freno impuesto a los empleos interinos o contratos por tiempo determinado, donde se encuentran siempre sobrerrepresentados, las nuevas generaciones pagarán un pesado tributo a la crisis. En este contexto, mucho se exige a la política de empleo, que concierne ya a más de uno de cada tres jóvenes menores de 26 años. Pero sus efectos contracíclicos son todavía limitados. En efecto, los contratos subsidiados en el mercado (contratos jóvenes en empresas o los contratos de profesionalización) corren serios riesgos de retroceder cuando las empresas congelan la contratación, a pesar de las exenciones que se les proponen como alivios fiscales. El gobierno deberá en primer lugar implementar contratos subsidiados en el sector sin fines de lucro, que amenazan con sustituir una parte de los empleos estatutarios, para dar el golpe de gracia de precariedad a sus titulares. Todos sabemos que un empleo temporario suele estar seguido por el desempleo.

En Francia, la vulnerabilidad de los jóvenes en el mercado de trabajo ha servido de argumento para la instauración de normas que transgreden el derecho laboral. Y la política de empleo es uno de los principales vectores de aplicación de estas nuevas normas. Es necesario cuestionar los límites de tal proceso. Por un lado, al contrario de lo que ocurre en los países nórdicos, la ausencia de negociación en la puesta en marcha de estas medidas contribuye a debilitar su legitimidad. Por el otro lado, la asignación de estatus particulares a categorías particulares conlleva el riesgo de fomentar la dualización del mercado de trabajo, en lugar de combatirla.

Será conveniente "sacar" a los jóvenes de los formatos creados por la política de empleo (para reservarlos a quienes viven situaciones de mayor vulnerabilidad y sólo por un período acotado de tiempo), y tener en cuenta que con la prolongación de la juventud, lo que en realidad está en juego es una redefinición de la situación de los adultos. La propuesta que es eje de una serie de trabajos e informes desde comienzo del 2000 es salir de una lectura en términos de edad, para pasar a una lectura generacional, en la cual los jóvenes deberán ser considerados como una "franja sensible" a las transformaciones de la sociedad. Y el empleo, como figura central de estas transformaciones. Por un lado, los jóvenes son los primeros afectados por la destrucción de los contratos por tiempo indeterminado y de ciertas protecciones que suelen estar relacionadas, como el seguro de desempleo. Por el otro, como contracara de estas tendencias, la formación "permanente" y la mayor fluidez de trayectorias profesionales se convierten en fuertes aspiraciones para los asalariados, y probablemente sean nuevas fuentes de desempeño. Poder cambiar de empleador, o tener eventualmente varios, tomarse el tiempo para la formación, aprender un oficio y tener recursos para adaptarse si el desarrollo tecnológico así lo exige, es parte de las aspiraciones de los asalariados de mañana. Pero requiere también la creación de modalidades que garanticen al mismo tiempo la remuneración y los derechos sociales fundamentales de formación continua y de movilidad en el empleo, de protección contra los riesgos del desempleo, la enfermedad o la vejez. Mucho más allá de una cuestión de edad, la encrucijada que sobrellevan las nuevas generaciones implica una redefinición de su conjunto, así como de su articulación con el sistema de protección social.

7. Bibliografía

BAUDELOT, C. y R. ESTABLET. 2009. *L'élitisme républicain, La République des idées*, Paris, Seuil.

BLUNDELL R. *et al.* 2004. "Evaluating the employment impact of a mandatory job search assistance program", *Journal of European Economic Association,* vol. 2, pp. 569-606, Milán.

DURU-BELLAT, M., N. MONS y B. SUCHAUT. 2004. "Organisation scolaire et inégalités sociales de performances: Les enseignements de l'enquête PISA", *Éducation et formations,* n° 70, p. 123-131, Ministerio de educación nacional, París.

FONDEUR, Y. y C. MINNI. 2005. "Les jeunes au coeur des dynamiques du marché du travail", *Économie et Statistique,* n° 378-379.

HUSSENET A. y P. SANTANA. 2004. *Le traitement de la grande difficulté scolaire au collège et à la fin de la scolarité obligatoire,* Haut conseil de l´évaluation de l´école, noviembre.

ROSE, J. 1998. *Les jeunes face à l´emploi,* Paris, Desclée de Brouwer.

8. Lista de siglas de los países que aparecen en los gráficos 3, 5, 6, 7, 8 y 9

NL = Netherlands (Holanda)
DK = Denmark (Dinamarca)
AT = Austria (Austria)
UK = United Kingdom (Reino Unido)
IE = Ireland (Irlanda)
MT = Malta (Malta)
DE = Germany (Alemania)
FI = Finland (Finlandia)
SE = Sweden (Suecia)
ES = Spain (España)
CY = Cyprus (Chipre)
LV = Latvia (Letonia)

PT = Portugal (Portugal)
SI = Slovenia (Eslovenia)
EE = Estonia (Estonia)
FR = France (Francia)
CZ = Czech Republic (República Checa)
BE = Belgium (Bélgica)
SK = Slovakia (Eslovaquia)
IT = Italy (Italia)
LU = Luxembourg (Luxemburgo)
RO = Romania (Rumania)
PL = Poland (Polonia)
LT = Lithuania (Lituania)
BG = Bulgaria (Bulgaria)
HU = Hungary (Hungría)
EU = European Union (Unión Europea)

Veinte años de políticas de formación para el empleo de jóvenes vulnerables en América Latina: persistencias y reformulaciones

Claudia Jacinto

1. Introducción

Este artículo se propone reflexionar sobre los supuestos, las orientaciones y las estrategias de los programas dirigidos a la inserción laboral de jóvenes en América Latina. El objetivo principal será comparar los programas de los años 1990 y de los años 2000, con el fin de reflexionar en torno a sus similitudes y diferencias.[29]

América Latina ha sido impactada profundamente por las grandes transformaciones societales y del mundo del trabajo de las últimas décadas. En el continente conviven históricamente grandes desigualdades y diferencias culturales, sociales, étnicas y raciales. La inequitativa distribución del ingreso y de la riqueza se refleja en las diferencias de oportunidades educativas y laborales. A este trasfondo de exclusiones, se adiciona una nueva realidad, marcada por la globalización que ha reforzado la segmentación social.

En los últimos decenios, se ha experimentado un deterioro de las condiciones socioeconómicas y de los mercados de trabajo, cuyos signos más visibles fueron el aumento del desempleo en varios países y la disminución, aun más generalizada, de la calidad del empleo. La generación de

---

[29] La base empírica la constituye el estudio comparativo de una base de 52 programas desarrollados durante los años 2000 y las conclusiones de estudios previos realizados en los años 1990 por la autora.

nuevos puestos de trabajo ha sido débil y concentrada en el sector informal; los salarios reales, bajos; y el empleo formal se ha visto afectado por la flexibilización laboral. La estructura productiva es heterogénea y los mercados de trabajo segmentados. En la presente década, la región mostró cambios en las políticas macroeconómicas que llevaron a seis años de crecimiento (entre 2002 y 2008) y mejoramiento de la situación del mercado laboral. Al verse afectada por la crisis internacional, se produjo un nuevo aumento del desempleo (aunque no a los niveles de los años 1990) junto con un deterioro en la calidad de los empleos generados. De cualquier modo, los diagnósticos coinciden en que la crisis internacional golpeó en esta ocasión mucho menos a la región que en ocasiones anteriores. Los niveles de pobreza se mantuvieron elevados durante la década, pero el aumento del gasto social en los últimos años y el incremento de los programas en ese ámbito se estima que fueron cruciales para contener los costos sociales de la crisis (CEPAL, 2009).

En este marco, cabe la pregunta acerca de los tipos de conocimientos que requieren estas economías. Existe consenso desde hace tiempo sobre el aumento en los requerimientos de competencias básicas y transversales para la vida y para cualquier empleo. Por otra parte, ese piso básico reconoce, al mismo tiempo que resulta evidente, una polarización de las calificaciones demandadas.

El título de nivel secundario constituye un requisito para la inclusión en muchos empleos, aunque su valor en el mercado de trabajo varía según la expansión del nivel en cada país y los requerimientos de sus mercados de trabajo. En todo caso, está lejos de ser suficiente para garantizar la calidad de los empleos en contextos socioproductivos donde el sector informal y el empleo no registrado, con diferencias, tienen considerable peso en todos los mercados de trabajo latinoamericanos.

Aunque este panorama afecta a todos los jóvenes, para aquellos en situación de pobreza y/o de bajos niveles educativos,[30] la situación es aun más desfavorable. En ellos, los débiles vínculos con el mundo del trabajo formal se suman, en el marco de los nuevos abordajes de la cuestión social, al paso por programas sociales y de empleo, en los cuales se coloca a este grupo de jóvenes en la categoría de "asistidos". En este contexto, ¿qué significa "formar para el trabajo" a los jóvenes de bajos niveles de calificaciones?

Desde su aparición en la escena de las políticas públicas durante los años 1990, los programas enfocados en la inserción laboral de jóvenes con baja escolaridad formal han tenido un carácter compensatorio, y han tendido a basarse en déficits individuales. En la actualidad, resulta evidente que brindar sólo cursos de capacitación técnica –como han tendido a hacer los programas sociales y de empleo– deja por fuera una compleja trama de dimensiones estructurales, institucionales, familiares, individuales y subjetivas que colocan a estos jóvenes en situación de amplia desventaja en relación con las oportunidades laborales.

Estas acciones, sobre todo, implicaron la implementación de programas focalizados, orientados a brindar capacitación laboral inicial, pasantías y apoyo a microemprendimientos. Han intervenido de un modo acotado, fragmentado y con escasa coherencia global e incluso desde perspectivas opuestas (Jacinto, 2008). Se trata, en gran medida, de programas puntuales que muchas veces parten de diagnósticos parciales en torno a las dificultades de los jóvenes en situación de pobreza. En general, comparten un diagnóstico inespecífico sobre el trasfondo de los problemas en el mercado de trabajo y los llamados "déficits" de formación de los propios jóvenes. Las realidades de los

---

[30] Entendiendo por tales aquellos que no han logrado completar los doce años de escolaridad obligatoria.

jóvenes son mucho más complejas y acumulan desventajas de todo tipo: acceder a escuelas primarias y en algunos casos secundarias de mala calidad; vivir en territorios segmentados y precarios con escaso acceso a servicios básicos; asumir tempranamente responsabilidades familiares; no contar con oportunidades de formación profesional de calidad ni con "puentes" con buenos empleos, entre otras.

En los años 2000, se produjo una reformulación de las iniciativas de este tipo, respondiendo a nuevas conceptualizaciones de la problemática en el marco de los cambios de contexto sociopolítico y económico en la región. El foco central de este artículo será discutir la medida y la forma en que han cambiado los enfoques en los dispositivos actuales, en el marco de las perspectivas más amplias de abordaje de la "cuestión social". Siguiendo la línea argumentativa de Walther y Pohl (2005), el propósito será discutir en qué medida los enfoques reflejan una comprensión individualizante o estructural de la problemática; es decir, si se dirigen a las habilidades individuales para afrontar la inserción laboral o hacia aspectos socioeconómicos o institucionales que condicionan las transiciones, ya sean las condiciones en que los jóvenes desarrollan sus capacidades (estructuras escolares) o las condiciones bajo las cuales entran al mercado laboral (estructuras de entrada al mercado laboral y demanda de trabajo). Asimismo, discutirá si ha habido cambios en el enfoque compensatorio, es decir, el enfoque de "segunda oportunidad" que ha caracterizado a estos programas durante la década de los años 1990.

2. Los años 1990: los jóvenes en las políticas de empleo

No hace falta abundar aquí sobre los procesos socioeconómicos y las orientaciones sociopolíticas dominantes durante los años 1990, ya que se ha discutido ampliamente en trabajos anteriores (Jacinto, 2004; 2008). La globalización, el debilitamiento del rol del Estado y los ajustes productivos reforzaron la heterogeneidad y las desigualdades sociales históricas en América Latina.

En este marco comenzaron a desarrollarse políticas de empleo pasivas, que comprenden las acciones que responden a una lógica de indemnización (subsidios individuales, asignaciones, etc.), y activas, que apuntaron a movilizar la oferta de trabajo, a la calificación de la mano de obra, y a la "creación" de empleo a través de medidas específicas, como subsidios o programas de desarrollo microempresarial.

"Ante el costo social del ajuste estructural", desde una concepción neoliberal, se sostenía que el Estado debía intervenir allí donde el mercado fallaba. Se debían promover "mercados laborales eficientes" (Morrison, 2002) y disminuir las barreras "externas" a través de las desregulaciones del mercado laboral (Fawcett, 2002).

Al tiempo que se propugnaba una amplia reforma del Estado, disminuyendo su papel, se instaló una lógica de atención a los excluidos a través de medidas compensatorias, tanto en la educación formal como respecto al empleo, instalando en la categoría de "asistido" a amplios sectores de la población (Paugam, 1996).

Varios argumentos sustentaron la aparición de programas específicamente orientados a los jóvenes desempleados de bajo nivel de calificación. En primer lugar, el alto desempleo de ese grupo específico (que superaba el doble del desempleo del resto de la población económicamente activa) caracterizado además por altos niveles de precariedad y subempleo. Se atribuyó esencialmente el desempleo a los déficits de formación: pocos años de escolaridad formal y ausencia de capacitación laboral específica ponían a estos jóvenes en situación de desventaja para su inserción laboral, contribuyendo a una noción individualista de la desventaja social, como sostuviera Bendit (2008). En segundo lugar, la debilidad de la oferta de formación profesional tradicional para articularse con oportunidades concretas de empleo (Moura Castro, 1997). En efecto, se trataba también de renovar una oferta de formación profesional tradicional considerada burocrática y orientada por la oferta (instituciones permanentes, docentes y funcionarios públicos) hacia un modelo flexible, dirigido por la demanda. En tercer lugar, se sostenía una visión crítica respecto a las regulaciones protectoras del empleo juvenil, que resultaban poco flexibles y no favorables a la demanda de mano de obra joven (Morrison, 2002).

Los programas se concentraron, en gran medida, en la capacitación laboral orientada al empleo formal o a la inserción en el autoempleo o en emprendimientos productivos. Se trató de medidas de "formación y acompañamiento" (según la tipología propuesta por Lefresne, 2007), coordinadas mayoritariamente por los ministerios de trabajo y/o empleo, y financiadas por el Banco Interamericano de Desarrollo (BID), y en algún caso, por el Banco Mundial. Se adoptó un modelo "de mercado", caracterizado por la contratación de cursos a centros de formación profesional principalmente privados, y organizaciones no gubernamentales (ONG), a través de licitaciones. Ofrecieron capacitación laboral corta y flexible, y orientada al empleo formal, incluyendo pasantías en empresas. Varios países desarrollaron estos programas: Argentina, Chile, Uruguay, Perú, Panamá, Colombia.

Otro tipo de programas *ad hoc* se desarrollaron en el marco de los ministerios de desarrollo social y/o institutos de la juventud, siendo también financiados en muchos casos por agencias multilaterales. En estos casos, ONG, fundaciones, iglesias (especialmente la católica), centros nacionales de capacitación, gobiernos locales, etc., recibieron subsidios del Estado para el desarrollo de los programas dentro del terreno de la educación no formal. La formación en estos casos, se orientó hacia el sector informal, trabajos por cuenta propia y/o la organización de microemprendimientos. Se trató más bien de acciones que promovieron el autoemprendimiento como alternativa a la falta de empleo, pero sin tener en cuenta las motivaciones de los jóvenes ni crear redes de apoyo adecuadas para apoyar su supervivencia (Jaramillo, 2004).

Los certificados otorgados en los programas tanto de uno como de otro tipo, en general no tuvieron ningún reconocimiento o equivalencia en la formación profesional regular, a pesar de que la mayoría de los jóvenes atendidos no contaba con el título de nivel secundario, y que incluso uno de los impactos del paso por estos programas resultó ser que un porcentaje cercano al 30% de los jóvenes reingresaba a la educación formal (Jacinto, 2004).

Las formas de selección de instituciones adoptadas, tanto la de "mercado" como la de subsidios, salvo algunas excepciones, contribuyeron escasamente a la constitución de un sistema de formación de calidad, articulada y ajustada a necesidades de los jóvenes y a las demandas del mundo del trabajo y del desarrollo socioeconómico. Prácticamente ninguna de las acciones emprendidas promovió vínculos con la educación formal ni con la oferta regular de formación profesional. Sólo en experiencias acotadas y de escasa cobertura se han adoptado enfoques que planteen articulación con proyectos de desarrollo local y/o sectorial (Jacinto, 1999).

Las acciones se fundamentaron en la concepción de que la baja *empleabilidad* de estos jóvenes estaba originada en su escaso capital humano (Moura Castro, 2001). Se trataba de jóvenes provenientes de hogares pobres, que no alcanzaban a terminar la educación secundaria o aun la básica, que ocupaban los peores empleos en el sector informal, sin protección laboral, con bajos salarios y no lograban acumular experiencias laborales previas. Ante los cambios en las demandas de calificaciones, basándose esencialmente en los presupuestos de la teoría del capital humano, se sostenía que la falta o escasez de aquellas era el principal motivo de los problemas de empleo de los jóvenes. Se omitían tanto las desigualdades estructurales en el acceso a las oportunidades como la segmentación de los mercados de trabajo, en tanto obstáculos a la inserción de los jóvenes en empleos decentes.

El concepto de baja *empleabilidad* aparecía justamente en un momento de desempleo en aumento, pero atribuyendo al propio joven sus problemas para emplearse. Uno de los debates de la época era justamente si el contexto laboral recesivo, con empleos de baja calidad, y el contexto social excluyente eran las causas macrosociales de los problemas de empleo en la juventud, o si se trataba efectivamente de un problema acotado a los jóvenes de baja calificación y a las nuevas demandas productivas (Moura Castro, 1997; Morrison, 2002; Filmus, 2001; Gallart, 2000; Jacinto, 1999; Cinterfor / OIT, 1998). Los años posteriores mostraron que el deterioro del mundo del empleo constituía un obstáculo central para la inserción laboral de los jóvenes, ya que con la reactivación económica mejoraron las perspectivas, aunque moderadamente, como se verá más adelante.

Al mismo tiempo, la *empleabilidad* era definida de modos diversos, incluso opuestos. Ello se reflejaba por ejemplo en el debate acerca de qué capacitaciones eran las necesarias para la inserción laboral. Diferentes concepciones las ubicaban desde las competencias mínimas para desempeñarse en una determinada ocupación, hasta los saberes y las aptitudes esenciales para desenvolverse en la vida social y ciudadana. De este modo, mientras algunos propugnaban competencias puntuales ajustadas a la demanda del mercado laboral, otros definían los saberes claves como un conjunto de competencias transversales, puestas en acción en la resolución de problemas, que incluían lecto-escritura, cálculo, capacidad de organización, de autoevaluación, de reflexión crítica, etc. (Gallart y Jacinto, 1997). Desde esta perspectiva, entre otros argumentos, se cuestionaban las características acotadas de los programas de capacitación sólo vinculados a la preparación en un oficio, considerándose que la *empleabilidad* estaba fuertemente ligada a la educación formal.

Los programas han tenido desarrollos y permanencias diversos en los distintos países, muchas veces efímeros, dependiendo de los gobiernos de turno, y la mayoría de las veces de las fuentes de financiamiento externo proveniente de los bancos multilaterales. El devenir de los distintos programas es indicativo del lugar que ocuparon en el país dentro del régimen de educación-trabajo y como forma de acción pública, incluso independientemente de las ideologías políticas; por ejemplo, el programa Projoven de Uruguay, que hace más de doce años es financiado a través del Fondo Nacional de Empleo y coordinado por un organismo tripartito, la Junta Nacional de Empleo. Un estudio (Jacinto, 2009) mostró la permanencia de este dispositivo y de la red institucional que puso en marcha a lo largo de tres gobiernos de distinto signo político. Esta continuidad estuvo vinculada a varios factores: su escala acotada, el consenso tripartito en sostener su financiamiento, su carácter de ser el único dispositivo dentro de la oferta de formación profesional y capacitación laboral que incluye cursos, pasantía e intermediación, y sus buenos resultados de inserción.

3. Las políticas de empleo en los años 2000

La región comenzó los años 2000 con una aguda crisis, producto de los ajustes de la década de 1990. Por esos años, se comenzaron a implementar programas de transferencias de ingresos destinados a las situaciones más críticas y a la mayor pobreza. Los mismos asumían una característica nueva: los subsidios eran "condicionados" al cumplimiento de ciertos requisitos. Mientras que algunos enfatizan que esta perspectiva ayuda a desarrollar capacidades al tiempo que muestra interesantes resultados en términos de superación de la pobreza (Banco Mundial, 2007), las visiones críticas sostienen que "se concede al pobre un mínimo social pero se lo excluye de la participación real" (Rambla I Marigot, 2005).

Con la reactivación económica, se ponen en marcha cambios en las perspectivas generales de las políticas de empleo. Aunque argumentos basados en la ineficiencia de los mercados y necesarias desregulaciones del mercado de trabajo permanecen en las concepciones cercanas a las dominantes en los años 1990, en función de sus resultados y los cambios en las orientaciones políticas de varios gobiernos de la región, se instalan, también, visiones críticas sobre aquellos enfoques.

De este modo, varios gobiernos asumen políticas con objetivos re-distributivos, basados en una perspectiva de ampliación de los derechos sociales y ciudadanos. Ello se evidencia tanto en nuevas regulaciones económicas como en la derogación de leyes de empleo, aprobadas en los años 1990, que flexibilizaban las contrataciones laborales (CEPAL, 2007). Se promueven políticas desde el enfoque de "derechos" que intentaban superar, al menos desde lo discursivo, las visiones estigmatizantes y responsabilizantes de la propia pobreza. Como ha formulado Bendit (2008), en este paradigma las necesidades personales, sociales, económicas, culturales y políticas se definen como *derechos* y se vinculan estrechamente a la inclusión social. Se plantea entonces la vuelta a un modelo universalista, que se ha dado en llamar *universalismo básico*, del cual el Estado (revalorizado) debe ser garante. Empero, el modelo difiere de aquel que amparó el desarrollo de los sistemas educativos y sociales durante buena parte del siglo XX. Este nuevo universalismo, si bien por un lado promueve la ampliación de los sistemas educativos, de protección social y de los empleos de calidad, generalmente no los asocia a políticas de desarrollo integral sino a medidas específicas. Aunque supera el enfoque de la focalización extrema en grupos vulnerables, tiende a proponer una nueva suerte de focalización más amplia, en "todo aquel que lo necesite". Además, como ha sido planteado por algunos autores (Minteguiaga, 2008), la adjetivación de "básico" supone el énfasis en condiciones *básicas* de reproducción.

En términos específicos de políticas de empleo, se pasa de un modelo de subsidios a los desempleados a un modelo basado en la "activación", es decir, la concepción de que el beneficiario debe realizar una contraprestación (que puede ir desde un "trabajo" en el ámbito público o privado hasta un curso de formación profesional o la organización de un microemprendimiento) a cambio del monto que percibe.

Dos concepciones, en algunos sentidos opuestas entre sí, confluyen en la "activación" (Rambla I Marigot, 2005). Una de ellas entiende que se trata de la respuesta a un cambio de época, mientras que la otra encuentra en ella un nuevo modo de regulación. En la primera perspectiva, la activación responde a la individualización de las desigualdades y consecuentemente de los derechos sociales. Ello requiere implicar a los pobres en su propio progreso personal y la comunidad en el desarrollo de los programas sociales ("el capital social") (Kliksberg y Tomassini, 2000).

En tal sentido, la activación implica desarrollar medidas que no se queden en el mero subsidio (que genera dependencia y pobreza) sino que sean incentivos a la participación; es decir que los individuos puedan construir activamente su acercamiento al empleo. La otra concepción reconoce la eclosión de las subjetividades ante el desdibujamiento de los soportes sociales y el debilitamiento de los grandes motores de movilidad social del siglo XX, es decir, el empleo y la educación. Entiende que el tratamiento individualizado de la pobreza responde a las contradicciones actuales entre democracia y capitalismo, y es tipificada como una "ciudadanía en negativo", según la concepción de Castel (1997) (Rambla I Marigot, 2005).

Se enfrentan así dos conceptualizaciones acerca de la activación. En la primera, la inserción laboral aparece como responsabilización del sujeto, en su propio progreso personal, e implica la participación de la comunidad en los programas sociales. En la segunda, la inserción es concebida como derecho. Debe posibilitarse a los ciudadanos estar activos, para brindarles nuevas oportunidades ante la deuda social.

Más allá de cuál sea el sustrato teórico de la activación, cabe preguntarse por sus alcances posibles en América Latina. Evidentemente no quiere decir, como en los países escandinavos, activación de apoyo, es decir, creación de redes de seguridad de acceso universal a todos los que lo requieren. Lo que se ha conocido en la región son más bien modelos limitados de activación en varios sentidos: por un lado, el llamado *workfare*, es decir, el otorgamiento de beneficios condicionados a ciertas contraprestaciones; pero por otra parte, el desarrollo, por ejemplo, de servicios de empleo o de calificación laboral que alcancen a todos los que buscan empleo o quieren mejorar su situación (lo cual resulta un horizonte con acciones en marcha, pero lejano en cuanto a su ampliación como un derecho).

Con la activación como centro, las políticas tienden a privilegiar "herramientas para moverse en un mercado incierto", y la "orientación" pasa a ser una de las claves en las medidas de las políticas activas de empleo. Como en los años 1990, muchas de las políticas dirigidas a jóvenes cuentan con financiación externa, que además de los fondos, plantean direcciones específicas en cuanto al desarrollo de los programas. Sin embargo, este hecho no implica necesariamente una imposición de los rumbos sino negociaciones donde las concepciones se plasman en algunas orientaciones similares y, en otras, adquieren modelos propios en función de los sistemas de relaciones sociohistóricas de cada país (Jacinto, 2009).

4. Los dispositivos recientes destinados a jóvenes vulnerables

Durante los años 2000, la situación de los jóvenes en el mercado laboral ha evolucionado de la mano de las mejoras en el nivel de empleo, aunque de manera relativa. Un reciente informe de la Organización Internacional del Trabajo (OIT) advierte que el deterioro de la inserción de los jóvenes permanece, ya que los afecta con mayor intensidad el desempleo, la informalidad y la precariedad (OIT, 2007). Las desigualdades estructurales y la creciente segmentación plantean límites fuertes a las posibilidades de superación de las condiciones de exclusión.

Los ejes del debate surgidos de la investigación refuerzan los argumentos de que los jóvenes sufren los mecanismos de exclusión de las sociedades latinoamericanas más allá de su condición juvenil (Weller, 2007; Salvia, 2008). Estudios cualitativos muestran persistentemente que la fragmentación social, la segregación residencial y la debilidad de una red de relaciones sociales, configuran barreras estructurales prácticamente insalvables para producir cambios sustantivos en las condiciones de acceso al empleo de los jóvenes que habitan en los barrios pobres (Jacinto *et at.*, 2007).

El título de nivel medio va decreciendo en su valor ha medida que se expanden los sistemas educativos. Resulta aún útil para mantener las oportunidades de inserción en el sector formal aunque protege menos contra la desocupación. Sin embargo, existen diferencias importantes entre los países. En Argentina, Chile y Uruguay, dentro de la PEA (población económicamente activa) el título de nivel terciario fue el único que protegió contra la desocupación y el aumento de la informalidad. En estos países, el título de nivel medio resulta necesario pero no suficiente para acceder a un trabajo de calidad, debido entre otros factores a la expansión del nivel. En cambio, en países como Brasil y México, son las personas de menor nivel educativo las que registran mayores niveles de desocupación y de informalidad en el empleo. Por su parte, en países como Bolivia, El Salvador, Guatemala, Honduras, Nicaragua y Paraguay, se expandió el sector informal a expensas del sector formal sin que aumentara la desocupación. Si bien los menos educados fueron quienes tendieron más a pasar del sector formal al informal, este pasaje se produjo también entre quienes completaron la secundaria y entre los que cuentan con estudios terciarios (SITEAL, 2006).

De este modo, la credencial de nivel secundario se expande instalando varias paradojas. Por un lado, parece necesaria para acceder a un empleo de calidad; por otro lado, no lo garantiza. En parte por el deterioro general del mercado de empleo juvenil, pero también, porque quienes menos parecen aprovechar el valor del título en el mercado de trabajo son justamente los pobres. En efecto, algunos estudios muestran que, al menos en los países de amplia expansión educativa, otros obstáculos parecen primar en el acceso a buenos empleos por parte de los jóvenes pobres que logran terminar la secundaria (Jacinto y Chitarroni, 2009). Se trata, en palabras de Bourdieu (1988), de una "generación engañada" frente al desajuste estructural entre aspiraciones y oportunidades.

Al mismo tiempo, la mirada en los jóvenes como sujetos muestra que ante la pérdida de certezas en cuanto a las múltiples transiciones que viven, se producen procesos de individualización de las trayectorias de inserción. Éstas ponen de manifiesto tanto los condicionantes macroestructurales adversos y la desafiliación institucional como los cambios en las subjetividades en torno, no sólo al trabajo, sino también respecto a otras esferas de la vida como son las personales, familiares y educativas (Jacinto y Millenaar, 2009). La desigualdad social en los recursos y oportunidades persiste también en las trayectorias individualizadas, llevando a opciones biográficas más amplias o más estrechas.

¿Asumen las políticas más recientes perspectivas que reconocen los obstáculos estructurales y apuntan a mejorar las oportunidades de ingresar al mercado formal, a fortalecer la institucionalidad y a responder de un modo complejo a las necesidades de los jóvenes en tanto derechos? ¿En qué medida toman en cuenta las nuevas subjetividades de los jóvenes en torno al trabajo? Trataremos de comenzar a responder a estos interrogantes sobre la base del estudio de los programas recientes que hemos efectuado.

Se distingue, en primer lugar, un cambio de perspectiva en el diagnóstico de las causas del desempleo juvenil. Los argumentos del déficit de capital humano o del mercado laboral poco flexible, aunque persisten en ciertos grupos, empiezan a perder fuerza frente a los argumentos que ven el problema desde una perspectiva más amplia y estructural.

Promover la mayor permanencia en la escolaridad de los jóvenes, sea a través de la educación regular, o a través de vías alternativas, comienza a formar parte de las políticas de empleo además de las políticas educativas. En efecto, en un reconocimiento del valor de más años de escolaridad y de las credenciales educativas e incluso del efecto democratizador de la experiencia escolar, muchos recientes programas han apoyado la terminalidad de la educación formal, sea de la educación básica o de la secundaria. Se responde de este modo a una concepción que valoriza la escolaridad formal y la adquisición de competencias transversales tanto para la vida ciudadana como para la laboral. En general, estos programas se apoyan en el sistema de educación de jóvenes y adultos (EDJA). Argentina, Chile, México, Brasil, son algunos de los países donde, con diversas modalidades, se emprenden acciones en este sentido.

Sin embargo, cabe preguntarse acerca de los resultados esperables de estos dispositivos: ¿cuántos jóvenes logran terminar la escolaridad básica o secundaria a través de ellos? ¿Cuál es la calidad de los mismos? ¿Qué aspectos institucionales y pedagógicos deben ser tenidos en cuenta para lograr permanencia y logros de aprendizaje adecuados? Sería preciso contar con más investigación sistemática al respecto. Estas acciones tienen objetivos complejos, ya que lograr la titulación primaria –o más aun secundaria– de la amplia población de adultos que no cuenta con ella, enfrenta obstáculos de diversa índole tanto desde el punto de vista de las estructuras como desde los sujetos. Entre ellos, la calidad tradicionalmente débil de esta oferta formativa. Muchas de las instituciones que participan en estos programas, tanto públicas como ONG, suelen ser precarias y sufrir falta de recursos. Existen dificultades propias de la articulación entre educación formal, capacitación laboral y programas sociales. Con respecto a los educandos, las condiciones de vida difíciles, la necesidad de articular estudio y trabajo, e incluso las motivaciones personales que deben ser muy fuertes para asegurar la permanencia, imponen dificultades.

Éstas son algunas de las cuestiones que instalan ciertas dudas acerca de la permanencia de los educandos, sus motivaciones, la calidad de los logros, aunque sean esfuerzos destinados a brindar oportunidades más amplias que la sola capacitación laboral.

Respecto a los programas específicos de formación y empleo, pueden evidenciarse dos tendencias que ilustraremos en los puntos siguientes:

- El reconocimiento de las limitantes estructurales y la revalorización de la institucionalidad de la formación, aunque persiste la diferenciación interna y la segmentación de los dispositivos y servicios.
- La orientación como dispositivo privilegiado, aunque con enfoques de diferente sustento político-conceptual, que van desde perspectivas instrumentales a aquellas que enfatizan el fortalecimiento de las subjetividades.

4.1. Entre las redefiniciones de la institucionalidad y la persistencia de perspectivas acotadas

Puede sostenerse que una parte importante de los nuevos programas parte del reconocimiento de que la situación del mercado de trabajo y la estructura productiva de los países son los grandes condicionantes de las oportunidades laborales. La calidad del empleo comienza a ser una característica enfatizada por algunos programas destinados a jóvenes, de la mano del concepto de *trabajo decente* acuñado por la OIT.

Estudios de impacto de algunos programas de capacitación laboral y/o intermediación laboral muestran que brindar experiencias de primer empleo de calidad a jóvenes provenientes de hogares de bajos recursos, puede contribuir en alguna medida a quebrar barreras entre los segmentos del mercado laboral y mejorar las oportunidades de esos jóvenes (Jacinto 2008; 2009). Es el caso en particular de programas que se orientan hacia jóvenes de sectores medios-bajos o pobres (aunque no de pobreza extrema) que han terminado la educación secundaria. Estos programas incluyen formación ocupacional (en muchos casos en los servicios), orientación sociolaboral e intermediación con empresas que ofrecen empleos decentes. Ejemplos de los mismos son programas como PREJAL de la OIT y Entra 21 del Instituto Internacional de la Juventud.

Pero en general la segmentación social y laboral se impone en los circuitos de acceso a buenos empleos. Las iniciativas para facilitar las primeras experiencias laborales de calidad para los jóvenes vulnerables, han enfrentado el escaso interés mostrado por el mundo empresarial. Existe una distancia considerable entre los perfiles de jóvenes privilegiados por las empresas del sector formal de la economía y los de los jóvenes atendidos por los programas sociales (en cuanto a su nivel educativo formal, sus competencias, su lugar de residencia, etc.).

Por otra parte, no todos los programas asumen la perspectiva de acercar a los jóvenes a empleos de calidad. La limitada generación de empleos, y más aun de empleos decentes, ha llevado a continuar promoviendo la creación de microempresas juveniles como solución mágica a los problemas del empleo juvenil. El apoyo a los emprendimientos juveniles parece ser eminentemente un escape ante la escasez de empleo. Sin embargo, también respecto al autoempleo se ha venido produciendo una segmentación. En un extremo, jóvenes de sectores medios de altas calificaciones educativas optan por los llamados "trabajos independientes de segunda generación", por ejemplo en el campo de la informática, obteniendo gratificaciones monetarias y simbólicas con ello. Muchos trabajos informales, como son aquellos relacionados con la gestión y/o expresión cultural, son valorados por los jóvenes que eligen estos empleos creativos ante la incertidumbre. Algunos programas de juventud han promovido con éxito este tipo de iniciativas. En cambio, en el caso de jóvenes de bajos niveles educativos formales, los programas los impulsan a transformarse en emprendedores "por necesidad" y no por "vocación". Los estudios disponibles muestran que estas microempresas suelen tener altísima mortalidad. Las perspectivas con las que se aborda la *empresarialidad* de los jóvenes, en particular en los programas dirigidos a jóvenes pobres, continúan adoleciendo de muchas simplificaciones. En su mayoría, son programas aislados que brindan capacitación o subsidios iniciales que no se apoyan en regulaciones apropiadas que favorezcan la supervivencia de los emprendimientos, ni facilitan las articulaciones con cadenas de valor más amplias (Tockman, 2003). Asimismo, promueven el desarrollo de capital social juvenil, desde perspectivas que no tienen en cuenta las complejidades estructurales e institucionales de la problemática. Desde un enfoque diferente, algunos programas han hecho hincapié en alentar una estrategia de desarrollo personal y social basada en el asociacionismo y el cooperativismo, y en la utilización de las capacidades y creatividad de los sujetos, individual y colectivamente, apuntando a una política de desarrollo desde la movilización de los propios actores. Aunque en algunos casos, pueden registrarse experiencias interesantes, los procesos no están exentos de muchas dificultades.

Se sigue evidenciando una segmentación en las acciones. Los programas de tipo "promoción para microemprendimientos" suelen dirigirse a jóvenes, urbanos o rurales, más pobres con mayores dificultades para insertarse en empleos de calidad; en cambio, los programas con pasantías o acompañamientos a la inserción en el mercado formal de calidad se destinan a jóvenes en mejores condiciones relativas.

Los nuevos abordajes asumen también una perspectiva orientada a fortalecer la institucionalidad de la capacitación laboral brindada en los programas sociales. En efecto, durante los años 1990 los dispositivos pretendieron contribuir a una diversificación y renovación de la oferta de formación profesional, adoptando un enfoque *demand driven*. Actualmente, los programas suelen vincularse a la institucionalidad permanente, desarrollándose en el marco o articulándose con las instituciones regulares de formación profesional (centros de formación profesional, escuelas técnicas). Ejemplos de estas tendencias son la absorción por parte del SENA de Colombia del programa de empleo juvenil colombiano y el fortalecimiento y participación de los centros regulares de formación profesional en los programas de formación y empleo en Argentina. El abordaje apunta a una mayor institucionalidad y a su fortalecimiento, incluso promoviendo, más fuertemente, el diálogo social con la participación de actores empresariales y sindicales. Sin embargo, esta apuesta por la institucionalidad y el diálogo social sólo es observable en programas de empleo propiamente dicho. En los programas de índole más social, como los que apoyan microemprendimientos, se observa mayor heterogeneidad en los actores que participan, desde organizaciones o movimientos sociales que se desempeñan en el terreno de la economía social hasta pequeñas organizaciones barriales. Si bien algunas experiencias se destacan, resulta un camino de mayor debilidad institucional y más alejado de los circuitos de formación y empleo de calidad.

4.2. La orientación como dispositivo de los programas

La orientación aparece como un dispositivo vinculado a una lógica de la activación. Es habitual que los programas dirigidos al empleo juvenil incluyan algún módulo de orientación sociolaboral durante, después o en lugar de la capacitación técnica propiamente dicha. Este tipo de orientación se ha ido consolidando de la mano de las concepciones basadas en "dar herramientas para el manejo de la propia trayectoria".

Faltos de experiencias laborales de calidad, muchos jóvenes no manejan códigos, roles y rutinas habituales en el ámbito laboral, y muchas veces son estas cuestiones las que están detrás del no acceso o la pérdida del empleo, tanto por insatisfacción del joven como del empleador. De algún modo, está presente en esta perspectiva el diagnóstico de la falta de información como uno de los obstáculos a la inserción laboral juvenil.

Pero la problemática es mucho más compleja. Las consecuencias de más de dos décadas sin mejoramiento sustantivo de las condiciones de vida, de deterioro del empleo, de la mayor segregación urbana, de la violencia y de la aparición de redes delicuenciales de gran escala vinculadas al narcotráfico, impactan fuertemente sobre las percepciones y actitudes de los jóvenes acerca del empleo. Este panorama ha modificado la relación con lo laboral, que en etapas anteriores estaba teñida por la llamada "cultura del trabajo". Algunos autores (Pérez Islas y Urteaga, 2001) señalan que se está produciendo una descentralización del lugar del trabajo en la constitución de las identidades sociales juveniles, y este cambio actitudinal se refleja en la "escasa motivación por trabajar" que algunos jóvenes manifiestan. De este modo, se comienza a configurar un cambio en los ejes conceptuales a partir de los cuales se abordan los problemas de la inserción laboral de los jóvenes: de las "necesidades de capacitación" hacia las "disposiciones al empleo", como plantea Mauger (2001). Este nuevo elemento de diagnóstico tiene el riesgo de implicar una nueva versión de responsabilización individual del problema (Tanguy, 2008).

Se desarrollan entonces numerosos dispositivos de orientación, en general, cursos adicionados a la capacitación laboral, que adoptan desde perspectivas netamente instrumentales (cómo hacer un *curriculum*; cómo encontrar trabajo) hasta abordajes más amplios que pretenden que los jóvenes reconozcan las reglas del juego del mundo laboral, derechos y deberes, y aprendan a proyectarse en términos de aprendizaje y trabajo. En general, estudios cualitativos muestran que los jóvenes valoran las experiencias de orientación y las encuentran útiles, más aun cuando más profundas son sus dificultades (Jacinto, 2008).

La investigación latinoamericana disponible señala que la orientación sociolaboral puede contribuir a procesos más amplios de subjetivación en relación con la inclusión laboral y educativa (Dávila, 2003; Abdala, Jacinto y Solla, 2005; Jacinto y Millenaar, 2009). Puede brindar herramientas para "tomar decisiones sobre la base de reflexionar sobre las condiciones de la propia acción", en los términos de Giddens.

Pero contribuir en la orientación hacia la inclusión social y laboral no es independiente del enfoque que se adopte. Las perspectivas más integrales abogan por finalidades expresas, la promoción de derechos, un alto grado de atención personalizada y de seguimiento cuidadoso. Proponen combinar instituciones y diferentes actores en apoyo al desarrollo de evaluaciones y planes de acción personales y a la búsqueda del empleo. A su vez, promueven la reflexibilidad individual y la construcción de soportes institucionales y colectivos.

Ello sólo es reconocible en algunas experiencias latinoamericanas. En cambio, el carácter "instrumental" y acotado que caracteriza a muchas otras experiencias, brinda poca atención a la necesidad de apelar a una fuerte personalización y al lugar central de la institución formativa en ese abordaje. La capacidad del individuo de "gestionar su propia transición a la vida adulta" depende de la estructura de oportunidades de la sociedad y del lugar de las instituciones en esa mediación. En tiempos de debilitamiento y fragmentación de las instituciones tradicionales de la modernidad, las formas concretas en que cada establecimiento (escuela, centro de formación, empresa) con el que se vinculan los jóvenes ponen en juego sus perspectivas y enfoques sobre la inclusión laboral y social, y tienen incidencia en la estructuración de las oportunidades. Cabe preguntarse tanto acerca de las mediaciones y soportes institucionales necesarios en las políticas públicas para actuar de este modo sobre las subjetividades, como sobre las condiciones estructurales que permitan avizorar mejoramientos en la estructura de oportunidades de la sociedad. Desde esta perspectiva, las políticas sociales, educativas y de empleo y las intervenciones sociales en pos de la construcción de ciudadanías deben sustentarse en criterios sistémicos, institucionales y subjetivos.

5. Reflexiones finales

Se han discutido a lo largo del artículo, virajes en las perspectivas y énfasis dominantes en políticas de inserción de jóvenes desempleados de bajos niveles educativos, entre los años 1990 y los 2000. Los cambios en general se relacionan con cosmovisiones diferentes acerca del papel del Estado y de la institucionalidad de la formación profesional, y con diagnósticos que enfatizan distintos aspectos acerca de las razones de las dificultades de empleo de los jóvenes. Algunos virajes centrales refieren al pasaje: del Estado subsidiario a una nueva regulación estatal; de la institucionalidad de la capacitación laboral como "mercado" a la capacitación laboral como un componente dentro de un sistema de formación profesional; de la perspectiva que enfatizaba "las necesidades de capacitación" a otra que enfatiza "las necesidades de orientación". Sin embargo, los cambios de enfoque no son homogéneos, sino que conviven eclécticamente distintos dispositivos, y las conceptualizaciones acerca de ejes claves no son las mismos: *empleabilidad, activación, orientación,* son algunos de los conceptos con distintas acepciones según las perspectivas políticas y socioculturales. Aunque en la presente década se observan lineamientos de políticas que apuntan a mejorar condiciones estructurales, y se apoyan en la perspectiva de los derechos, en las acciones concretas persisten también visiones individualizantes de la problemática y segmentaciones.

El énfasis actual en brindar puentes con buenos empleos se enfrenta al reconocimiento de que la escasez de empleos decentes constituye un obstáculo estructural que excede las políticas específicas. La amplitud del empleo informal desafía la formación profesional y limita la aplicación de la legislación laboral (Gallart, 2008).

Parece que existen en este terreno muchas perspectivas "voluntaristas" en torno a las posibilidades de acercar a los jóvenes a buenos empleos, que no reconocen las limitaciones que imponen tanto las dificultades de construcción de acciones conjuntas entre los distintos actores, como los mecanismos de reproducción social y discriminación de nuestras sociedades. Los programas que atienden la formación para el trabajo de jóvenes vulnerables apuntan a objetivos de democratización de la formación, y constituyen una parte importante –obviamente– de cualquier modelo de desarrollo inclusivo. Pero los enfoques de tipo estructural-preventivo, aunque presentes en las políticas de mejoramiento de la educación y en las políticas que han intentado vincular crecimiento económico con crecimiento del empleo, están lejos de poder superar desigualdades estructurales. En cuanto a la propia formación profesional, en términos generales, persiste un paralelismo o una lógica segmentada entre formación regular, dirigida a sectores de trabajadores integrados y a la competitividad, y una oferta orientada a los sectores de menores recursos, cursos de bajo costo o gratuitos cuya vinculación con el mercado de trabajo de calidad es relativa. De este modo, ciertos programas dirigidos a los más pobres, lejos de ampliar los "espacios" y los ámbitos de socialización de los jóvenes, los "anclan" en sus contextos de exclusión, sin lograr sumar sinergias en la generación de mecanismos de inclusión social. Se ha intentado, por ejemplo, insertar a jóvenes de perfiles vulnerables en grandes empresas, enfrentando en ocasiones prácticas discriminatorias. Cuando desde los programas públicos se intenta alterar esas lógicas de selección en el mundo productivo, las regulaciones y los incentivos no resultan suficientes.

A pesar de las reformulaciones y cambios de perspectivas, no es común observar experiencias en países latinoamericanos que asuman la complejidad de lo que Casal (1996) ha denominado la perspectiva de la "transición a la vida activa". Es decir, aquella que asume abordajes multisectoriales para intervenir en la mejora de las transiciones laborales juveniles, incluyendo políticas educativas, de vivienda y de empleo. Aquella donde el espacio local es reconocido como el marco de referencia para definir y articular las acciones con fuerte contenido sociocontextual.

La complejidad de la problemática reclama articular las dimensiones estructurales, institucionales, individuales y subjetivas que condicionan el acceso de los jóvenes pobres a buenos empleos y plantean desafíos específicos a las estrategias de intervención en este terreno. Desde los ámbitos académicos, muchos autores claman por mayor integralidad en los abordajes de estas problemáticas (por citar algunos: Casal, 1996; Walter y Pohl, 2005; Salvia 2008; Jacinto, 2008; Riquelme, 2001; Herger, 2008; Abdala, Jacinto y Solla, 2005; Weller, 2007). ¿Cuál es el margen de lo posible en sociedades fragmentadas con débil institucionalidad? Algunos esfuerzos por construir miradas que articulen lo macrosocial con los niveles institucionales y subjetivos brindan herramientas teórico-conceptuales sugestivas para el abordaje de la investigación sobre las transiciones juveniles y las posibilidades de intervenir en pos de una mayor inclusión social.

6. Bibliografía

ABDALA, E., C. JACINTO y A. SOLLA. (coords.). 2005. *La inclusión laboral de los jóvenes: entre la desesperanza y la construcción colectiva*, Montevideo, CINTERFOR / OIT.

BANCO MUNDIAL. 2007. *Informe sobre el Desarrollo Mundial 2007: el desarrollo y la próxima generación*, Washington, Banco Mundial.

BENDIT, R. 2008. "Síntesis, conclusiones y perspectivas", en R. Bendit, H., Marina y A. Miranda (comp.), *Los jóvenes y el futuro*, Buenos Aires, Prometeo.

BOURDIEU, P. 1988. *La distinción*, Madrid, Taurus.

CASAL, J. 1996. "Modos emergentes de transición a la vida adulta en el umbral del siglo XXI: Aproximación sucesiva, precariedad y desestructuración", *Revista Española de Investigaciones Sociológicas*, Barcelona, 75, p. 295.

CASTEL, R. 1997. *Las metamorfosis de la cuestión social*, Buenos Aires, Paidós.

CEPAL. 2007. *Panorama Social de América Latina 2007*, Santiago de Chile, CEPAL.

CEPAL. 2009. *Balance preliminar de las economías de América Latina y el Caribe*, Santiago de Chile, CEPAL.

CINTERFOR / OIT. 1998. *Juventud, educación y empleo*, Montevideo, Cinterfor.

DÁVILA, O. *et al.* 2003. "Capital social juvenil y evaluación programática hacia jóvenes", *Última Década*, nº 18, Viña del Mar, CIDPA, pp. 175-198.

FAWCETT, C. 2002. *Los jóvenes latinoamericanos en transición: Un análisis sobre el desempleo juvenil en América Latina y el Caribe*, Washington, Banco Interamericano de Desarrollo.

FILMUS, D. 2001. "La educación media frente al mercado de trabajo: cada vez más necesaria, cada vez más suficiente", en C. BRASLAVSKY (org.), *La educación secundaria. ¿Cambio o inmutabilidad?*, Buenos Aires, IIPE-UNESCO y Santillana.

GALLART, M. A. y C. JACINTO. 1997. "Competencias laborales: tema clave en la articulación educación-trabajo", en M. A. GALLART y R. BERTONCELLO, *Cuestiones actuales de la formación*, Papeles de la oficina técnica nº 2, Montevideo, Cinterfor-Red Latinoamericana de Educación y Trabajo, pp. 83-90.

GALLART, M. A. 2000. "El desafío de la formación para el trabajo de los jóvenes en situación de pobreza. El caso argentino", en M. A. GALLART (coord.), *Formación, pobreza y exclusión*, Montevideo, Cinterfor, pp. 241-301.

GALLART, M. A. 2008. *Competencias, productividad y crecimiento del empleo: el caso de América Latina*, Montevideo, Cinterfor / OIT.

HERGER, N. 2008. "Las barreras para la construcción de proyectos de educación y exclusión social de jóvenes pobres en Argentina", en A. SALVIA (comp.), *Jóvenes promesas. Trabajo educación y exclusión social de jóvenes pobres en la Argentina*, Buenos Aires, Miño- Dávila, pp. 181- 204.

JACINTO, C. 1999. *Programas de educación para jóvenes desfavorecidos: Enfoques y tendencias en América Latina*, París, UNESCO- IIEP.

JACINTO, C. 2004. "Ante la polarización de oportunidades laborales de los jóvenes en América Latina. Un análisis de algunas propuestas recientes en la formación para el trabajo", en C. JACINTO (coord.), *¿Educar para que trabajo? Discutiendo rumbos en América Latina*, Buenos Aires, redEtis (IIPE-IDES) / MTEy SS / MECyT / La Crujía.

JACINTO, C., A. L. SUÁREZ, C. SOLLA y A. GARCÍA. 2007. "Jóvenes vulnerables y programas sociales: lógicas desencontradas, abordajes acotados", redEtis-IIPE-UNESCO, Buenos Aires.

JACINTO, C. 2008. "La transición laboral de los jóvenes y las políticas públicas de educación secundaria y formación profesional en América Latina: ¿qué puentes para mejorar las oportunidades?", en B. ESPINOSA, A. ESTÉVES y M. PRONKO, *Mundos del trabajo y políticas públicas en América Latina,* Quito, FLACSO.

JACINTO, C. 2009. "Un dispositif d'insertion des jeunes: contextes et acteurs dans les nouvelles stratégies d'action publique. Le cas du programme 'Pro-jeunes' en Uruguay", *Revue Formation et Emploi,* CEREQ, La documentation Française, pp. 41-55.

JACINTO, C. y H. CHITARRONI. 2009. *Precariedades, rotación y acumulación en las trayectorias laborales juveniles,* en ponencia en el 9° Congreso Nacional de Estudios del Trabajo, organizado por la Asociación Argentina de Especialistas en Estudios del Trabajo, Buenos Aires, 5 al 7 de agosto de 2009.

JACINTO, C. y V. MILLENAAR. 2009. "Enfoques de programas para la inclusión laboral de los jóvenes pobres: lo institucional como soporte subjetivo", *Revista Última Década,* Concepción, Chile.

JACINTO, C. (en prensa). "Enfoques y estrategias de la capacitación laboral de jóvenes desempleados en América Latina. ¿Algo ha cambiado en años recientes?", en JACINTO, C. (coord.) *Tendencias sobre educación técnica y formación para el trabajo en la escuela secundaria,* París, IIPE-UNESCO.

JARAMILLO BAANANTE, M. 2004. *Los emprendimientos juveniles en América Latina: ¿Una respuesta ante las dificultades de empleo?,* Buenos Aires, redEtis (IIPE- UNESCO-IDES).

KLIKSBERG, B. y L. TOMASSINI. 2000. *Capital social y cultura. Claves estratégicas para el desarrollo*, Buenos Aires, Fondo de Cultura Económica.

LEFRESNE, F. 2007. "L'emploi des jeunes : parcours et dispositifs, La jeunesse, questions de société / questions de politique", *La Documentation Française*, collection Etudes, Paris, septembre 2007, pp. 45-76.

MAUGER G. 2001. "Les politiques d'insertion. Une contribution paradoxale à la déstabilisation du marché du travail", *Actes de la recherche en sciences sociales*, Paris, CAIRN, pp. 5-14.

MINTEGUIAGA, A. 2008. "De la focalización individual a la focalización de los derechos: crítica a la propuesta del 'Universalismo Básico'", trabajo elaborado para el Seminario Internacional "Seguridade Social e Cidadania: Desafíos para uma sociedade inclusiva" organizado por CEBES, Río de Janeiro, 4 y 5 de septiembre de 2008.

MORRISON, A. 2002. "Políticas Activas de Mercado Laboral: experiencias recientes en América Latina, el Caribe y los países de la OCDE", presentación en el *Seminario Internacional «Desarrollando Consensos en torno al mercado de trabajo y las políticas de empleo en área andina»*, GRADE/BID, Lima. 18 y 19 de julio.

MOURA CASTRO, C. 1997. "Proyecto Joven: nuevas soluciones y algunas sorpresas", *Boletín técnico interamericano de formación profesional*, nº 139-140, Montevideo, Cinterfor / OIT, pp. 24-56.

MOURA CASTRO, C. 2001. *Capacitación laboral y técnica: una estrategia del BID*, Washington, BID.

OIT. 2007. *Trabajo decente y juventud*, América Latina, Lima, OIT.

PAUGAM, S. 1996. *L'exclusion, état des savoirs*, Paris, La Découverte.

PÉREZ ISLAS, J. A. y M. URTEAGA. 2001. "Los nuevos guerreros del mercado. Trayectorias laborales de jóvenes buscadores de empleo", en E. PIECK (coord.), *Los jóvenes y el trabajo. La educación frente a la exclusión social*, México, coedición UIA, IMJ, UNICEF, CINTERFOR-OIT, RET Y CONALEP, pp. 333-354.

RAMBLA I MARIGOT, F. X. 2005. "Los instrumentos de la lucha contra la pobreza: una revisión de dos tesis sociológicas sobre las estrategias de focalización y activación", *Revista argentina de sociología*, nº. 5, Buenos Aires, pp. 135-155.

RIQUELME, G. 2001. "Acceso a la educación y formación para el trabajo: quienes y que tipo de recursos", artículo presentado en el Quinto Congreso Nacional de Estudios del Trabajo, organizado por la Asociación Argentina de Especialistas en Estudios del Trabajo, Buenos Aires, 1 al 3 de agosto.

SALVIA, A. 2008. "Introducción: La cuestión juvenil bajo sospecha" en *Jóvenes promesas. Trabajo, educación y exclusión social de jóvenes pobres en Argentina*, Buenos Aires, Miño Dávila.

SITEAL. 2006. *Informe sobre tendencias sociales y educativas en América Latina*, Buenos Aires, OEI, IIPE-UNESCO, SITEAL.

TANGUY, L. 2008. "La recherche de liens entre la formation et l´emploi : une institution et sa revue. Un point de vue", *Formation et emploi*, nº 101, Paris, CEREQ, La documentation française, pp.23-39.

TOCKMAN, V. 2003. "De la informalidad a la modernidad" en Formación en la economía informal, *Boletín Técnico Interamericano de Formación Profesional*, nº 155. Montevideo, Cinterfor.

WALTHER, A. y A. PHOL, 2005, *Thematic study on policy measures concerning disadvantaged youth*, IRIS.

WELLER, J. 2007. "La inserción laboral de los jóvenes: características, tensiones y desafíos", *Revista de la CEPAL*, nº 92, Santiago de Chile.

LOS MECANISMOS NACIONALES Y REGIONALES QUE ENMARCAN LAS POLÍTICAS DE FORMACIÓN, EMPLEO E INSERCIÓN DE JÓVENES EN ARGENTINA Y EN FRANCIA. LOS CASOS DE LA PROVINCIA DE MENDOZA Y DE LA REGIÓN PACA[31]

María Eugenia Martín

1. Introducción

Como ha sido señalado en anteriores publicaciones (Martín, 2004), analizar el vínculo entre los jóvenes y el trabajo no es tarea sencilla; es necesario articular tanto factores estructurales como subjetivos y, además, captar cambios y patrones en términos históricos y también biográficos. Este análisis integral no puede soslayar el funcionamiento de los dispositivos de capacitación e intermediación, y los modos de gestión de la mano de obra juvenil por parte de las empresas y las organizaciones profesionales ni las características de las políticas públicas de formación y empleo, mucho menos los condicionantes en términos de las particularidades de los mercados de trabajo locales.

En el marco de una línea de investigación que busca indagar paulatinamente este complejo entramado de factores, en esta oportunidad se describen comparativamente los mecanismos nacionales y regionales que encuadran

---

31   Este artículo resulta de las actividades de formación e intercambio desarrolladas en el marco del proyecto conjunto Ecos, *Políticas de inserción en Francia y en Argentina. Formación y transiciones*, dirigido por Claudia Jacinto (IDES) y por Catherine Agulhon (Universidad de París V). En él se parte de la idea de que las políticas de mano de obra se diferencian de un país a otro (mercado interno de empresas a la francesa, mercado segmentado y dual en Argentina) por lo que influyen también de manera diferencial en el lugar otorgado a las políticas y en los procesos de inserción de sus jóvenes.

las estrategias y prácticas de los actores involucrados en la Provincia de Mendoza y en la Región PACA; ambas poseen características productivas similares dado que las actividades agroindustriales y vitivinícolas tienen un importante peso.

En este artículo nos preguntamos sobre cuáles han sido los condicionantes históricos que han moldeado la realidad de los sistemas de formación para el trabajo, con especial énfasis en las instancias de negociación y articulación de intereses. Al mismo tiempo, buscamos a través del análisis comparativo de dos localidades, elementos que permitan señalar las dificultades y potencialidades.

La Provincia de Mendoza, situada en el centro-oeste de la República Argentina, está integrada por dieciocho departamentos y su capital es la ciudad de Mendoza, cabecera de un aglomerado de cinco departamentos que constituyen la zona más poblada de la provincia. La población según estimados asciende a 1.747.801 habitantes. En ella se produce alrededor del 3,8% del PIB nacional. La vitivinicultura se encuentra en un lugar fundamental entre sus actividades económicas, ocupando el 56% de las tierras cultivadas, siguiéndole en importancia la fruticultura, horticultura y la olivicultura. La agroalimentaria, la metalmecánica y la petroquímica son las principales actividades industriales.

La Región francesa PACA está integrada por Provenza, Alpes, Costa Azul (en francés Provence, Alpes, Côte d'Azur) y situada en el sureste del país. Su capital es Marsella, uno de los puertos más importantes. Entre las principales ciudades se encuentran también Niza, Toulon y Aix en Provence. La población asciende a los 4.500.000 habitantes aproximadamente. Esta región produce alrededor del 7% del PIB francés. Es una zona en la que se encuentran tanto actividades industriales como agroproductivas, y la producción de vinos representa la fuente principal de ingreso de la agricultura regional y es más importante que las producciones de verduras, frutas y flores. Las empresas de servicios son predominantes y, entre ellas, las del sector turístico y las de desarrollo de nuevas tecnologías, aunque también tienen una importante presencia las actividades ligadas a la transformación del petróleo.

Tanto en Mendoza como en la Región PACA constatamos la predominancia de la producción vitivinícola en el sector agroindustrial.

Para este artículo, la realidad argentina se trabajó con material de CINTERFOR, RedEtis y del Ministerio de Trabajo de la Nación, entre otros. El ámbito provincial se aborda a través del uso de fuentes secundarias y datos primarios cualitativos provenientes de entrevistas a informantes calificados,[32] en el marco de las investigaciones desarrolladas desde hace varios años en la Facultad de Ciencias Políticas y Sociales de la Universidad Nacional de Cuyo.

La realidad francesa se trata a partir del material recolectado durante mi estadía en el marco del Programa ECOS, en la asistencia a seminarios altamente especializados organizados por reconocidas instituciones en la temática, en contactos con diversos equipos de investigación, en entrevistas individuales a investigadores en CERLIS (*Centre de Recherche sur le Liens Sociaux*), Universidad de Paris V, Paris, CEREQ (*Centre d'Etudes et de Recherches sur les Qualifications*) Marseille, LEST (*Laboratoire d'Economie et de Sociologie du Travail*) del CNRS, Aix en Provence y con material del centro documental del CEREQ.[33]

---

[32]   Entre los numerosos informantes entrevistados en la Provincia de Mendoza podemos mencionar en el sector privado a Ing. Eduardo Sancho, Juan Carlos Pina, Sergio Villanueva, Oscar Salomone, Enrique Gómez, Roberto Roitman y catorce funcionarios públicos (Ministerio de Educación, Dirección General de Escuelas, Oficinas de Juventud y del Trabajo y la Producción del Gobierno de la Provincia de Mendoza) en ejercicio entre 1983 y 2007.

[33]   Informantes entrevistados en la Región PACA: Bernard Hillau (CEREQ), sobre el proceso de descentralización, los actores institucionales y

Además de ubicar claramente el contexto de nuestra investigación, resulta indispensable explicitar el punto de vista teórico que la orienta: el estructuralismo genético. Esta perspectiva sostiene que el análisis de las prácticas sociales remite a la consideración tanto de las estructuras sociales externas como de las estructuras sociales internalizadas, en sus dimensiones sincrónica y diacrónica, es decir, tanto en su génesis como en su momento actual. Entonces, aquí se asume un enfoque de la dinámica social histórico y relacional, sin embargo, es importante señalar que cuando se trabaja con información secundaria en algunas oportunidades esto limita las posibilidades de desarrollar plenamente la perspectiva de análisis deseada.

El esquema de este artículo presenta un primer apartado en el que se describe brevemente, en clave socio-histórica, la experiencia argentina y el sistema francés, porque como ya hemos apuntado, miramos a la formación profesional para los jóvenes desde una perspectiva relacional e histórica.

El segundo apartado se enfoca en la descripción de las instancias de articulación, los actores involucrados, las formas de participación y el contenido del diálogo sobre la formación profesional en ambos casos, atendiendo a las particularidades locales.

Por último, a modo de conclusiones, se señalan los aspectos cruciales tanto en términos de dificultades como

---

corporativos involucrados en los diferentes niveles decisionales, etc. Michel Therry (CEREQ), en relación con el desempleo juvenil en Europa y las investigaciones del CEREQ sobre la dimensión de género. Frederic Sechaud (CEREQ), acerca de los procesos de Certificación de competencias y de validación de la experiencia. Olivier Liaroutzos, de ORM (*Observatoire Regional des Métiers*), sobre el rol de la investigación sobre las cualificaciones en la dinámica territorial. Los vínculos entre los actores locales en la Región PACA en torno a la definición de las políticas de Formación Profesional para los jóvenes.

de potencialidades futuras para las políticas de formación profesional para los jóvenes en las dos regiones estudiadas.

2. La formación para el trabajo para los jóvenes en Argentina y en Francia: características generales en clave histórica

2.1. La formación para el trabajo en Mendoza

El lugar marginal que la formación profesional destinada a los jóvenes ha tenido y tiene en el marco de las políticas educativas y de empleo en la Provincia de Mendoza, es el resultado de una dinámica sociohistórica que se caracteriza, en términos generales, por ser un campo que no se encargó sustancialmente de procesar o incidir en el pasaje de los jóvenes de sectores sociales diversos hacia el mundo del trabajo. Históricamente, la oferta de formación se ha concentrado en los sectores altos y medios de la población. Por lo tanto, se tiene escasa tradición y experiencia en la construcción de políticas que afronten las transformaciones en los modos de inserción educativa y laboral tradicionales. La educación para el trabajo sigue constituyendo en nuestro país, y particularmente en Mendoza, más allá de las estrategias implementadas en cada época, un circuito reducido, paralelo, de menor calidad para los sectores más pobres.

Algunos elementos han reforzado en Mendoza esta histórica situación; la formación de los trabajadores durante décadas se resolvió a través de la inmigración de mano de obra calificada y de la transmisión intergeneracional de las competencias laborales. A ello debe sumarse que el abandono del proceso de industrialización mediante la liberalización generalizada de los mercados y la apertura económica al exterior, a partir del golpe de Estado de 1976, tuvo un fuerte impacto en la estructura económica local.

Sólo en los últimos años asistimos a algunos tímidos intentos de fortalecer nuevamente las actividades industriales desbastadas.

La conducción provincial del sistema educativo, que desde 1992 tiene a su cargo la totalidad de la oferta, a excepción del nivel universitario, se dedicó durante la década de 1990 a implementar la reforma generada a partir de la sanción de la Ley Federal de Educación en la Enseñanza General Básica (EGB), y postergó hasta el año 2001 la implementación del Polimodal, que pretendía algún vínculo con las actividades productivas en una estructura que atiende a una población mayor de adolescentes. La implementación de acciones desde el plano nacional –como el programa Proyecto Joven– constituye casi la única política llevada adelante que expresamente trató de vincular ambos ámbitos en esa década. Son prácticamente nulas las investigaciones difundidas sobre esta experiencia a nivel local. En términos generales, en cuanto a la vinculación entre educación y trabajo, incluso los documentos oficiales reconocen que, aunque existieron algunas experiencias aisladas, poco es lo que se ha logrado concretar en la práctica.[34]

En los inicios del siglo XXI, muchas son las acciones que se han desarrollado,[35] sin embargo, es necesario señalar que no se ha avanzado en la construcción de un sistema que dé respuestas de manera integral a los dinámicos desafíos de la formación para el trabajo.

Ejemplo de esto son el Programa "Servicio Cívico Voluntario", el Subprograma de Formación Técnico Profesional en el marco del Programa "Mendoza Productiva" o los convenios de terminalidad de la educación con el

---

[34]   Un análisis detallado de las políticas provinciales durante los años noventa puede consultarse en Martín, 2008.

[35]   En virtud de que las características de las acciones desarrolladas a nivel nacional en este período son abordadas de manera exhaustiva en otros capítulos, sólo nos enfocaremos en la Provincia de Mendoza.

Programa "Más y Mejor Trabajo". Estos programas constituyen las principales acciones desplegadas, y a pesar de
la relativa importancia en cuanto a la cantidad de jóvenes
no incluidos en la educación formal a los que han llegado,
perpetúan la conformación de un circuito paralelo y no
integrado al sistema educativo. En algunos de ellos aun
se utiliza la licitación pública, a la cual las instituciones
oferentes deben presentarse, y que se ha señalado como
uno de los mecanismos que contribuyó fuertemente a
reproducir esta situación.

Los últimos años han mostrado en la Provincia de
Mendoza una gran cantidad de iniciativas y articulaciones
entre actores. Queda aún por ver si éstas logran vincularse con los profundos cambios en las políticas públicas
nacionales de empleo y con los incipientes signos que se
reflejan en las políticas de formación, ya que todavía no
superan las prácticas fragmentarias en la formulación de
las políticas destinadas a los jóvenes.

En este sentido, la ausencia de diálogo formalmente
institucionalizado entre los gestores del sistema educativo
y los actores económicos es una constante. Cuando han
existido experiencias interesantes de formación vinculadas
con realidades productivas de gran escala, por ejemplo
que incluyan a los actores de todo un sector económico
como la vitivinicultura, ellas han sido intermitentes. Sin
embargo, proliferan las articulaciones para resolver situaciones puntuales en diversos lugares de la provincia. Estas
experiencias quedan libradas a las voluntades y recursos
disponibles de los actores particulares y los directores de
los establecimientos educativos.

En suma, como ya señalamos, no existe una política
de formación para el trabajo que ponga en interacción
de manera institucionalizada y permanente a los actores
locales del sistema productivo y del sistema educativo, ni
oferta que se dirija sistemáticamente a todos los niveles de

calificación acorde a la creciente proliferación de diversos puestos de trabajo en las actividades económicas locales, entre ellas especialmente la vitivinicultura. Mucho menos estrategias diferenciales para las diversas formas en las que esta actividad productiva se desarrolla en los variados territorios locales. La vitivinicultura de punta está bastante lejos de comprender a todos los actores económicos involucrados en la producción de vinos, mostos y otros productos en la totalidad de la provincia.

2.2. La formación para el trabajo en la Región PACA

Es importante comenzar por señalar que históricamente el conjunto de la sociedad francesa se ha caracterizado por un enérgico protagonismo del Estado Nacional, una fuerte centralización de la toma de decisiones y una rigurosa reglamentación de sus acciones. Su sistema de formación no se aparta de esta realidad. Él se distingue por constituir un sistema propiamente dicho, que integra formación inicial general y profesional. Paulatinamente, ha incluido a distintas poblaciones, respondiendo a las demandas por la institucionalización de los diversos dispositivos inicialmente focalizados que fueron surgiendo para hacerse cargo de las cambiantes necesidades de la formación para el trabajo.

Respecto a la formación inicial, ya en 1948, los antiguos centros de aprendizaje que dependían de iniciativas locales pasaron a estar bajo la tutela de una dirección nacional de la enseñanza técnica que se reservó la prerrogativa de definir los contenidos de diplomas estandarizados y de construir un aparato educativo homogéneo (Formation Emploi, 1989).

En cuanto a la formación profesional continua, la intervención estatal data de 1946, fecha en la que se crea un organismo nacional, AFPMO, que se convertirá en 1966 en la AFPA (Association nationale pour la Formation

Professionnelle des Adultes). Esta etapa tuvo como impronta la voluntad de basarse en el diálogo social fuertemente estructurado nacionalmente entre organizaciones patronales y sindicatos de asalariados. Se pretendía incluir estas acciones en una estrategia nacional para movilizar y coordinar a los actores regionales para promover el desarrollo centralizadamente (Richard, 2000). Ya en la década de 1970, "sin renunciar totalmente a los objetivos de integración y equidad territorial, la intervención de los poderes públicos pone en adelante el acento en la capacidad de cada región de contribuir a su propia recuperación y de esa manera, a la recuperación nacional. Así, el Estado confía a las regiones una plena responsabilidad en ámbitos vinculados con el desarrollo económico, en particular en materia de calificación." (Richard, 2000: 1).

Algunos autores como Olivier Bertrand y Jean-Louis Kirsch (1994) señalan dos períodos que marcan el sistema de formación profesional hasta los años ochenta. El primero de ellos hasta fines de los años sesenta con la integración de la formación profesional al sistema de formación inicial bajo responsabilidad del Ministerio de Educación. El segundo entre 1971 y comienzos de los años ochenta, que coloca la organización de la formación profesional continua en el marco de la educación permanente y asigna a la formación profesional continua la función de regular las relaciones entre formación y empleo.

Los autores marcan que la formación para el trabajo tuvo hasta esta época una impronta más escolar que vinculada al mundo productivo, por la primacía del Estado centralista y el Ministerio de Educación en la conformación del sistema. Se advierte, al mismo tiempo, que esto ha dotado al sistema de una coherencia, articulación y cohesión interna muy importantes (Bertrand y Kirsch, 1994).

Entre 1983, etapa en la que comienza un fuerte proceso de descentralización de la formación, y 1993, etapa en la que se comienza con la creación de un poder regional y la transferencia limitada de competencias, tuvieron lugar importantes cambios (Richard, 2000).

Además de reorganizar la distribución de competencias entre las comunas, los departamentos, las regiones y el Estado Nacional así como las transferencias de recursos, se organizaron también instancias de consulta intrarregionales y un comité nacional de coordinación de los programas regionales.[36] Así, la región tiene la responsabilidad de elaborar un "esquema previsional de formación", documento al que debe referirse el representante regional del Ministerio de Educación para definir el plan anual de formación; por su parte los consejos regionales y los consejos generales deben elaborar los "programas previsionales de inversión" (Richard, 2000: 2).

Richard señala que "la diversidad de instituciones y actores que intervienen en una misma región –cada uno operando en un segmento de la formación profesional– generó una multiplicidad de instancias de concertación, sin regulación entre ellas. Así, al término de este primer período de descentralización, hubo unanimidad para denunciar su complejidad y la poca legibilidad para los beneficiarios potenciales, los jóvenes, los demandantes de empleo, los asalariados, los directores de empresa" (Richard, 2000: 3).

Entre 1993 y 2003 se registra una nueva transferencia y la asignación de un mayor protagonismo a las regiones, reforzando las responsabilidades de los consejos regionales en la construcción de las políticas de formación profesional.

En este período surge la construcción de planes regionales de desarrollo de la formación profesional de los jóvenes (PRDF). Con este mecanismo se pretende englobar

---

[36]   El conjunto de dispositivos institucionales que le permite al Estado y a las regiones consultar a los actores económicos y sociales puede encontrarse en Casella y Freyssinet, 2003.

al conjunto de los dispositivos de formación profesional existentes superando la segmentación señalada. El poder político regional debe relacionarse, por una parte, con los servicios del Estado en la región (representante del Ministerio de Educación y sus servicios) y con las organizaciones profesionales e interprofesionales presentes regionalmente; por otra, con el conjunto de los actores presentes en el territorio: empresas de la red de recepción de públicos (entes privados de mediación entre la oferta y la demanda de empleo), establecimientos de enseñanza y de formación, y representantes locales (Richard, 2000).

Con esta reforma, se esperaba que la región desempeñara un papel importante en materia de política de orientación de los jóvenes y de reestructuración de la oferta de formación profesional inicial y continua al coordinar el conjunto diversificado de los recursos educativos locales.

Un primer problema detectado fue la dificultad de encontrar interlocutores competentes para la construcción de los planes regionales, debido a la escasa articulación de los actores económicos y sociales en este nivel. Las representaciones por rama de actividad no incluyen a los oficios transversales. A su vez, los distintos componentes de una misma rama no obtienen igual tratamiento. En síntesis, las actividades poco organizadas o más recientes se ven subregistradas (Casella y Freyssinet, 2003).

Por otra parte, es difícil concentrar en pocos actores una serie de aspectos imprescindibles: representatividad del conjunto de las actividades económicas presentes en un territorio, que conozcan en profundidad el funcionamiento de los diversos mercados de trabajo locales, que puedan detectar nuevas tareas y contenidos en las diversas actividades y que posean un conocimiento que acompañe los dinámicos cambios en los modos de gestión de la fuerza de trabajo (Casella y Freyssinet, 2003).

Las dificultades señaladas fundamentalmente se asientan en el hecho de que las regiones no eran hasta ese momento un lugar ni de negociación colectiva ni de acción. Sin embargo, en el caso de la región PACA algunas de estas instancias sí eran un lugar de diálogo y de intercambios.

En esta etapa, la principal dificultad en relación con estas instancias, además de la fragilidad de las organizaciones interprofesionales en el nivel regional, ya señalada, fue su vida caótica, lo que no favoreció la emergencia de compromisos fuertes, que superen simples acuerdos técnicos (Casella y Freyssinet, 2003).

Para concluir, a partir del año 2003 con la rúbrica del Acuerdo Nacional Interprofesional (ANI) relativo al acceso de los trabajadores a la formación continua, y su traducción en la nueva ley referente a la formación continua y al diálogo social promulgada el 4 de mayo de 2004 (Labruyère, 2005), se esperaba que se abriera una nueva fase en cuanto a los mecanismos de consulta, diálogo y concertación sobre la formación para el trabajo, la certificación de las competencias y la validación de la experiencia.

3. El lugar de la formación para los jóvenes en el *diálogo social*

Atendiendo a los fuertes procesos de descentralización que han tenido lugar tanto en Francia como en Argentina, y a las profundas transformaciones que los mismos han implicado, tanto en términos de los actores involucrados como en relación con las instancias en las que se resuelven las políticas de formación, empleo e inserción de jóvenes, resulta relevante también un análisis en perspectiva histórica.

En Argentina, tal como sostiene Beatriz Cappelletti *et al.* (2000), en el análisis sobre el lugar que la formación

profesional ha ocupado en el contexto más amplio de la
concertación y negociación social en nuestro sistema de
relaciones laborales, es importante señalar la impronta
reconocidamente "negocial" que dicho sistema adquirió
a partir de la gestión del gobierno peronista (1945-1955).
Así, "el impulso a la organización gremial de trabajadores
y empleadores, la promoción de la negociación colectiva
y la creación de institutos sociales de participación, se
enumeran como las razones que ubican en este período
el punto de partida de la concertación social en el país"
(Cappelletti *et al.*, 2000: 1).

El Estado asumió un importante rol en la negociación
social, lo que imprimió a la formación profesional características propias que difieren de otros sistemas latinoamericanos con una mayor vinculación estado-empresarial.
En Argentina, el Estado Nacional asumió la organización
y puesta en funcionamiento del sistema de formación
para el trabajo, en el marco de la alianza con la burguesía
industrial nacional naciente en conflicto con los sectores
económicos tradicionales.

En la actualidad, todavía perduran las marcas de dicha
impronta que permitirían comprender la inexistencia de
un sistema de formación propiamente dicho, que articu-
le fuertemente con los actores del mundo del trabajo. A
esta característica originaria deben sumarse más de dos
décadas de desmantelamiento del Estado, en el marco
de un modelo de desarrollo que, a excepción del período
de sustitución de importaciones, y como hemos señalado
en el apartado anterior, no se centró en las actividades
industriales, y principalmente resolvió el problema de la
obtención de mano de obra especializada a través de la
inmigración europea de obreros calificados.

Además, en este contexto, la preocupación por la inserción laboral de los jóvenes en particular no toma forma
hasta avanzada la década de 1990, cuando la insuficiencia

del modelo de desarrollo, signado por la apertura de los mercados, la flexibilización laboral y su consecuente precariedad, margina a grandes sectores de la población. El aumento constante de la tasa de jóvenes que no estudian ni trabajan empujó al reconocimiento de este grupo poblacional en tanto sujeto de políticas públicas (Martín, 2002; 2008).

A ello debe sumarse que sólo recientemente se ha consensuado un diagnóstico de la desarticulación y paralelismo entre las medidas puntuales desarrolladas en los años noventa y el sistema educativo formal y, paulatinamente, se va creando un cierto acuerdo en que se debe pasar de programas puntuales al diseño y puesta en práctica de políticas que enfrenten los problemas estructurales de manera permanente.

En síntesis, cuando se comenzó a pensar en las políticas para estos sectores juveniles, las instancias de negociación habían sido reducidas a su mínima expresión, cuando no desmanteladas totalmente en el plano nacional y en el plano local no estaban preparadas para hacerse cargo de esta tarea ni se implementaron acciones para fortalecerlas.

En Francia, contando con un sistema educativo muy desarrollado que gradualmente fue incorporando a diversos grupos juveniles, fueron precisamente las altas tasas de desempleo, concentradas especialmente en los jóvenes, lo que llevó a desplegar nuevos mecanismos para mejorar las instancias de articulación entre la oferta formativa y la demanda laboral. Ya desde mediados de los años setenta, y fuertemente a partir de los años ochenta, el desempleo juvenil era reconocido como un problema estructural y no coyuntural. Pero es en los años noventa, y a partir de la descentralización, que cobran importancia los mecanismos diseñados para ampliar los poderes de intervención, como también las responsabilidades de las regiones en la construcción de las políticas de formación profesional, en las que el espacio para la discusión de políticas especialmente dirigidas a los jóvenes adquiere relevancia gradualmente.

Como puede observarse, tanto en Argentina como en Francia, pensar en políticas públicas especialmente diseñadas para la inserción juvenil y en los espacios para su discusión es un problema relativamente reciente. Este proceso, condicionado por las características generales que hemos apuntado, además, implicó inicialmente el desafío de abandonar modelos interpretativos lineales sobre el pasaje de los jóvenes al mundo del trabajo, aceptando que, como han señalado numerosos autores, la transición al empleo se ha transformado en un proceso largo y complejo que obliga a repensar los tradicionales mecanismos institucionales implicados. Esto añade dificultades para articular intereses cuando prima una perspectiva conservadora[37] entre los grupos sociales y entre las generaciones, y sobre el papel de las instituciones educativas.

3.1. Las instancias de articulación, los actores involucrados y las formas de participación

Debemos comenzar por señalar que la Argentina, en términos generales y tal como sostiene Beatriz Capelletti *et al.* (2000), se caracteriza por la ausencia y/o inestabilidad de los espacios institucionalizados para la concertación social.

Durante los años ochenta y con el retorno a la democracia, "el diálogo entre el gobierno y los actores sociales, estuvo centrado en ejes 'laborales' clásicos: recuperación de la negociación colectiva, normalización de las asociaciones sindicales, obras sociales, salario, que serán puntos recurrentes en la agenda tripartita. En esta etapa la formación profesional no figuraba en el diálogo sociolaboral y

---

[37]   Hemos abordado este tema en el análisis de las perspectivas de los funcionarios públicos en la conformación de las políticas en nuestra provincia.

estaba anclada en el mundo educativo, y en el esfuerzo de capacitación llevado adelante por sindicatos, empresas e instituciones de la sociedad civil, de un modo paralelo, sin marco alguno de integración" (Cappelletti *et al.*, 2000: 19).

La preocupación por reconfigurar prácticas democráticas arrasadas en todas las esferas de la vida (pública y privada), impregnó la agenda en el ámbito educativo, que dejó en un lugar marginal la formación para el trabajo de los jóvenes. En consecuencia, fueron prácticamente nulas las instancias dedicadas a la articulación de acciones entre educación y trabajo, tanto en el ámbito nacional como en el provincial.

En los años noventa, con la transferencia a los gobiernos provinciales, la que intensificó su autonomía en materia de políticas y acciones formativas, cobra relevancia para unificar criterios entre las jurisdicciones en la esfera nacional el Consejo Federal de Cultura y Educación como ámbito resolutivo, de coordinación y concertación. Por otra parte, funciona como instancia de consulta el Consejo Nacional de Educación y Trabajo (CoNET), ya que el Estado Nacional mantiene dos instancias principales desde donde se desarrollan políticas y se implementan programas vinculados con la formación profesional: el Ministerio de Educación a través del Instituto Nacional de Educación Tecnológica (INET) y el entonces Ministerio de Trabajo, Empleo y Formación de Recursos Humanos.

En el marco de la primacía de la negociación al nivel de la empresa, parcialmente articulada con el convenio de actividad, con la contraparte que sigue siendo la Federación o el Sindicato a nivel nacional, los canales de consulta están fuertemente concentrados en el ámbito nacional.

Beatriz Cappelletti *et al.* (2000) señala que en el período 1991-1999, la negociación sobre aspectos vinculados a la capacitación ocupa el cuarto lugar entre las cláusulas más frecuentemente acordadas. Su análisis de las cláusulas convencionales relacionadas con la capacitación laboral, reflejaba una creciente preocupación de los actores por la temática, aunque también la dificultad de arribar a conclusiones definitivas por el alto grado de heterogeneidad.

En los últimos años, algunos hechos parecen alentar la expectativa sobre la reversión de las tendencias de los años noventa y la construcción de acuerdos más sólidos para recuperar el sistema de formación destruido al ritmo de la desindustrialización.[38] Ellos son: la sanción de la Ley de Educación Técnico Profesional (Ley 26.058), la firma del Acuerdo Marco del Sistema Nacional de Formación Profesional (SNFP), el Proyecto Sistema Integrado de Formación Profesional, las incipientes experiencias para definir perfiles profesionales, normalizar y certificar competencias en algunas ramas productivas, la existencia del Programa "Creación de un Sistema de Formación Continua" del Ministerio de Trabajo, Empleo y Seguridad Social de la Nación (MTEySS), la Red de Servicios de Empleo del MTEySS que en algunas localidades está implementando servicios especiales para jóvenes, la Ley nº 26.427 sobre pasantías educativas, el anteproyecto de ley sobre pasantías laborales de la Comisión de Formación Profesional del Consejo Nacional del Empleo, la Productividad y el Salario Mínimo, Vital y Móvil, la incipiente construcción de la Red de Instituciones de Formación Continua, y el también incipiente impulso a la creación de los Consejos Sectoriales de Formación Profesional.

Pareciera que existe plena conciencia, al menos en el nivel gubernamental nacional, de la necesidad de generar un ámbito común de construcción interministerial

---

[38]   Puede consultarse la perspectiva que sostienen las políticas implementadas en esta materia en la publicación oficial del Ministerio de Trabajo, Empleo y Seguridad Social, "Equidad en el Trabajo: Género y Juventud", *Nueva Revista de Trabajo*, época - año 4, nº 6, agosto-diciembre de 2008.

para avanzar en la construcción del sistema, y de que esta política deberá partir del reconocimiento de los sucesivos programas y planes que se han implementado desde diferentes ámbitos de las administraciones públicas nacionales, provinciales y municipales, las cámaras empresariales, las asociaciones gremiales, asociaciones intermedias y demás actores sociales. Para ello, se delega la responsabilidad primaria de la consolidación de este ámbito en el Ministerio de Educación, Ciencia y Tecnología (MECyT) a través del INET y en el MTEySS a través de la Secretaría de Empleo (INET, 2002). El rol del INET es articular una política federal e implementar la Ley de Educación Técnico Profesional. Veremos en los próximos años si este intento realiza un aporte en ese sentido.

Por su parte, en Francia, en un sistema que tiene una amplia variedad de segmentos y certificaciones, tanto públicas como privadas, que van desde los diplomas otorgados por el Estado Nacional hasta los certificados de calificación profesional, pasando por los títulos homologados, y más recientemente, la validación de las experiencias, las múltiples instancias de la concertación sobre la formación profesional están organizadas por el Estado Nacional. En ellas los actores tienen roles variables y su funcionamiento es en algunos casos permanente, y en otros, convocados periódicamente.[39]

Las instancias de consulta son (Labruyère, 2005):
- Comisión interprofesional consultativa (CIC).
- Comisión nacional de la certificación profesional (CNCP).
- Comisión nacional de la enseñanza superior y la investigación (CNESER).
- Comisión profesional consultativa (CPC).

---

[39]   Para una reseña pormenorizada del funcionamiento de todas estas instancias véase el artículo citado de Chantal Labruyère (2005).

- Comisión pedagógica nacional (CPN).
- Comisión paritaria nacional para el empleo y la formación (CPNEF).
- Comisión técnica de homologación (CTH).

El Estado Nacional es el responsable de las certificaciones públicas[40] otorgadas por sus ministerios, fundamentalmente el de Educación, aunque éste no es el único habilitado para ello, pero asocia en diversas instancias de consulta a los interlocutores sociales, a través de colegios de "empleadores" y "asalariados", dentro de comisiones profesionales consultivas (CPC) (Labruyère, 2005).

El Ministerio de Educación tiene diecisiete CPC y trece subcomisiones para la enseñanza secundaria; diecisiete CPN para la enseñanza superior corta y un CNESER para la enseñanza superior larga. Por su parte, el Ministerio de Trabajo posee seis CPC y veintisiete comisiones especializadas, el Ministerio de Agricultura cuenta con un CPC y quince subcomisiones y el Ministerio de la Juventud y los Deportes registra un CPC y dos subcomisiones (Labruyère, 2005).

"Las organizaciones sindicales de empleadores y trabajadores participan en tres instancias (dos CIC y la CNESER) como representación interprofesional, y en cuarenta y dos CPC o CPN como representación de rama profesional" (Labruyère, 2005). La multiplicidad de instancias existentes, en primer lugar, impone la obligación de negociar regularmente lo que constituye una oportunidad efectiva para dotar a tan vasto sistema de una visión global sobre la oferta de diplomas, pero al mismo tiempo, tal como señalan

---

[40] Por razones de espacio nos centraremos en el ámbito público sin desconocer la relevancia de las certificaciones privadas; sin embargo, en ellas los mecanismos de participación de los actores patronales y sindicales son variables y menos estables.

los analistas, implica profundos problemas de legibilidad que fuerza a pensar mecanismos de interconsulta.

En términos comparativos, podemos señalar que tanto la falta de institucionalización de los mecanismos de consulta, articulación y coordinación, como la proliferación extrema implican dificultades serias para un funcionamiento que resulte adecuado a las necesidades tanto de los jóvenes como de los empleadores.

4. Experiencias y particularidades locales: dificultades y potencialidades

Este apartado pretende, a modo de conclusión, señalar las dificultades y potencialidades que el análisis comparativo nos permite rescatar en los casos abordados.

Aunque entendemos que a partir de las profundas transformaciones económicas y sociales de las últimas décadas, los contextos locales cobran relevancia, y precisamente por esto, creemos importante enfocarnos en ellos al momento de pensar políticas públicas que aborden los problemas de inserción educativa y laboral de los jóvenes, sabemos que sus rumbos están vinculados a los contextos nacionales. En términos generales, a pesar de los profusos vaticinios sobre la pronta disolución de los Estados-Nación, todavía podemos afirmar la importancia de sus decisiones u omisiones en las políticas de formación y empleo, y particularmente podemos hacerlo para Argentina y Francia, ya que en ambos países, por diferentes razones, las estructuras y dinámicas nacionales influyen de manera decisiva en los entramados locales.

En Argentina, las políticas educativas y de formación profesional responden a las dinámicas sociales, económicas y culturales, y a las estructuras político-administrativas y de recursos humanos y financieros con que cuenta cada provincia. Si bien tenemos una organización política y administrativa federal, las zonas más desfavorecidas tienen una permanente dependencia de los recursos provenientes del Tesoro Nacional para la ejecución de buena parte de las políticas públicas. Ahora bien, esta dependencia es diferencial y está vinculada al histórico desarrollo desigual de los estados provinciales, situación que se agudizó con la transferencia de las unidades educativas y de los Centros de Formación Profesional pertenecientes al ex CoNET que se desplegó en la última década.

En Mendoza, la tradición en la concertación tripartita sobre la formación profesional era prácticamente nula, históricamente no existieron espacios para la articulación sistemática aunque sí se registran numerosas experiencias aisladas entre algunas escuelas y diversos sectores productivos para resolver problemas de formación puntuales (Martín, 2008).

Focalizándonos en la vitivinicultura, su principal actividad productiva, Mendoza tiene una larga tradición de formación orientada fundamentalmente a los mandos altos y en alguna medida a los medios, pero no existe un sistema de formación profesional que permita resolver los restantes niveles de calificación. En esta actividad económica, sometida a constantes procesos de innovación, conviven trabajadores que se desempeñan en una variedad importante de puestos que se diversifican exponencialmente: operarios, encargados, ayudantes de laboratorios, jefes de calidad, secretarias, ayudantes contables, encargados de turismo, diseño y marketing, entre otros. Esta dinámica está dando lugar a constantes procesos de segmentación por requerimientos de capacitación de la fuerza de trabajo (Bocco *et al.*, 2007).

La formación de los mandos altos y medios se resuelve con las ofertas de las universidades públicas y privadas y con consultoras privadas al nivel gerencial. En los niveles medios, algo aportan las escuelas técnicas con larga tradición, como el Instituto Don Bosco, la Escuela Martin Pouget y el Liceo Agrícola (establecimiento de nivel medio dependiente de la Universidad Nacional de Cuyo) y no existe una oferta de capacitación estable para los puestos operarios. La transmisión familiar intergeneracional de los conocimientos y competencias, mecanismo que se emplea mayoritariamente, está en peligro por múltiples razones, entre ellas, la migración del campo a la ciudad de las generaciones jóvenes y la inexistencia de oferta formativa estable en las zonas rurales que atienda a los nuevos residentes y a sus hijos. Aunque sí han existido experiencias de articulación y prácticas de alianzas multiactorales con cursos de capacitación puntuales, desarrolladas por organismos como el Instituto Nacional de Tecnología Agropecuaria (INTA), el Instituto Nacional de Tecnología Industrial (INTI) y el Instituto de Desarrollo Rural (IDR) entre otros, la inestabilidad de estas acciones amenaza a futuro la proyección de esta actividad económica en algunos territorios de Mendoza.

Como ya hemos apuntado para el contexto nacional, el desafío aquí también es fortalecer los mecanismos institucionalizados para construir una oferta pertinente para el sector, y conformar un sistema articulado entre las diversas instituciones, experiencia que podría extenderse a otras actividades económicas relevantes como la metalmecánica, otras actividades agroindustriales (frutícola, hortícola, olivícola), la industria química y la explotación petroquímica, que concentran aproximadamente el 80% de la facturación industrial en la provincia (Burgardt *et al.*, 2007).

En este sentido, los organismos existentes dedicados a la producción de información para la toma de decisiones resultan un aspecto crucial, especialmente considerando que la producción de datos vinculados directamente a la estructura y dinámica ocupacional propia de cada sistema productivo es insuficiente y heterogénea. La Dirección de Estadísticas e Investigaciones Económicas (DEIE) del Gobierno de Mendoza es el organismo encargado de aplicar diferentes instrumentos de medición que, desde diversos marcos, recaban información sobre el mercado de trabajo en el contexto provincial.

Del análisis de sus productos podemos concluir que la escasez de información, junto a estadísticas que tienen un carácter agregado y sectorial, dificultan la caracterización de la configuración ocupacional de los diversos tejidos productivos de la provincia (Martín y Pol, 2009) y, en consecuencia, la formulación de políticas que intenten dar respuestas a este entramado, mejorando la articulación entre la oferta formativa y la demanda de los empleadores. Para superar las insuficiencias en la elaboración de sistemas de información territorial que atiendan las demandas de los grupos poblacionales determinados vinculados a específicos tejidos productivos, existen algunas iniciativas recientes que podrían potenciarse para avanzar en este sentido si logran resolverse algunas limitaciones que presentan.

Desde el año 2007, la Corporación Vitivinícola Argentina (COVIAR) lleva adelante el Proyecto "Observatorio Económico Vitivinícola", en el marco del plan estratégico diseñado para el sector. A principios del año 2009, la COVIAR y el Instituto Nacional de Vitivinicultura (INV) firmaron un convenio para la creación de un observatorio que otorgara información adecuada y oportuna para la instrumentación del Plan Estratégico Vitivinícola 2020 (PEVI). Si bien este espacio fue definido y acordado con diferentes actores, aún se encuentra en proceso de conformación. Las entidades que se vinculan en este proyecto son la COVIAR y la Bolsa de Comercio de Mendoza, como responsables de la coordinación y ejecución, y la Universidad Nacional de Cuyo, el INTA y el INV, en tanto organismos de apoyo e investigación.

El objetivo de este espacio está orientado básicamente a generar conocimiento que permita detectar oportunidades y prevenir riesgos a los que el propio observatorio define como sus demandantes –las bodegas y los productores– y aumentar así la competitividad del sector. Deja así fuera del esquema a otros actores sociales, institucionales y económicos, que articulados en el territorio, se vinculan directa o indirectamente con la trama productiva vitivinícola. Las relaciones laborales generadas en el sector, su configuración y dinámica no son contempladas en la propuesta.

Por otra parte, en el seno de la Universidad Nacional de Cuyo se están gestando algunas acciones con potencial si logran superar una perspectiva economicista de las relaciones entre educación y empleo. La constitución del Observatorio Laboral en el año 2008, intenta articular actividades entre el Instituto de Trabajo y Producción, la DEIE, del IDR y del Instituto de Desarrollo Industrial, de Tecnología y de Servicios, con el fin de sistematizar y generar información estadística de coyuntura sobre la problemática del empleo, como así también prever a largo plazo la integración de la información que cada una de estas instituciones genera.

También se está desarrollando en la Facultad de Ciencias Políticas y Sociales el proyecto de investigación *"Sistemas de información territorial como factor estratégico para el diseño de políticas de desarrollo local con eje en la formación profesional y el empleo. El caso de la vitivinicultura en la Provincia de Mendoza, Argentina"*, que busca identificar y caracterizar los requerimientos de información territorial necesarios para el diseño de políticas de formación profesional de jóvenes del mercado de trabajo vitivinícola de la Provincia de Mendoza, atendiendo a dos ejes principales: la particular configuración ocupacional de la actividad y las opciones de trabajo, estudio y vida que los trabajadores jóvenes desarrollan en ese entorno específico. Se pretende, con esta indagación, generar un sistema integrado de información territorial y realizar un ejercicio de aplicación en el Departamento de Maipú.

Es importante señalar que en las entrevistas realizadas a informantes calificados resulta evidente en estas iniciativas la subsistencia de la falta de canales estables de contacto entre los distintos actores involucrados del sector productivo, de las esferas gubernamentales y de la universidad. Varias iniciativas se han visto truncadas por la falta de instancias institucionalizadas que garanticen la sistematicidad y permanencia de las acciones y de instancias que articulen intereses entre los diversos actores. Entre ellas puede mencionarse el intento de poner en funcionamiento un Consejo Local de Formación Profesional, durante 2007 con apoyo financiero del BID, y en el 2004, la experiencia piloto para desarrollar los mapas ocupacionales, normas de competencia laboral, desarrollo de instrumentos de evaluación, formación y certificación de evaluadores y creación y consolidación de organismos de certificación sectorial, que con asistencia técnica y financiamiento del MTEySS, se desarrolló en el sector vitivinícola. En este proceso participaron la Federación de Obreros y Empleados Vitivinícolas y Afines, la Corporación Vitivinícola Argentina, la Unión Argentina de Trabajadores Rurales y Estibadores y el INV.

También es preciso mencionar que cuando se indaga a los sectores productivos sobre sus expectativas respecto a los contenidos que se deberían construir en esos espacios de diálogo sobre la formación profesional, sólo se obtienen propuestas generales, superficiales y que están muy alejadas de la posibilidad de fijar líneas de acción conjunta. El ejercicio en esta materia es una deuda pendiente que en tanto sociedad urge a los diversos sectores sociales y en la que el Estado debe reasumir un rol estructurante.

Por otra parte, una característica importante de nuestra provincia es que las organizaciones del sector productivo tienen larga tradición y presencia en distintos niveles (nacional, provincial, departamental, por cámara, por tamaño de los establecimientos), especialmente en el sector vitivinícola, lo que constituye un rico entramado de diversos intereses presente en gran parte del territorio.

Por lo demás, aunque no sobre la formación pero sí en otras áreas, existen experiencias importantes de gestión asociada entre el sector público y el sector privado. La primera de ellas fue la fundación PROMENDOZA, en la que las tres entidades más importantes, la Unión Comercial e Industrial de Mendoza (UCIM), la Federación Económica y la Bolsa de Comercio, nuclearon a diversos sectores vinculados con el tema agropecuario para el desarrollo de la actividad. Después surgió el Instituto de Desarrollo Industrial, Tecnología y Servicios (IDITS) y más recientemente el Instituto de Desarrollo Comercial (IDC).

Entre las entidades que representan a los productores y comercializadores de vino y mosto[41] ante las autoridades estatales municipales, provinciales y nacionales, y también ante clientes extranjeros, se encuentra la "Corporación Vitivinícola Argentina", cuya misión es gestionar y coordinar la implementación del Plan Estratégico Argentina Vitivinícola 2020. Esta corporación nuclea a gran número de asociaciones, cámaras y gobiernos de las siete provincias productoras de uvas de la Argentina; a Bodegas de Argentina; al Centro de Viñateros y Bodegueros del Este; al INV; a la Cámara Argentina de Fabricantes y Exportadores de Mosto, y a Productores de Uvas de Mesa y Pasas, entre otros.

Por otra parte, el "Fondo Vitivinícola Mendoza", es un organismo público no estatal dedicado a la promoción del consumo de vinos en Argentina, a la difusión de la cultura

---

[41]   La descripción que sigue a continuación fue presentada en Burgardt, A., Martín, M. E. *et al.*, 2007.

del vino y del crecimiento de su industria, por medio de estrategias y acciones de comunicación. Fue creado en el año 1994 y aglutina a entidades vitivinícolas privadas y al Gobierno de Mendoza: Asociación de Viñateros de Mendoza, Asociación de Cooperativas Vitivinícolas de Mendoza, Cámara Argentina de Fabricantes y Exportadores de Mosto, Centro de Viñateros y Bodegueros del Este, Unión Vitivinícola Argentina, y Gobierno de Mendoza, entre otras cámaras de comercio, industria, agricultura y de empresarios de Tupungato, Tunuyán, Rivadavia, General Alvear y San Rafael.

La "Asociación de Cooperativas Vitivinícolas Argentinas" (ACoVi), es una asociación civil sin fines de lucro, que tiene por objetivo representar institucionalmente a 34 cooperativas vitivinícolas asociadas. Por último, "Bodegas de Argentina", ex Asociación Vitivinícola Argentina, es una cámara empresaria que nuclea a gran parte de las bodegas más importantes de Argentina. Esta entidad fue creada en el año 2001 a partir de la unión de la Asociación Vitivinícola Argentina en Buenos Aires y el Centro de Bodegueros de Mendoza.

Este entramado organizativo con presencia territorial resulta un importante potencial para participar en la planificación de una oferta de formación sustentada en una visión estratégica de desarrollo sectorial y territorial. A ello deben sumarse las organizaciones sindicales, entre ellas el Sindicato de Obreros y Empleados Vitivinícolas y Afines (SOEVA) y la Federación de Obreros y Empleados Vitivinícolas y Afines (FOEVA), que los agrupa a nivel nacional y que tiene toda una serie de sindicatos en las diversas localidades de la provincia y la Unión Argentina de Trabajadores Rurales y Estibadores.

En Francia, su organización política centralista influye en buena medida en la dinámica de las regiones también surcadas por realidades desiguales. Sin embargo, en la región PACA la descentralización efectivamente constituyó un impulso para el desarrollo en el espacio local de las políticas de formación profesional y de las relaciones entre escuelas y empresas.

En este contexto, los consejos regionales constituyen el actor político central a través del Plan Regional de Desarrollo de la Formación Profesional de los jóvenes (PRDF), en tanto herramienta para coordinar la acción de los servicios regionales, de los servicios descentralizados del Estado Nacional y de las organizaciones profesionales, para superar la fuerte segmentación en torno a los públicos objetivo (jóvenes escolares, jóvenes aprendices, jóvenes en formaciones alternadas, jóvenes sin calificación, etc.); la separación entre formación profesional inicial y formación continua; y finalmente, la dificultad de construir asociaciones con organizaciones de empleadores de nivel nacional como regionales que tienen un menor nivel de desarrollo (Richard, 2000).

En relación con la producción de información para la toma de decisiones, la región PACA presenta una situación de privilegio, ya que en ella están asentadas varias de las principales instituciones francesas dedicadas al estudio de los vínculos entre formación y empleo (Cereq, *Observatoire Regional des Métiers* [ORM]; *Laboratoire d'Economie et de Sociologie du Travail* [LEST]).

Desde el año 2003, el desarrollo regional –y concretamente la articulación entre el desarrollo económico territorial, la competitividad y las competencias– es un tema de investigación en el que estos organismos están haciendo esfuerzos por articular y potenciar el uso de la información que producen, ya que la acción territorial es una preocupación cada vez más fuerte en el gobierno local.

Esta articulación es frecuente y estable, lo que ha incrementado la posibilidad de orientar las políticas hacia la solución de problemáticas puntuales sobre grupos de jóvenes con distintas características (inmigrantes, desempleados, discapacitados, etc.), como también avanzar en el análisis de las particularidades del empleo de los jóvenes en distintas actividades económicas a través del uso combinado de datos cuantitativos y cualitativos.

En este sentido, el rol de los observatorios regionales es crucial. Ellos tienen cinco objetivos centrales que describiremos a continuación y que permiten comprender el alcance de la información que se está produciendo y el uso que se le pretende dar.

Estos observatorios tienen cinco misiones principales (Moncel, 2007):

- Identificar, recopilar y analizar datos sobre las empresas, el empleo y la formación con el fin de obtener un mejor conocimiento de las condiciones existentes.
- Analizar y prever el impacto de los cambios demográficos, técnicos y económicos sobre el empleo y las necesidades de cualificación.
- Presentar información para la negociación y las políticas sobre capacitación y empleo a nivel sectorial.
- Ayudar a la correspondencia entre la oferta y las necesidades de formación.
- Difundir los datos y análisis a los actores sociales, autoridades estatales y regionales, redes de capacitación y orientación, y los socios de la industria.

La substancial dificultad que enfrentan estos organismos es articular los niveles regionales y sectoriales. Estas dos dimensiones transcurren en ámbitos distantes, ya que sus organizaciones representativas lo hacen en el nivel nacional, y la coordinación entre las estructuras regionales (como los observatorios) y las sectoriales no sólo depende de cuestiones técnicas relativas a los instrumentos de construcción de la información, sino también de acuerdos político. Esta dificultad se expresa en la baja participación y compromiso de los empleadores, tanto en términos de reflexión como en el acceso a la información (Moncel, 2007). Ello ha llevado a implementar acciones para involucrar a los usuarios de la información en su construcción, considerando que es un insumo útil para las empresas, en términos de orientación para la contratación, para otros actores, como los sindicales, porque se utiliza como elementos del proceso de negociación colectiva, y para las instancias públicas, porque se utiliza para construir alianzas para el pronóstico y la planificación.

5. Bibliografía

BERTRAND O. y J. KIRSCH . 1994. "El contexto histórico de la enseñanza técnica y de la formación profesional en Francia: principales reformas, principales debates". Contribución al proyecto OCDE sobre "El nuevo rol de la enseñanza técnica y la formación profesional", *Calificaciones & Empleo* n° 1, Segundo Trimestre, Piette / CEREQ.

BOCCO, A. *et al.* 2007. "La trama vitivinícola en la Provincia de Mendoza", en DELFINI, M. *et al.* (comps.), *Innovación y empleo en tramas productivas de Argentina*, Buenos Aires, Prometeo, Universidad Nacional de Gral. Sarmiento, pp. 93-144.

BURGARDT, G. *et al.* 2007. "Caracterización del sector de industrias de base agraria de Mendoza", en *Competencias laborales y condicionantes de género en industrias de base agrícola en Mendoza*, Mendoza, Informe final de investigación, Facultad de Ciencias Políticas y Sociales, UNCuyo. (Inédito)

CAPPELLETTI, B., *et al.* 2000. *Actores sociales y Estado en la formación profesional de la Argentina de los noventa,*

Montevideo, CINTERFOR, Aportes para el Diálogo Social y la Formación, 2.

CASELLA, P. y J. FREYSSINET. 2003. "La descentralización de la formación profesional: un necesario diálogo con los actores económicos y sociales", *Calificaciones & Empleo* n° 37 – Piette / CEREQ.

FORMATION EMPLOI. 1989. *L'enseignement technique et professionnel. Repères dans l'histoire (1830- 1960)*, julio-diciembre n° 27-28, La Documentation Française.

GEHIN, J. y E. VERDIER. 1996. "La formación continua en Francia", sept.-oct. 1987, *Calificaciones & Empleo* n° 12, Cuarto Trimestre, Piette / CEREQ.

INET. 2002. *ACUERDO MARCO Sistema Nacional de Formación Profesional de la República Argentina*. Buenos Aires, Ministerio de Educación Ciencia y Tecnología, Consejo Federal de Cultura y Educación.

LABRUYÈRE, C. 2005. "Certificaciones Profesionales: Los interlocutores sociales involucrados en la construcción de la oferta", *Calificaciones & Empleo,* n° 46, Piette / CEREQ.

MARTÍN, M. E. 2002. "Juventud y trabajo: el problema de las políticas pública", en *IV Encuentro de Estudios humanísticas para Investigadores Jóvenes*, Libro de Resúmenes, Mendoza Universidad de Congreso, Gobierno de Chile.

MARTÍN, M. E. 2004. "La relevancia de una perspectiva relacional e histórica en la investigación sociológica sobre educación y trabajo", *Revista Estudios del Trabajo,* n° 27, Primer Semestre.

MARTÍN, M. E. 2008. "Juventud, educación y Trabajo: La dinámica entre estructuras y agentes burocráticos en las políticas de Mendoza", en *Premio a la Innovación de las políticas públicas tesis doctorales*, Buenos Aires, Secretaría de la Gestión Pública de la Jefatura de Gabinete de Ministros, CIPPEC.

MARTÍN, M. E. y POL, M. A. 2009. "Sistemas de informa-
    ción territorial: configuración ocupacional y trayecto-
    rias educativas y laborales en la industria vitivinícola.
    Experiencias nacionales e internacionales", ponencia
    presentada en *III Jornadas Nacionales de Investigadores
    de las Economías Regionales*, X Encuentro Nacional de
    la Red de Economías Regionales en el marco del Plan
    Fénix, Universidad Nacional de Cuyo, Mendoza, 19 y
    20 de Noviembre.

MONCEL, N. 2007. *Matching Supply and Demand: Sector-
    Based Approaches. An Unreachable Relationship?*,
    France, CEREQ (Versión borrador).

RICHARD, A. 2000. "Formación profesional y papel de las
    regiones en Francia. Los desafíos de la descentraliza-
    ción", *Calificaciones & Empleo,* n° 25, Piette / CEREQ.

La incidencia de los dispositivos en la trayectoria laboral de los jóvenes. Entre la reproducción social y la creación de oportunidades

Claudia Jacinto y Verónica Millenaar[42]

1. Introducción

Este artículo discute la incidencia de dispositivos específicos de formación para el trabajo sobre las trayectorias de inserción de los jóvenes de bajos recursos. Se profundiza aquí un interrogante que hemos estudiado desde distintos ángulos en investigaciones anteriores: cómo inciden los dispositivos de apoyo a la inserción laboral[43] en las trayectorias posteriores de los jóvenes que participan de dichas experiencias. Se concentra en un aspecto que no ha sido prácticamente abordado en nuestro medio: cómo se vinculan tanto el título de nivel secundario como el acceso a dispositivos específicos de formación para el trabajo –en este caso pasantías y cursos de formación profesional (FP)– con los empleos posteriores de los jóvenes, según cuáles sean los capitales educativos de sus hogares de origen.

Como se ha señalado en la introducción del libro, la investigación definió la incidencia del dispositivo sobre los jóvenes de un modo amplio: abarca tanto la propensión a trabajar (activación) como el acceso a un empleo y la

---

[42] Agradecemos a Andrea Federico que apoyó en el procesamiento y primer análisis de los datos cuantitativos, a Jorgelina Sassera que realizó algunos procesamientos adicionales y a Paula Ottolenghi que colaboró con la edición del texto.
[43] Como se ha señalado en la introducción de este libro, llamamos "dispositivo" a una formación específica o una experiencia para o en el trabajo.

calidad del mismo, así como otras dimensiones educativas (permanencia o reinserción educativa) o subjetivas (vinculadas a la participación social, valoración de sí mismo, etc.). En particular, este artículo trata la incidencia en la trayectoria laboral posterior inmediata y hasta un año después de haber salido del dispositivo, para de este modo mostrar cambios de situaciones en distintos momentos.

Preguntarse si el dispositivo incide en los planos que se acaban de mencionar se fundamenta en al menos dos posiciones teórico-metodológicas. La primera, es que el análisis de los dispositivos debe superar las perspectivas de insumo-producto, del tipo estudios de impacto de las pasantías o los cursos de FP sobre el empleo posterior, para pasar a examinar tramos de trayectorias con su sucesión de eventos, y al mismo tiempo incorporar otras incidencias más allá de la propia inserción laboral. La segunda, es que dada la devaluación del título de nivel secundario en el mercado de trabajo, quienes terminan el nivel pero provienen de hogares de bajo nivel social y/o educativo son quienes más se hallan afectados en el acceso y la calidad del empleo, comparativamente con el resto de los egresados del nivel (Jacinto, 2006a). Nos preguntamos, entonces, si un dispositivo específicamente orientado a la formación para el trabajo puede sumar al mejoramiento de esa inserción.

2. Las miradas sobre los dispositivos

2.1. Indagar los dispositivos desde las trayectorias

Existen en nuestro país pocos estudios sobre el pasaje de los jóvenes por dispositivos de apoyo a la inserción, especialmente sobre formación profesional. Se trata de estudios cualitativos (Jacinto, 1998; 2006b; Gallart, 2000; Herger, 2008) que han coincidido acerca de las percepciones subjetivas positivas que los jóvenes tienen ante estas experiencias. Para ellos, los cursos suelen constituirse en espacios de participación social, donde adquieren competencias no sólo técnicas sino también personales y sociales (Jacinto, 2006b). Ahora bien, los estudios coinciden en que a pesar de esta valoración, la precariedad de recursos y débiles vínculos que tienen las instituciones con el mercado de trabajo, sumado a la constelación de desventajas que sufren los jóvenes, suelen conducirlos al sector informal de la economía como horizonte de inserción laboral.

Menos habituales han sido las aproximaciones analíticas que adoptan la perspectiva de analizar los efectos del dispositivo en el marco de tramos de trayectorias juveniles de un modo más amplio. De acuerdo a la vasta literatura que afirma que las experiencias de construcción vital entre los jóvenes –y más aun sus procesos de inserción laboral- se configuran en el marco de una desestandarización de sus recorridos biográficos (Biggart *et al.*, 2002, entre otros), sostenemos que el análisis de trayectorias es el marco adecuado para examinar la incidencia de dispositivos.

En primer lugar, el análisis de trayectorias educativo-laborales constituye una perspectiva teórica y metodológica que permite registrar las secuencias de comportamiento laboral de los jóvenes en el marco de un proceso temporal. En general, los estudios de trayectorias (Panaia, 2009) toman como punto de partida la salida o culminación de los estudios (secundarios o universitarios) y analizan las continuidades y rupturas de las sucesiones de acontecimientos referidos a lo laboral; finalizando en el momento en que los jóvenes logran acceder a cierto nivel de estabilidad en el mercado de empleo. Sin embargo, y muy especialmente en las poblaciones como las examinadas en este artículo, esta posibilidad de establecer un comienzo y un final en la reconstrucción de sus itinerarios de inserción se ve dificultada en la medida en que se incluyen jóvenes que han abandonado prematuramente los estudios secundarios, que comienzan sus trayectorias laborales a muy temprana edad y/o que acceden de manera discontinua a los circuitos de formalidad y estabilidad laboral. Así las cosas, nuestra perspectiva no ha sido abordar las trayectorias considerando que debe haber un empleo estable, ni que la "transición" tiene un punto de partida y un punto de llegada. Por el contrario, concebimos que el valor de los estudios de trayectorias radica en la posibilidad de acceder a un análisis procesual de los recorridos laborales juveniles en un determinado tramo de la vida. Precisamente, porque las trayectorias de inserción laboral de los jóvenes adquirieron características heterogéneas y desiguales, aun ante las mismas condiciones estructurales, como efecto de las transformaciones económicas y del debilitamiento institucional que ocasiona la pérdida de soportes y protecciones sociales en los sujetos (Pérez Islas, 2008).

Al analizar dicha experiencia formativa en el marco de un proceso a lo largo del tiempo –ligado a un contexto social e histórico en particular, pero también a los ritmos biográficos particulares de las trayectorias (Elder, 1994)– los aprovechamientos que los jóvenes realizan del dispositivo pueden comprenderse con mayor complejidad. Introducir el concepto de *incidencia del dispositivo* implica la adopción de una perspectiva temporal que compara distintos momentos en la trayectoria educativo-laboral del joven. Así, en el presente artículo mostraremos que la experiencia formativa y los aprendizajes allí adquiridos pueden traducirse, en las trayectorias posteriores de los jóvenes, en un mejoramiento de la calidad del empleo al que acceden, pero también en la *activación* y en otros aspectos sociales y subjetivos, como la ampliación del capital social o la construcción de un proyecto ocupacional a futuro. Para esta mirada más comprensiva, recurrimos a datos cuantitativos que permiten detectar tendencias, y a datos cualitativos para comprender más cabalmente los procesos.

En segundo lugar, el análisis de las trayectorias de los jóvenes permite registrar el peso de las distintas dimensiones que inciden en sus recorridos. Las biografías de los jóvenes hablan del contexto social al cual pertenecen, pero también dan cuenta del ritmo individual que imprimen las propias decisiones y construcciones. De este modo, es posible comprender las configuraciones juveniles atendiendo a sus posiciones en la estructura social, pero también a sus características individuales (Longo, 2008; Casal 1996). Ello implica el registro tanto de los elementos determinantes de las biografías (sus niveles socioeconómicos y educativos o el lugar donde residen, entre otras cuestiones) como de sus construcciones y decisiones personales, en las que juegan un papel importante las elaboraciones subjetivas (por ejemplo, las significaciones juveniles respecto del trabajo, sus motivaciones, decisiones y estrategias).

Las transiciones juveniles hacia el empleo se configuran como el resultado complejo de esta multiplicidad de dimensiones (Walther y Phol, 2005). En el presente artículo, mostraremos el peso significativo de aspectos como el nivel educativo de los jóvenes o el de sus familias de origen en sus posibilidades de construcción. Pero también veremos en las biografías de los jóvenes, a través de algunos casos paradigmáticos, cómo se articulan las características sociodemográficas individuales, las motivaciones y el dispositivo para dar como resultado una trayectoria de inserción que permite comprender mejor las tendencias que señalan los datos cuantitativos.

En este sentido, examinar los dispositivos en tramos de las trayectorias permite reconocer incidencias típicas; pero al mismo tiempo, permite visualizar rupturas en las configuraciones biográficas, por ejemplo en la apertura a nuevos horizontes y proyectos laborales e incluso educativos. Así, mostraremos "casos" que ilustran la capacidad de agencia evidenciada en las decisiones y actitudes personales que se suman a la formación y la experiencia subjetiva en el dispositivo.

Se cuenta con alguna evidencia acumulada en este sentido. Algunos estudios sobre impacto de programas latinoamericanos (aunque no se basan en trayectorias) muestran que se ha logrado mejorar, moderadamente, la inserción laboral de los jóvenes capacitados, permitiéndoles mayores probabilidades de acceso a un empleo formal respecto de otros jóvenes que no pasaron por el programa, al menos en el corto plazo (Jacinto y Lasida, 2010). También en Argentina hemos comenzado a observar esta tendencia en un trabajo anterior, en el cual se ha examinado el análisis de trayectorias posteriores (Jacinto, 2006b). Allí se evidenció que algunos jóvenes lograban conjugar una acumulación de experiencias que les permitían acceder a alguna forma de generación de ingresos valorada (empleo o autoempleo), y en algún sentido, a romper con una trayectoria predecible estructuralmente. Además, los jóvenes egresados valoraban haber adquirido un saber específico, vinculado a una ocupación, y haber accedido a un capital social y una red de relaciones sociales que les facilitó el ingreso a un empleo.

A fin de profundizar estas indagaciones, en la investigación –cuyos resultados parciales se discuten en este artículo– se compararon distintos dispositivos, en términos de su incidencia sobre las trayectorias de los jóvenes, en el tramo que va desde el inicio de su carrera laboral hasta un año después del egreso del dispositivo seleccionado.

2.2. Explorar las relaciones entre dispositivos y títulos de nivel secundario

La ruptura de las formas tradicionales de socialización laboral –aquellas en las que se aprendía a trabajar con otro, como por ejemplo un maestro, alguien del entorno familiar o directamente en el primer empleo que solía ser estable– ha sido la consecuencia inevitable de los profundos cambios en el mundo del trabajo y en las relaciones entre educación y empleo. Hasta el quiebre de ese modelo, también la escuela contribuía a la socialización laboral, no sólo en el caso de la escuela técnica, sino también en la secundaria general por su incidencia en el desarrollo de actitudes de disciplinamiento que se vinculaban fuertemente a la condición de alumno pero también a la de trabajador.

El debilitamiento de las instituciones educativas y de sus marcas en términos socializadores, como así también la precarización del mercado laboral, constituyen hoy elementos societales claves para entender esos quiebres en el pasaje de la educación al empleo. Al mismo tiempo, esto ha llevado a la formulación de políticas y programas que acompañen las nuevas transiciones, en particular de aquellos que están en condiciones sociales y educativas más vulnerables. En efecto, actualmente muchos jóvenes provenientes de sectores de bajos ingresos tienen escaso o nulo acceso, en sus experiencias cotidianas, a conocer trabajadores con empleos de calidad. Ellos mismos acceden a trabajos inestables y precarios, como se ha mostrado en numerosos trabajos previos.

Ante el reconocimiento del valor social de la credencial educativa de nivel medio ("necesaria pero no suficiente", como se ha mostrado reiteradamente en Filmus *et al.*, 2001; Miranda, 2008; Jacinto, 2006a; Salvia, 2008), las políticas públicas recientes privilegian incentivar la terminación de ese nivel definido como obligatorio en Argentina. En esa línea, se han promovido desde estrategias de retención en la escuela media hasta vías alternativas como la Educación de Jóvenes y Adultos (EDJA) y programas específicos. Sin embargo, la deuda educativa es aún enorme. Sólo apenas la mitad de los adolescentes logran terminar el nivel en tiempo y forma, y muchos millones de trabajadores no cuentan con esa credencial.

A ello se suma que estudios recientes muestran que a quienes más les cuesta "hacer valer" el título de nivel medio en el mercado de trabajo es a los que provienen de hogares con menos recursos o menos capital educativo (Salvia, 2008; Jacinto y Chitarroni, 2009). Tomemos, por ejemplo, cifras de la Encuesta Permanente de Hogares 2006. Se observa que los jóvenes no pobres con título secundario son los que presentan una tasa más baja (33%) de acceso a empleos no registrados. Pero en los jóvenes pobres que terminaron el secundario, esa tasa asciende al 81%, lo cual es muy similar en los pobres que no lo terminaron (89%). Respecto a la desocupación, terminar el secundario, para los pobres, lleva a tasas de desocupación mayores que no haberlo terminado: 49% los primeros y 30% los segundos. Esto seguramente está vinculado a que los pobres que terminan el secundario tienen mayores expectativas y probablemente menores urgencias que aquellos que no lo terminaron, y deben aceptar sin remedio empleos de bajos niveles de calificación. Sin embargo, esta situación es bien distante de la tasa de desocupación que presentan los no pobres (en torno al 11%), hayan terminado o no el secundario. Estas cifras muestran que el esfuerzo educativo que realizan los pobres está lejos de reflejarse en mejores condiciones de inserción laboral. Las tendencias reproductoras priman por sobre las credenciales educativas.

En este marco, debe señalarse que la incidencia del pasaje por un dispositivo, según si se ha terminado o no el nivel secundario, es prácticamente desconocido. Entre otras razones, porque las políticas públicas al respecto han focalizado especialmente a jóvenes de niveles educativos menores, y porque la formación profesional que ha tenido nuestro país (en términos generales, de escasa calidad) ha sido más bien un circuito de segundas oportunidades para aquellos excluidos del sistema educativo formal (Jacinto, 2008).

Asimismo, en un contexto de reactivación económica como el que viene sosteniendo la Argentina desde 2003, el interrogante respecto de la incidencia de los dispositivos de capacitación laboral cobra mayor relevancia aun. La ampliación de la demanda de trabajadores calificados en el mercado de trabajo en los últimos años, ¿permite revalorizar la credencial obtenida o los saberes adquiridos en el paso por dichos dispositivos? ¿Cómo se articula esa formación con la educación secundaria en un contexto de reactivación del mercado de trabajo?

Partimos entonces de la siguiente hipótesis de trabajo: para los jóvenes pobres egresados del nivel secundario contar con dispositivos de acercamiento al mundo del trabajo, sea bajo la forma de pasantías o de formación profesional inicial o continua, puede significar un aumento de sus condiciones de empleabilidad y/o mejorar sus posibilidades de acceso a buenos empleos. Así ha sido señalado incluso para otros contextos, como el europeo, donde ante la alta tasa de finalización del nivel secundario, la formación profesional se ve desafiada a responder adecuadamente a la demanda por estudios postsecundarios no terciarios (McCoshan *et al.*, 2008) y las políticas de transición hacia el mercado laboral desarrollan numerosos dispositivos de acompañamiento de los jóvenes en las trayectorias laborales (Agulhon, en este volumen).

Nos propusimos comparar la incidencia de diferentes tipos de dispositivos en las trayectorias posteriores de los jóvenes, a fin de deslindar las constelaciones de factores individuales, subjetivos e institucionales que configuran signos de incidencia positiva en términos de inclusión laboral y social.

Metodológicamente, se trató de un estudio cuantitativo y cualitativo (aunque debe considerarse exploratorio) de 106 casos de jóvenes entre 19 y 29 años de ambos sexos (provenientes de hogares de bajos recursos) que habían egresado un año antes de doce instituciones seleccionadas que ofrecían algún tipo de formación para el trabajo (en particular, pasantías en el nivel secundario y cursos de formación profesional). Los jóvenes egresados respondieron a un cuestionario cerrado y a una entrevista semidirectiva basada en una guía sobre sus trayectorias antes, durante y después del dispositivo. El estudio estaba orientado a detectar tendencias y a la construcción tipológica y conceptual. En este artículo se presentan los datos cuantitativos para mostrar las tendencias observadas en las inserciones laborales de los jóvenes, señalando las diferencias según dispositivo y variables sociodemográficas. Pero esencialmente, dichos datos son utilizados para conformar grupos que muestran las inserciones y perfiles de jóvenes típicos según dispositivos, a la manera sugerida por Glasser y Strauss (1967). Se presentan algunos casos paradigmáticos reconstruidos a partir de los datos cualitativos, que brindan una mayor comprensión acerca de cómo se combinan los factores subjetivos y objetivos que intervienen, y de los quiebres o bifurcaciones (Longo y Bidart, 2007) que se producen en las trayectorias, vinculados a los dispositivos. En particular, el foco está puesto en mostrar cómo jóvenes provenientes de hogares de capitales educativos bajos[44] que terminan el secundario, logran hacer valer este título gracias a su combinación con el dispositivo.

---

[44]   Cuya incidencia negativa sobre las oportunidades educativas a las que logran acceder los jóvenes está ampliamente probada en la investigación social (SITEAL, 2007).

3. Los dispositivos estudiados

Un primer grupo de dispositivos estudiados son las pasantías en el nivel secundario, en general asociadas a escuelas técnicas. Éstas constituyen una forma de aprendizaje en el trabajo que se suma a la formación técnica. Un artículo en este volumen muestra que su incidencia, en el marco de la ruptura de los procesos de socialización laboral, excede esa finalidad tradicional, y evidencia nuevos sentidos e influencias sobre las subjetividades y trayectorias en torno al trabajo (ver Jacinto y Dursi, en este volumen).

Un segundo grupo de dispositivos estudiados está constituido por cursos de formación profesional o capacitación laboral específica, que algunas veces toman la forma de (o incluyen) orientación y/o intermediación laboral.

Datos generales sobre la FP muestran que en el total del país, en el año 2008, se registran 392.717 matriculados[45] en 3.358 centros. La mayoría de estos centros son "puros", es decir, instituciones públicas. Pero una parte de los centros de FP ha sido creada en convenio con otras instituciones (tales como empresas, sindicatos, obispados o municipalidades), quienes seleccionan las especialidades y proveen los recursos para equipamiento y materiales. La relación de los centros con la entidad conveniante ha dado como resultado algunas estrategias innovadoras, en el marco de proyectos de desarrollo local, acuerdos con sindicatos y/o empresas y articulaciones con otras entidades sociales (Jacinto, 1997).

También existen proyectos de capacitación laboral para jóvenes desarrollados por ONG, apoyados por subsidios de

---

[45] En el total país la matrícula es mayoritariamente femenina: 62,6% son mujeres.

programas sociales nacionales o internacionales. En este marco, estudios previos (Jacinto *et al.*, 1999) han registrado algunas experiencias con perspectivas basadas en la igualación de oportunidades de la población objetivo, que promueven la participación social de la misma. Pero también existieron, y siguen existiendo, muchas experiencias puntuales y de escasa calidad técnica.

Algunos de estos centros participan, a su vez, en la ejecución de políticas activas de empleo apoyadas por el Ministerio de Trabajo nacional. En los últimos años, las mismas incluyeron apoyo a cursos de formación continua con *curriculums* basados en competencias (desarrollados a partir de redes sectoriales) y establecimiento de parámetros de calidad para los centros de FP, entre otras políticas. En tiempos recientes, desde programas nacionales o desde ONG con financiamiento externo, se han reforzado componentes que se direccionan hacia la activación y la orientación sociolaboral, dando relevancia a la "gestión del propio joven" en el proceso de transición (ver en Jacinto, en el presente volumen, cuestiones conceptuales al respecto).

Ahora bien, dentro de esta variedad de dispositivos, nos propusimos la comparación de sus distintos tipos. Así, introdujimos un interrogante acerca de los modelos institucionales en los que se insertan los dispositivos y su incidencia según el tipo de modelo.

De este modo, dentro de las instituciones que brindan pasantías, se ha efectuado una diferenciación según el nivel de integración del dispositivo al currículo y los objetivos de la pasantía dentro de la estrategia institucional (ver Jacinto y Dursi, en este volumen); y dentro de los centros de FP se han distinguido: centros públicos "puros"; centros conveniados con sindicatos; centros conveniados con ONG, con anclaje territorial o religioso; y centros dependientes de ONG que desarrollan programas sin financiamiento público (lo cual implica mayor autonomía en las definiciones institucionales y curriculares).

Como resulta evidente en la diferenciación que se acaba de mencionar, los jóvenes que pasaron por pasantías en general han terminado la escuela secundaria; en cambio, en el caso de la FP, la situación es más dispar. En efecto, la formación profesional, sobre todo los cursos de oficios iniciales, han estado tradicionalmente orientados a quienes no terminaban la escuela secundaria. Aun cuando alguna parte de estos cursos puede requerir la finalización del nivel secundario, no resulta lo más habitual.

Los dispositivos, de este modo, fueron clasificados en cinco tipos, que pueden ubicarse dentro de lo que hemos denominado "las lógicas de la formación profesional y la activación" (ver Jacinto, en el presente volumen). Los cinco tipos, que incluyen a las doce instituciones estudiadas, son:

1. Pasantía en secundario (PASANTÍA): se trata de instituciones educativas de nivel secundario que ofrecen pasantías en empresas a los estudiantes.

2. FP sindical (FPS):[46] se trata de cursos desarrollados en centros de FP dependientes de las respectivas jurisdicciones pero que, al mismo tiempo, están asociados a sindicatos del rubro. Sus certificaciones tienen valor dentro de las calificaciones valoradas en el mundo de las empresas de cada sector, y las propias instituciones suelen participar de redes sectoriales. La mayoría de los cursos no requiere título de nivel secundario.

3. FP con anclaje territorial / religioso (ONG): se trata de cursos brindados por ONG, en algunos casos dependientes de la respectiva jurisdicción educativa (razón por la cual otorgan certificados aprobados), y en otros, a partir de un desarrollo más informal, subsidiados por

---

[46] Se consignan entre paréntesis las siglas con las que cada tipo aparece en los cuadros.

programas sociales. Casi ningún curso requiere título de nivel secundario, aunque suelen promover el reingreso educativo del joven.

4. Orientación con inserción (OcI): incluimos en esta categoría a una ONG que desarrolla un programa de FP, pero especialmente enfocada a la orientación y a la ayuda en el proceso de inserción. Se inscribe sobre todo en una lógica de activación destinada a egresados recientes o alumnos del último año del nivel secundario.

5. FP pura (FPP): se trata de cursos desarrollados por centros de formación profesional dependientes en general de las respectivas jurisdicciones educativas, pero que no han establecido convenios con contrapartes como en los dos casos anteriores. Casi ningún curso requiere título de nivel secundario.

A continuación se discuten los datos empíricos sobre las trayectorias laborales de los jóvenes tomando en cuenta tres hitos en el tiempo. Se examinan tendencias cuantitativas que muestran los datos recolectados, como así también se analizan algunas biografías paradigmáticas que ilustran cómo se van concatenando los factores asociados con los cambios producidos en los distintos momentos.

En primer lugar, se compara la situación ocupacional anterior al dispositivo (T1) y aquella inmediatamente después de terminado el mismo (T2). En segundo lugar, se examina la situación ocupacional en el momento de la entrevista (T3), que fue definido alrededor de un año después del paso por el dispositivo. Se avanza en una comparación de las características de los empleos según el dispositivo al que asistieron los jóvenes, buscando indagar las relaciones entre los dispositivos y la calidad de la inserción y otras incidencias. Asimismo, esto pondrá en evidencia los diferentes perfiles sociodemográficos de los jóvenes que asisten a cada uno de los diferentes tipos de dispositivos.

Por último, se abordará el interrogante en torno a la vinculación entre la escolaridad secundaria, el dispositivo y la situación laboral de los jóvenes en la actualidad. Nos preguntamos, en este sentido, cuánto incide el título de nivel secundario, como así también el origen social, en la inserción laboral de los jóvenes, teniendo en cuenta el pasaje por un dispositivo en dicha relación.

4. ¿Qué pasó con los jóvenes inmediatamente después del dispositivo?

4.1. Cambios en la condición de actividad

La tendencia más notable cuando se compara la situación de los jóvenes entre T1 y T2 es el incremento en las tasas de actividad. Este incremento se dio en todos los grupos, y es especialmente notable en aquellos hasta 21 años (cuadro 1). En un sentido, estos resultados eran esperables. Se trata de los jóvenes en proceso de inserción que como grupo en general van incrementando año a año sus tasas de actividad, como evidencian los datos de EPH (Salvia y Tuñón, 2003; Miranda, 2008). De hecho, los jóvenes de 22 a 29 años tenían ya mucho mayores tasas de actividad antes de acceder al dispositivo. El aumento de la actividad en las mujeres era también esperable, sin embargo es especialmente notable en el grupo de 18 a 21 años, entre las cuales se duplica. Es justamente en este grupo donde puede sostenerse que el dispositivo ha tenido una influencia mayor sobre la propensión a trabajar. La desocupación también aumentó levemente pero en T1 ya era relativamente baja: creció de 6 a 10 casos (casi 10%). Esto hace que la mayoría de los que pasaron a la condición de activos estén ocupados.

Cuadro 1: Distribución de los egresados por condición
de actividad anterior y posterior al dispositivo
según edad y sexo. En absolutos y porcentajes

Condición de actividad	T1				Total	T2				Total
	Mujer		Varón			Mujer		Varón		
	18-21 años	22-29 años	18-21 años	22-29 años		18-21 años	22-29 años	18-21 años	22-29 años	
Ocupado	10	9	15	23	57	20	12	19	27	78
	35,7%	50,0%	55,6%	74,2%	55%	71,4%	66,7%	70,4%	87,1%	75%
Inactivo	18	7	12	4	41	5	4	6	1	16
	64,3%	38,9%	44,4%	12,9%	39%	17,9%	22,2%	22,2%	3,2%	15%
Desocupado	0	2	0	4	6	3	2	2	3	10
	0,0%	11,1%	0,0%	12,9%	6%	10,7%	11,1%	7,4%	9,7%	10%
Total	28	18	27	31	104	28	18	27	31	104
	100%	100%	100%	100%		100%	100%	100%	100%	

Fuente: Base Estudio Trayectorias

Cabía preguntarse si esta mayor actividad y la mayor ocupación se encuentran vinculadas al acceso a un
empleo a través del dispositivo. ¿Es que accedieron a
un empleo por medio del dispositivo o se trata de una
permanencia en el empleo anterior o de un cambio de
empleo? La primera hipótesis es la que cobra mayor
relevancia. En efecto, el 55% consiguió trabajo luego
del dispositivo, el 36% permaneció en el empleo en el
que estaba y el peso de los que accedieron a un nuevo
empleo en T2, habiendo estado ocupados en el T1, es
bajo, solo el 9% (cuadro 2).

Ahora bien, como se observa, este peso importante
del dispositivo sobre la obtención de un empleo varía
por tramo etario, edad y sexo. El acceso a un empleo se
incrementa en particular entre los más jóvenes, muy
especialmente entre las mujeres más jóvenes. En las
mujeres mayores de 22 años, el dispositivo también tuvo
una incidencia importante en conseguir un empleo.

Otros datos de nuestra investigación permiten comprender mejor a qué se debe esta mayor incidencia en la activación de las mujeres. Por un lado, los hombres tienen mayores tasas de actividad desde el T1. Pero por otro lado, las motivaciones de unos y otras para acceder al dispositivo, especialmente en los diferentes tipos de FP, varían considerablemente. Si para los varones la intención es mejorar su situación de empleo, para las mujeres es buscar aprender algo específico que les sirva para trabajar, y además una oportunidad de participación social, como se verá en la presentación de los casos.

Cuadro 2: Ocupados en situación posterior al dispositivo según edad y sexo, en porcentajes

Situación ocupacional posterior al dispositivo	Mujer		Varón		Total
	18-21 años	22-29 años	18-21 años	22-29 años	
Consiguió trabajo	80	50	58	37	55
Permaneció en el empleo que estaba	15	41	40	48	36
Cambió de trabajo	5	9	2	15	9
	100%	100%	100%	100%	100%

Fuente: Base Estudio Trayectorias

Otra característica que incide en la activación es el nivel educativo de los jóvenes. En T1, aquellos con menor nivel educativo tenían mayores tasas de actividad. En T2 se produce un aumento general de las tasas de actividad, igualándose para ambos grupos (cuadro 3). Si los de menor nivel educativo ya trabajaban antes, probablemente por necesidad, en los de mayor nivel educativo, el dispositivo promueve la activación.[47]

---

[47] Los pocos casos de desocupados no permiten delinear tendencias, pero sí se evidencia que es mayor la desocupación entre aquellos menos educados en los dos momentos; incluso la brecha se agranda en el T2.

Cuadro 3: Distribución por condición de actividad anterior y posterior al dispositivo según nivel educativo, en porcentajes

Condición de actividad	T1		T2	
	Secundario incompleto	Secundario completo	Secundario incompleto	Secundario completo
Activo	68	59	86	84
Inactivo	32	41	14	16
	100 %	100 %	100 %	100 %

Fuente: Base Estudio Trayectorias

Ahora bien, es interesante relacionar este resultado con la forma en que juega el capital educativo (CE) del hogar[48] en el aumento de la activación entre T1 y T2. En el T1, el CE del hogar no aparece influenciando las tasas de actividad (cuadro 4). Posteriormente al dispositivo, se incrementó la actividad más intensamente entre aquellos jóvenes cuyos padres tienen menor capital educativo. Este resultado es consistente con dos cuestiones: por un lado, quienes provienen de hogares de menores capitales educativos tienen mayor necesidad de trabajar; por otra parte, un grupo de quienes tienen mayores capitales educativos permanecen inactivos porque son quienes más continúan estudiando.[49]

---

[48] El capital educativo del hogar fue definido como el nivel educativo más alto entre los progenitores. Se lo suele considerar un *proxy* de nivel socioeconómico.

[49] En cuanto a la desocupación, como se ha mencionado, resulta baja, y aunque el mayor capital educativo familiar aparece asociado a la desocupación mas baja de los jóvenes, los datos son escasos como para confirmar esa relación.

Cuadro 4: Condición de actividad anterior y posterior al dispositivo según capital educativo del hogar, en porcentajes

Condición de actividad	T1		T2	
	Capital educativo del hogar		Capital educativo del hogar	
	CEB	CEMA	CEB	CEMA
Activo	56	59	88	74
Inactivo	44	41	12	26
	100 %	100 %	100 %	100 %

Fuente: Base Estudio Trayectorias.
CEB: capital educativo del hogar bajo
CEMA: capital educativo del hogar medio y alto

4.2. ¿Qué tipo de dispositivo se vincula más a la activación?

Ahora bien, ¿tienen los dispositivos distinta incidencia según su tipo? ¿Qué tipo de dispositivo aparece más vinculado a la activación? Los resultados en este sentido muestran una tendencia clara. Sobresalen aquellos que pasaron por pasantías o por cursos en los que se brinda orientación e intermediación (OcI). En estos grupos de jóvenes, aumentan más considerablemente los ocupados y disminuyen ostensiblemente los inactivos (cuadro 5). Este grupo es también donde se concentran más los jóvenes entre 18 y 21 años. En cambio, para el resto, la ocupación permaneció relativamente igual. Sobresale el grupo que ha pasado por FPP donde 2 de cada 10 jóvenes permanecen desocupados en ambas mediciones.

Cuadro 5: Distribución por condición de actividad anterior
y posterior al dispositivo según dispositivo, en porcentajes

Condición de actividad	T1					T2				
	Pasantía	ONG	FPS	FPP	OcI	Pasantía	ONG	FPS	FPP	OcI
Ocupado	23	62	84	70	46	61	76	84	62	100
Inactivo	77	32	11	8	54	31	12	11	15	0
Desocupado	0	6	5	22	0	8	12	5	23	0
	100%	100%	100%	100%	100%	100%	100%	100%	100%	100%

Fuente: Base Estudio Trayectorias

En resumen, el acceso a un empleo se incrementa en particular entre los más jóvenes. Antes del dispositivo, las mujeres tenían mayor tendencia a la inactividad y los varones a la ocupación. Luego del dispositivo, se observa un incremento de la ocupación para ambos sexos, pero más intensamente para las mujeres. Este incremento en las mujeres se debe esencialmente al acceso al empleo; en el caso de los varones, tiene importancia la permanencia en el empleo.

Los jóvenes que terminaron el nivel secundario son quienes muestran mayor propensión a pasar de la inactividad a la actividad después del dispositivo. Esto señalaría que en ellos el dispositivo aparece como el disparador del ingreso al trabajo. Esto es consistente con el hecho de que los dispositivos de pasantías o que apoyan la inserción laboral (OcI) (a través de la intermediación), resultan los que tienen mayor incidencia en la activación. Al respecto, en el análisis de datos cualitativos, se observó que estos jóvenes valoran especialmente del dispositivo el hecho de haberles facilitado un puente directo con el empleo y que, incluso aunque anteriormente no hubieran proyectado trabajar tempranamente, los estimuló a hacerlo y eso les satisface.

Asimismo, la mayor incidencia en la activación se observa en aquellos con mayores niveles educativos y los que provienen de hogares con capitales educativos más bajos. Estas evidencias brindan un primer indicio de la relación entre el título de nivel secundario y el dispositivo en la inserción de los jóvenes en el mercado laboral que, como se verá más adelante, funcionan potenciándose.

Las trayectorias de los jóvenes nos brindan indicios para comprender estas relaciones, como puede observarse, por ejemplo, en el caso de Gabriel. Gabriel proviene de un hogar con capitales educativos bajos (su madre alcanzó la primaria completa y trabaja como empleada doméstica). Tiene 20 años y completó sus estudios secundarios en un bachiller polimodal en el conurbano bonaerense. Gabriel no había trabajado mientras cursaba en la escuela, pero aprovechó la oportunidad de realizar una pasantía educativa durante el último año para ganar experiencia y, también, por una necesidad económica familiar. Gabriel realizó la pasantía en una empresa de nutrición y sanidad animal y luego permaneció en el puesto de técnico de laboratorio como empleado efectivo. Desde entonces (año 2006) mantiene el mismo empleo y lleva una trayectoria laboral estable en una empresa con posibilidades de crecimiento profesional. Señala: *"Al trabajo lo conseguí por la pasantía, porque la hice acá mismo. [...] Me interesó la pasantía porque iba a poder tener experiencia. Por ahí yo no quedaba en ese trabajo y tenía que salir a buscar, pero me iba a servir como una cartita de presentación. [...] Fue una experiencia bárbara porque me abrieron más la cabeza [...] en lo que es el trabajo en sí, el desarrollo, manejarme con la gente, digamos me dio otra visión. [...] Y ahora creo que tengo el empleo que quiero tener."* (Gabriel, 20 años, PASANTÍA).

Pero el dispositivo incide también en la activación en algunos jóvenes que provienen de hogares con capitales educativos bajos y no han terminado el secundario. Flavia, de 20 años, proviene de un hogar con capital educativo bajo (su madre se encuentra desocupada y percibe un subsidio social). Flavia no logró completar los estudios secundarios. Su trayectoria laboral previa al ingreso en el dispositivo se caracterizaba por una débil e intermitente vinculación con el trabajo (obtuvo dos changas por un período de tiempo corto). Decide participar de un curso de formación en un dispositivo de tipo OcI, e inmediatamente luego de finalizarlo accede a un empleo en blanco y a tiempo indeterminado en un prestigioso restaurante de la Ciudad de Buenos Aires. *Si bien Flavia ya contaba con intenciones de trabajar por necesidades económicas, el dispositivo le permite acceder a un empleo protegido y con un buen salario, aun sin contar con el secundario completo. A su vez, el dispositivo le permite resignificar sus aspiraciones respecto de una futura carrera profesional.* Luego del paso por la experiencia de formación, Flavia comienza a valorizar la posibilidad de acceder a un "buen trabajo" y no contentarse con ingresar a un empleo desprotegido y de bajos ingresos. Afirma: *"Mi meta era la inserción laboral. Empezar el curso y terminarlo, para entrar a un trabajo [...] Y acá me dieron una buena base, como para salir a trabajar. Imaginate que yo no sabía nada y salí preparada para trabajar en un restaurant [...] Yo creo que si no hubiese venido a este curso, mi vida hubiese sido muy diferente. Sin trabajo. En realidad, no sé si sin trabajo, pero seguro no teniendo las posibilidades que tengo ahora."* (Flavia, 20 años, OcI).

En el resto de los dispositivos estudiados, si bien la relación con la activación en T2 no es tan directa, los casos muestran ciertas claves acerca de cómo funciona el dispositivo para promover el ingreso al mercado de trabajo, en especial en las mujeres. El caso de Adriana se diferencia de los ejemplos anteriores por su edad (tiene 29 años) y porque luego del dispositivo el empleo al que accede no es formal, ni estable. De todos modos, es un caso interesante para ilustrar la situación de muchas mujeres que se encuentran en la inactividad y destinan su tiempo a tareas de cuidado de sus hijos y sus hogares. Para ellas, la formación profesional puede significar una ruptura en sus proyectos vitales previos, en la medida en que las aproxima a la experiencia de trabajo que muchas veces se encuentra alejada de los mandatos sociales asignados a las mujeres.

Adriana dejó de trabajar cuando nació su primera hija hace nueve años. Durante este tiempo no tuvo vínculos con la actividad laboral y dejó los estudios secundarios que cursaba, no llegando a completarlos. Ella proviene de un hogar con capitales educativos bajos y su marido, si bien trabaja, no cuenta con un ingreso holgado. De todos modos, la decisión familiar fue que ella permaneciera en el hogar. Luego de asistir al curso de formación (ONG), Adriana decide comenzar a trabajar pocas horas a la semana para contar con su propio dinero: *"Porque no puedo estar dependiendo de mi marido toda la vida".* Adriana, a través del dispositivo, logra resignificar el sentido que le atribuía anteriormente al trabajo. Para ella, la actividad laboral ahora es una decisión propia ligada a un desarrollo personal. Así lo afirma: *"Antes yo creía que ir a trabajar era tener que callarte y aguantarte. Agachar la cabeza y seguir. En una familia humilde, tenés que trabajar. Estamos todos criados así. Y no, no es así [...] Ahora quiero terminar la secundaria, tratar de seguir algo, recibirme y poder trabajar, pero por mí."* Como puede verse, el dispositivo la impulsa también a finalizar los estudios. Adriana siente que todas estas decisiones la estimularon a imaginarse más allá de su rol de ama de casa.

5. El empleo actual y el dispositivo: entre el condicionamiento social y educativo

La calidad del empleo actual de los jóvenes (un año después de haber asistido a la experiencia de formación) aparece relacionada con el tipo de dispositivo por el que pasaron.[50] Veamos el comportamiento de algunas variables claves relacionadas con la calidad del empleo.

Tamaño del establecimiento. Un año después, la mitad de aquellos que pasaron por cursos de FPS, ONG o FPP se encuentran ocupados en empresas pequeñas. Entre ellos, quienes pasaron por FPP se distinguen por el fuerte peso del cuentapropismo (un tercio). En cambio, quienes han pasado por el dispositivo de OcI se concentran en empresas medianas, y quienes pasaron por pasantías en empresas grandes. Como se ve, el efecto de la intermediación de estos dos últimos dispositivos parece seguir pesando un año después de terminado el curso.

Precariedad laboral. Los empleos sin beneficios sociales son más frecuentes para quienes hicieron FPP y en ONG. Por su parte, la mitad de los egresados de los cursos de FPS tienen trabajos registrados, dato que podría considerarse como una incidencia positiva si se piensa que se trata de ocupaciones que normalmente tienen una alta tasa de informalidad como construcción, electricidad y mecánica. El empleo registrado se incrementa de manera considerable entre los que hicieron pasantías y en OcI.

Ingresos. Los jóvenes que más ganan (más de $2.000) son los que realizaron pasantías, dato que es consistente con el hecho de que también han terminado el nivel secundario; incluso, buena parte de ellos, lo hicieron en escuelas técnicas. Opuestamente, entre quienes hicieron curso en ONG o en FPP es mayor el porcentaje de ocupados con ingresos inferiores a $1.000. El mayor peso en los ingresos medios de la escala utilizada (entre $1.001 y $2.000) lo tienen quienes hicieron OcI y FPS. Los ocupados

---

50   Se incluyen aquí también algunas variables no señaladas anteriormente acerca del empleo actual.

egresados de FPP se distribuyen homogéneamente entre las dos categorías de ingresos mencionadas.

Nivel de calificación de las tareas. Los encuestados que hicieron pasantía tienen mayor tendencia a realizar ocupaciones de calificación técnica. Entre los que hicieron FPS se incrementa el trabajo en ocupaciones de calificación operativa; para los que hicieron OcI y FPP se incrementa la proporción de ocupaciones no calificadas. En el caso de los jóvenes que asistieron a dispositivos OcI, la baja calificación de los puestos está vinculada a la edad y al hecho de que se emplean en servicios.

Las diferencias en el empleo actual de aquellos que pasaron por distintos dispositivos, nos han permitido delinear distintas configuraciones que presentamos a continuación.

5. 1 Calidad del empleo según dispositivo

PASANTÍA. Los jóvenes que asistieron a dicho dispositivo suelen estar empleados en establecimientos de más de cuarenta ocupados (70%). Casi 40% de ellos ocupa puestos de analista técnico (coincide con que estudiaron en escuelas técnicas). Del resto, algunos se ocupan en servicios o en tareas de apoyo técnico-operativo (maestranza). La amplia mayoría (y en contraste con otros grupos, salvo OcI) ocupa empleos registrados (83%). Constituye el grupo que en menor medida se inserta en ocupaciones de baja calificación y menos padece la sobreocupación (20%). Cuenta con los salarios comparativos más altos (media: $1.997,83), a pesar de que forman parte de los más jóvenes dentro de la muestra. El 48% de ellos cuenta con salarios de más de $2.000.

FP sindical (FPS). Los jóvenes que pasaron por este dispositivo constituyen el grupo con mayor peso de cuentapropismo y trabajo familiar (42%). Entre los asalariados, la mayoría se desempeña en empresas pequeñas (42%)

pero las empresas de 6 a 40 personas también tienen peso (31%). Sobresalen las ocupaciones de tipo electricista, gasista, plomero o mecánico, de calificación operativa, en la rama de la construcción. La mayoría obtiene ingresos de entre los $1.000 y $2.000 (el resto se divide en partes iguales entre ingresos bajos e ingresos superiores a $2.000). No se presentan casos de ocupaciones no calificadas. El nivel de precariedad se muestra polarizado: mientras el 52% cuenta con todos los beneficios, el 42% no cuenta con ninguno. Esta última situación está vinculada tanto al cuentapropismo como al trabajo familiar. La sobreocupación también es importante (42%). Constituye uno de los dos grupos (junto con el de pasantías) entre los cuales se presenta la media de ingresos más alta ($1.578,95).

FP con anclaje territorial / religioso (ONG). Los jóvenes de este grupo suelen ser asalariados en empresas de hasta cinco empleados (42%), pero también tiene peso la categoría de más de cuarenta empleados (28%), como así también el cuentapropismo. El porcentaje de ocupaciones de nivel operativo alcanza la mitad; y más de un tercio tiene ocupaciones no calificadas, en ramas variadas, con peso en comercio y servicios personales. Los empleos calificados son pocos. La mayoría cuenta con empleos no registrados (casi 60%), siendo uno de los grupos donde este porcentaje es mayor. Constituye uno de los dos grupos donde la subocupación horaria es más pronunciada (casi el 43%). Los ingresos de la mayoría tienden a ser bajos (56,8% menores de $1.000) y es el grupo en que la media salarial resulta más baja ($1157,78).

Orientación con Inserción (OcI). Se insertan mayoritariamente en empresas, prevaleciendo las medianas (de 6 a 40 empleados). De acuerdo con la formación brindada, prevalece la rama hotelería y restaurantes / cadena de comidas rápidas y las ocupaciones vinculadas a la gastronomía, como mozo y cocinero. Se destacan por constituir el grupo con mayores porcentajes de empleo registrado (90%), producto del esfuerzo institucional por vincularlos con este tipo de empleos. Este dato es muy relevante si se lo compara con grupos poblacionales de nivel educativo y edad similar en la EPH. Además, resalta por el hecho de que más de la mitad proviene de hogares con capitales educativos bajos. Sin embargo, la mayoría de estos jóvenes trabaja más de 45 horas semanales y los ingresos están fuertemente concentrados (72%) entre $1.000 y $2.000; la media salarial es de $1.286,45.

PF Puro (FPP). Uno de cada cuatro jóvenes de este grupo es trabajador por cuenta propia, mayoritariamente en tareas no calificadas (40%). Este grupo es el que tiene mayor incidencia del trabajo no registrado: 7 de cada 10. A su vez, se muestra una alta proporción de sobreocupados pero también una proporción similar de quienes trabajan menos de 35 horas semanales (en ambos casos, 4 de cada 10). Los ingresos se concentran en las dos categorías más bajas: el 45% gana menos de $1.000 y el otro 45% entre $1.000 y $2.000. La media salarial está entre las más bajas, $1.238,64.

Como se observa, la inserción laboral de los jóvenes en T3 aparece relacionada con el dispositivo por el que pasaron. Pero cabe preguntarse si lo que está sucediendo es que variables socioestructurales tradicionalmente ligadas a las oportunidades laborales también se vinculan al dispositivo y es por ello que se observa esta incidencia. En efecto, existe un relación significativa entre tipo de dispositivo al que accedieron y perfil sociodemográfico de los jóvenes. Planteamos a continuación las características salientes de cada grupo.[51]

---

[51]   Téngase en cuenta que desde la propia selección de casos se trata de jóvenes provenientes de hogares de recursos bajos o medios-bajos.

5. 2. Perfiles de los jóvenes según dispositivo

Grupo PASANTÍAS: está compuesto por 40% de mujeres y son mayoritariamente jóvenes menores de 21 años; obviamente casi todos terminaron el nivel secundario y el 60% de ellos pertenece a familias donde alguno de los miembros terminó el secundario.

Grupo FPS: son casi todos varones, y mayores de 22 años. Muchos cuentan con progenitores trabajando en el rubro del curso en el cual se formaron. Dos datos centrales para comprender el comportamiento de este grupo en el mercado de trabajo son los siguientes: por un lado, casi todos terminaron el nivel secundario, y por el otro, 2 de cada 3 provienen de familias donde al menos alguno de los padres terminó el nivel secundario. Otra característica es la tendencia entre estos jóvenes a haber realizado más de un curso.

Grupo ONG: está compuesto por una proporción de mujeres mayor que de hombres (6 de cada 10) y las edades son diversas, aunque prevalecen ligeramente los jóvenes hasta 21 años. En este grupo se presenta un subgrupo que terminó el secundario y otro que no. Constituye el grupo que proviene de hogares con capitales educativos más bajos comparativamente: alrededor de 7 de cada 10 provienen de hogares donde ninguno de los dos padres terminó el nivel medio.

Grupo OcI: se caracteriza mayoritariamente por haber terminado el secundario y ser jóvenes hasta 21 años, entre los cuales 2 de cada 3 son mujeres. Una proporción de más de la mitad proviene de hogares con capitales educativos bajos.

Grupo FPP: Casi la totalidad del grupo son jóvenes mayores de 22 años, 7 de cada 10 son varones y se dividen en dos grupos en cuanto al nivel educativo: la mitad terminó el nivel medio y la otra mitad no lo terminó. Desde el punto de vista del capital educativo familiar, se trata de jóvenes que casi en su totalidad provienen de hogares de capital educativo bajo, constituyéndose en el grupo donde esta característica es más fuerte.

Esta descripción de los perfiles dominantes, si bien no constituye una caracterización general del público que recibe cada dispositivo, refleja una cierta predominancia que ha sido validada en las entrevistas con directivos institucionales. Ahora bien, aunque en algunos tipos de dispositivos la población es relativamente homogénea, en otros resultó más diversa.

5. 3 Calidad del empleo actual por dispositivo, según perfiles de los jóvenes

Si se vincula la calidad del empleo con los perfiles de los jóvenes se observa que:

- En PASANTÍAS, coincide la buena calidad de la inserción con el grupo de niveles y capitales educativos más altos dentro de la muestra.
- En FPS, la calidad de la inserción es también relativamente buena, especialmente en lo que concierne a los ingresos y en una proporción importante a la formalidad de los empleos, y también constituye un grupo que tiende a haber terminado el secundario y a provenir de hogares con capitales educativos medios.
- En ONG, predominan los empleos precarios y con bajos salarios y constituye el grupo con perfiles sociales y educativos más bajos, aunque una parte terminó el secundario.
- En OcI, la calidad de la inserción es muy buena, sobre todo en lo que concierne al acceso a empleos registrados (no tanto respecto a niveles salariales) y, aun cuando constituye un grupo que suele haber

terminado el secundario, la mitad proviene de hogares con capitales educativos bajos.

- En FFP, la inserción es la más precaria, lo cual coincide con la mayor procedencia de hogares con menor capital educativo, aunque una parte ha terminado el secundario.

Otra cuestión que cabe agregar es que la calidad de la inserción también está vinculada con el sexo. Así, en T3, las mujeres están más afectadas por la falta de beneficios sociales (cuentan con aportes jubilatorios el 66,1% de los varones y el 51,5% de las mujeres), por la subocupación y por los bajos salarios, donde están sobrerrepresentadas (salarios menores a $1.000: el 47% mujeres, el 22% varones).

De este modo, los datos reflejan un peso fuerte de la reproducción social que se visualiza tanto en el tipo de dispositivo al que acceden los jóvenes, como en la calidad de su inserción laboral posterior. Es decir, las desigualdades en el acceso a los dispositivos persisten en la inserción laboral. Sin embargo, cabe preguntarse si todas las variables socioeducativas señaladas tienen un mismo peso, y en particular, cómo pesa la vinculación entre la terminación del secundario y el dispositivo en estos grupos de jóvenes. Esta cuestión se abordará a continuación.

6. La formación para el trabajo como potenciadora del valor del título secundario

Como se ha señalado al comienzo de este artículo, un eje central de indagación fue observar cómo juega el título secundario en la inserción en T3 (empleo actual) y su relación con el dispositivo.

En primer lugar, se observa una influencia del título secundario en el sentido esperable sobre el tipo y calidad de empleo actual. Así, la terminación del secundario aparece haciendo una primera gran diferenciación entre unos y otros.

Como muestra el gráfico 1, quienes terminaron el secundario tienden a:

- ocuparse en las empresas medianas y grandes (75% frente a 20% de quienes no cuentan con ese título);
- tener en mayor proporción beneficios sociales (66% con aportes jubilatorios frente a 22% de quienes no terminaron el secundario);
- contar con salarios más altos (mientras que el 66% de quienes no terminaron el secundario ganaba menos de $1.000, sólo el 25% de los que sí habían terminado estaban en esa situación).

Gráfico 1: Calidad del empleo de los jóvenes, según nivel educativo, en porcentajes

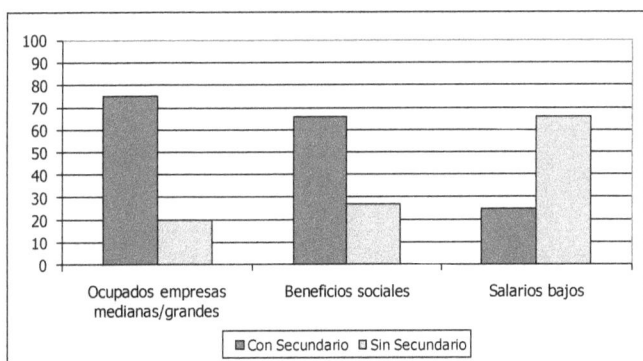

Fuente: Base Estudio Trayectorias

Dentro de estos casos, los que terminaron la escuela técnica son los que están en mejores condiciones.

En segundo lugar, también el capital educativo del hogar juega un peso relevante. Así, se observa una propensión entre los jóvenes que provienen de hogares de un capital educativo medio y alto (CEMA) a tener empleos de mayor calidad que los que provienen de capitales educativos bajos (CEB). Respecto al tamaño de las empresas, los que provienen de CEMA tienden más a trabajar en empresas grandes y medianas, siendo la diferencia porcentual con los de CEB del 21% (78% CEMA frente a 58% CEB). Respecto al registro del empleo, aquellos que vienen de hogares de CEB presentan 26% menos de probabilidades de contar con empleos registrados (44% CEB frente a 70% CEMA). Respecto a sus ingresos, los jóvenes de distintos capitales educativos tienen ingresos similares, pero por ejemplo, dentro de los que menos ganan, las diferencias por capital educativo del hogar es 10% (representan 36% de los CEB contra 27% de los CEMA). Estas diferencias son representadas en el siguiente gráfico.

Gráfico 2: Calidad del empleo de los jóvenes, según capital educativo del hogar, en porcentajes

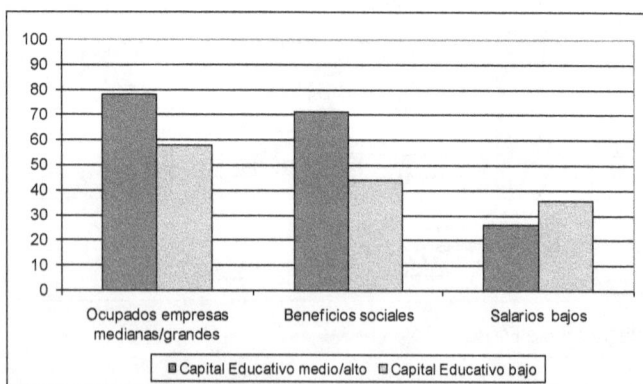

Fuente: Base Estudio Trayectorias

Lo más llamativo respecto al peso del capital educativo del hogar es que no resulta tan determinante como el nivel educativo de los jóvenes. Entonces nos propusimos comparar ambas variables. Una estrategia para hacerlo es la comparación de diferencias porcentuales entre grupos (recomendada por Glasser y Strauss, 1967) respecto a las variables de calidad del empleo. Como se observa en el siguiente gráfico, la comparación entre ambas diferencias porcentuales muestra que el peso de la terminación o no del secundario sobre la calidad del empleo actual es mucho mayor que el del capital educativo del hogar.

Grafico 3: Diferencias en el empleo actual, comparando jóvenes con o sin secundario, y capital educativo del hogar bajo o medio / alto, en porcentajes

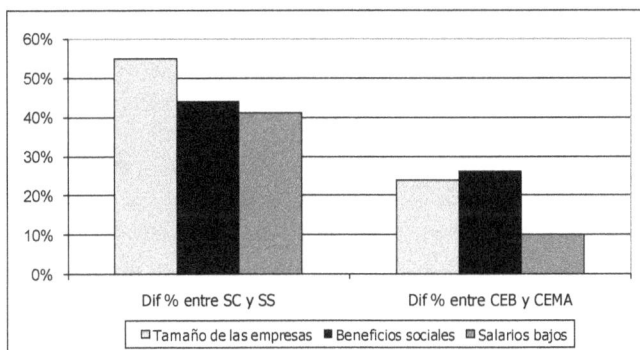

Fuente: Estudio Trayectorias
CS: Con secundario
SS: Sin secundario

Como se ha visto al principio del artículo, existe abundante evidencia empírica acerca de la fuerte incidencia del capital educativo del hogar en la inserción laboral de los jóvenes (Siteal, 2007; Pérez, 2008 entre otros). Entonces nos preguntamos: ¿qué aspectos están influyendo para relativizar el peso reproductor de las características del hogar de origen en el grupo de jóvenes entrevistados? Sin duda, la terminación del secundario. Pero varias cuestiones deben destacarse al respecto.

Como se ha señalado, si se atiende a las tendencias generales de los datos de Encuestas de Hogares, la terminación del nivel secundario cuando se proviene de un hogar pobre no alcanza a mejorar mayoritariamente las posibilidades de acceso al empleo, y en particular, a un empleo de calidad. Esto no sucede en la muestra de jóvenes estudiados: aquellos que provienen de hogares CEB tienen mejores inserciones que las que permiten predecir las tendencias generales del mercado de trabajo.

¿Está interviniendo entonces el dispositivo? Eso parecen indicar los datos obtenidos cuando se compara el grupo estudiado con los provenientes de EPH acerca de los jóvenes pobres que terminaron el secundario. Sumado a ello, los datos cualitativos de nuestra investigación confirman los quiebres producidos por el dispositivo en la trayectoria de los jóvenes. Así, sobre el total de casos estudiados, un tercio de ellos (36 casos), que terminó el secundario y que proviene de hogares con capitales educativos bajos, con apoyo del dispositivo, ha logrado mejorar su situación laboral y acceder a empleos de mayor calidad que la previsible.

7. Título secundario y dispositivo: nuevas fortalezas en la capacidad de agencia

La presentación de algunas trayectorias paradigmáticas permitirá mostrar cómo se potencian título secundario y dispositivo, fortaleciendo tanto las oportunidades objetivas de acceso a buenos empleos como cambios en las decisiones y en la capacidad de agencia de los jóvenes. Es decir, brindando nuevos "recursos" y la capacidad de movilizarlos.

Se presentan a continuación dos casos de jóvenes que pasaron por FPS, que mostraban previamente al dispositivo trayectorias laborales inestables y precarias. El aprovechamiento que realizan del dispositivo está dado en la posibilidad de mejorar significativamente esa trayectoria laboral ya iniciada. La formación permite contar con una especialización técnica en un oficio en particular y dar un salto de calidad en la secuencia de empleos.

Gastón (27 años) logró terminar el secundario en el año 2000 en una escuela técnica de la Ciudad de Buenos Aires. El máximo nivel educativo alcanzado por sus padres es primaria incompleta. Comenzó a trabajar mientras cursaba la primaria como albañil. Ese oficio lo mantuvo de manera intermitente, configurando una trayectoria laboral inestable y precaria, con bajos ingresos. A pesar de la formación técnica con la que contaba, es el dispositivo el que le permite hacer un quiebre: en el año 2004, realizó un curso de electricidad domiciliaria. Luego del curso, logra ingresar en una cadena de ferreterías de tipo autoservice, como vendedor y repositor "en blanco", donde permanece hasta la fecha de manera continua. La certificación del curso, sumada al título secundario, impulsa a Gastón a iniciar una trayectoria laboral acumulativa. Ello se refleja en sus perspectivas respecto del futuro, en donde se percibe una *decisión* de continuar su profesionalización en el rubro. Así lo afirma: *"En realidad, ahora una de mis intenciones es seguir perfeccionándome y poder llegar a enganchar un laburo mejor todavía. Me gustaría hacer el otro curso de electricidad, el nivel dos. Me gustaría desarrollarme más."*

Sebastián (25 años) también egresó de un secundario industrial en el año 2001. Vivió siempre con la madre y el hermano. Su madre alcanzó la primaria incompleta y trabaja en limpieza en una ferretería. Luego de una secuencia inestable de empleos (en su mayoría informales: cadete en una ferretería, obrero de construcción, changas en electricidad), en el año 2006 realiza un curso de electricidad. Con ese certificado, logra ingresar en el año 2008 como empleado registrado en una empresa de mantenimiento.

Este empleo, que consigue a través de un aviso en el diario, lo mantiene hasta la actualidad y le permite afrontar los gastos de estudio, ya que emprendió estudios universitarios.

Se observa en ambos casos cómo el curso de FP opera como "potenciamiento" del título secundario, a través de la formación específica que brinda. Los mismos jóvenes lo sostienen: *"El trabajo que tengo, lo tengo gracias al curso. Si no hubiese hecho el curso no sabría muchas cosas de este trabajo, no las sabría tan en profundidad."* (Sebastián, 25 años, FPS)

Un caso similar proviene de un joven que asistió a un curso dentro de un dispositivo de FPP. Francisco, de 23 años, logró finalizar el secundario en el año 2002. En un centro de de formación profesional de la Ciudad de Buenos Aires, realizó dos cursos vinculados a la informática. Estos certificados le permiten, en el año 2007, acceder a un empleo registrado como técnico informático (a través de una selección por Internet). Francisco proviene de un hogar con capitales educativos bajos; comenzó su trayectoria laboral a una edad temprana, pero recién con la obtención de este último empleo logra estabilizarla. El curso no sólo le permitió profundizar sus conocimientos. Además de ello, le permitió contar con una certificación oficial. Dicha credencial se suma al título secundario y le permite contar con un capital extra para posicionarse mejor en las búsquedas laborales. Así lo dice Francisco: *"Para mí lo más importante es el certificado. Es una forma de avalar lo que sabés."*

Ahora bien, a pesar de los capitales educativos bajos de sus familias, los casos de Gastón, Sebastián y Francisco reflejan que el hecho de cursar un dispositivo de FP permite hacer valer más el título secundario. En esos jóvenes, el hecho de haber finalizado el secundario no resultaba suficiente para acceder a un empleo de calidad, ello se logra cuando se suma la FP.

Además, el dispositivo promueve la continuidad de los estudios y refuerza la decisión de los jóvenes de adquirir un título universitario. Esto se refleja en varios de los chicos entrevistados, sobre todo en aquellos que pasaron por dispositivos de FPS. El curso les brinda formación, *pero al mismo tiempo, les permite desarrollar una identidad profesional que los impulsa a continuar formándose*. Así lo menciona otro joven: *"El curso estuvo muy bueno, de hecho, por haberme anotado en el curso me agarraron ganas de seguir estudiando [...] Hasta ese entonces yo venía en el aire, no sabía, no tenía formación, no tenía nada. Hoy en día vos me preguntás qué soy, yo te contesto: soy electricista, eso es lo que soy." (Rodrigo, 27 años, FPS)*

Por otra parte, los dispositivos de FP parecen dar lugar, en los jóvenes con secundario completo, a experiencias de acercamiento al empleo y a un proyecto ocupacional a partir del vínculo mismo que se inicia con las instituciones. El *capital social* de los jóvenes se ve ampliado por esas experiencias y les permite, en algunos casos, contar con mayores recursos y capacidad de agencia en sus trayectorias. Los dispositivos, de este modo, cubren un amplio abanico de aprovechamientos que apoyan una bifurcación en las trayectorias laborales de los jóvenes.

Lautaro (28 años) finalizó el secundario en el año 2007 luego de una fragmentada trayectoria escolar. Vive con su madre, quien logró completar el nivel primario y, al encontrarse desocupada en la actualidad, es beneficiaria de un subsidio social. El padre falleció cuando él era chico. Ese mismo año realizó un curso de armado, reparación y optimización de PC para el fortalecimiento social, brindado por un Centro de FP ONG. A partir del curso, comienza a trabajar en la misma institución, en un taller comunitario de reparación y venta de PC. El curso no sólo le aporta un oficio, sino también un espacio donde realizarlo y volcarlo en el trabajo comunitario. De hecho, Lautaro, a través del curso descubre una vocación de servicio *que le permite redefinir su horizonte a futuro*, entre otras cosas, porque lo lleva a planear estudiar la carrera de trabajo social: *"Yo quiero generar trabajo social y es como que lo integro todo a la informática. Me gusta el trabajo que tengo ahora porque es comunitario, poder reparar PC para los que lo necesitan y hacerlo en un barrio de emergencia. Es muy lindo tener esa posibilidad, me encanta esto. Ahora quiero estudiar trabajo social."*

Viviana (27 años) finalizó el secundario en el año 1998 y realizó hasta el segundo año del Profesorado de Educación Inicial. Vive con su marido y sus dos hijas. Hasta que armó su propia familia vivió siempre con la madre y el hermano. Su madre alcanzó la primaria incompleta y trabaja en limpieza. Comenzó a trabajar a temprana edad en una secuencia de empleos en el mercado informal. En el año 2007 realiza un curso de computación en un dispositivo de FP ONG. A través del dispositivo, accede a un microcrédito destinado a promover microemprendimientos, a partir del cual funda una pañalera y casa de venta de artículos de bebés; negocio que mantiene a la fecha. En este caso, el dispositivo la acerca a los contactos adecuados para desarrollar su emprendimiento. Viviana no sólo inicia un proyecto propio a través del dispositivo, sino que además concreta el anhelo de obtener un trabajo que le permita contar con tiempo para criar también a sus hijas. *El financiamiento obtenido le brinda el recurso necesario (y amplía su capacidad de agencia) para desarrollar un proyecto anteriormente gestado.* Así lo afirma: *"Gracias al microcrédito, yo tengo el trabajo que siempre quise [...] Me encanta un trabajo así, el trato con la gente... y la independencia que te da."*

8. A modo de síntesis final

La pregunta inicial de este artículo se vinculaba a la incidencia del dispositivo en la trayectoria laboral de los jóvenes en el año que siguió a la formación. ¿Qué aporta el dispositivo? Podemos afirmar, a partir de los datos presentados, que luego del dispositivo (en el T2) los jóvenes muestran una mayor activación y una mayor inserción en empleos de calidad que la esperable según sus características sociodemográficas, en particular en el caso de algunos dispositivos.[52]

El perfil típico de los jóvenes que acceden a cada dispositivo varía tanto en términos educativos como sociales. Si bien algunos dispositivos concentran ciertos perfiles, sobre todo en términos de capitales educativos familiares, otros muestran mayor diversidad. Los empleos un año después del dispositivo están relacionados con el tipo de dispositivo por el que pasan.

Aunque las tendencias reproductoras son observables, el hallazgo central es que el dispositivo se suma a la terminación del nivel secundario y colabora en quebrar con la reproducción social en algunos jóvenes provenientes de hogares de bajos capitales educativos. Este grupo, que según los datos de EPH es el que más dificultades tiene para "hacer valer" su título secundario, se comporta de otro modo en el grupo estudiado por la investigación. En efecto, en estos jóvenes no se observa tan unilinealmente, como sería esperable, el peso del capital educativo del hogar sobre la calidad de la inserción laboral.

---

[52] Esta situación se refuerza cuando la trayectoria muestra procesos de formación continua. Por ejemplo, quienes se desempeñan en el rubro de la construcción y han realizado FPS presentan mayor proporción de empleo registrado.

Así, los datos cuantitativos y cualitativos tienden a mostrar que el dispositivo permite potenciar el título de nivel secundario de los jóvenes que provienen de hogares de capitales educativos bajos, ya que su comportamiento en relación con sus empleos un año después de su paso por el dispositivo, resulta mejor en términos de calidad (empleo registrado y nivel salarial) que el comportamiento de este grupo en el mercado de trabajo en su conjunto (Jacinto y Chitarroni, 2009). Este resultado puede entenderse en un marco de reactivación del mercado laboral, donde el desempleo general ha disminuido considerablemente y la precariedad laboral, si bien persiste en torno al 38%, ha bajado también. De este modo, el peso del dispositivo logra ubicar a los jóvenes provenientes de hogares de bajos capitales educativos que terminaron el secundario, en otro lugar en la "fila" de empleos disponibles. Esta incidencia tendrá sus límites en las demandas de la estructura productiva y en la calidad de los empleos disponibles.

En consecuencia, el estudio, si bien restringido al grupo analizado, permite mostrar que los dispositivos, lejos de ser solamente "alternativas pobres para pobres" pueden, en ciertas buenas condiciones, aportar a la creación de oportunidades que el título de nivel secundario no brinda por sí solo, en el marco de la devaluación de credenciales educativas. Los dispositivos de formación para (o en) el trabajo, cuando se suman al título secundario, tienen la potencialidad de brindar saberes y competencias específicas y puentes con el empleo de calidad, es decir, "recursos". Aunque los alcances y representatividad de los datos de este estudio son limitados, debería estudiarse el tema en poblaciones más amplias, dadas las señales claras que dichos resultados podrían aportar a las políticas de educación secundaria, postsecundaria y de formación profesional.

9. Bibliografía

BIGGART, A. *et al.* 2002. "Trayectorias fallidas, entre la estandarización y flexibilidad en Gran Bretaña, Italia y Alemania occidental", en *Revista de Estudios de Juventud*, n° 56, InJuve.

CASAL, J. 1996. "Modos emergentes de transición a la vida adulta en el umbral del Siglo XXI: aproximación sucesiva, precariedad y desestructuración", *Reis*, n° 75, pp. 295-316

ELDER, G. 1994. "Time, Human Agency and Social Change: Perspectives on the life Course", *Social Psychology Quarterly*, vol. 57, n° 1, pp. 4-15

FILMUS, D. *et al.* 2001. *Cada vez más necesaria, cada vez más insuficiente. Escuela media y mercado de trabajo en épocas de globalización*, Buenos Aires, Ed. Santillana.

GALLART, M. A. 2000. "El desafío de la formación para el trabajo de los jóvenes en situación de pobreza: el caso argentino", en M. A. GALLART, *Formación, pobreza y exclusión*, Montevideo, CINTERFOR, pp. 241-311.

GLASSER, B. y A. STRAUSS. 1967. *The discovery of grounded theory. Strategies for qualitative research*, Chicago, Aldine Publishing Company.

HERGER, N. 2008. "Las barreras para la construcción de proyectos de educación y formación para el trabajo: análisis de la fragmentación de políticas y las necesidades educativas de los jóvenes", en A. SALVIA (comp.), *Jóvenes promesas. Trabajo, educación y exclusión social de jóvenes pobres en la Argentina*, Buenos Aires, Universidad de Buenos Aires-Miño Dávila.

JACINTO, C. 1997. "Políticas públicas de capacitación laboral de jóvenes. Un análisis desde las expectativas y las estrategias de los actores", *Estudios del Trabajo*, Buenos Aires, ASET, n° 13, Primer semestre, pp. 91-124.

JACINTO, C. 1998. "¿Qué es calidad en la formación para el trabajo de jóvenes de sectores de pobreza? Un análisis desde las estrategias de intervención", en JACINTO, C. y M. A. GALLART (coords.), *Por una segunda oportunidad. La formación para el trabajo de jóvenes vulnerables,* Montevideo, CINTERFOR-RET, pp. 311-341.

JACINTO, C., *et al.* 1999. "Las configuraciones locales en la formación para el trabajo de jóvenes: ¿Una articulación sustentable y de calidad? El caso de Comodoro Rivadavia", en A. SALVIA. (coord.), *La Patagonia de los noventa: sectores que ganan, sociedades que pierden,* Buenos Aires, Ed. La Colmena, pp. 119-139.

JACINTO, C. 2006a. *La escuela media. Reflexiones sobre la agenda de la inclusión con calidad. Documento básico,* Buenos Aires, Fundación Santillana.

JACINTO, C. 2006b. "Estrategias sistémicas y subjetivas de transición laboral de los jóvenes en Argentina. El papel de los dispositivos de formación para el empleo", *Revista de Educación,* nº 341, Madrid, Publicación de la Secretaría General de Educación y Formación Profesional, Instituto Nacional de Calidad y Evaluación del Ministerio de Educación, Cultura y Deporte de España, pp. 57-79.

JACINTO, C. 2008. "Políticas públicas, trayectorias y subjetividades en torno a la transición laboral de los jóvenes", en G. PÉREZ SOSTO (editor), *El Estado y la reconfiguración de las protecciones sociales,* Buenos Aires, Instituto Torcuato Di Tella y Siglo XXI Editores.

JACINTO, C. y H. CHITARRONI. 2009. "Precariedades, rotación y acumulación en las trayectorias laborales", 9º Congreso Nacional de Estudio del Trabajo, Asociación Argentina de Especialistas en Estudios del Trabajo, Facultad de Ciencias Económicas, Buenos Aires, 5 al 7 de agosto.

JACINTO, C. y J. LASIDA. 2010. "Formación profesional para la cohesión social: Oportunidades y obstáculos. Una revisión de América Latina", en C. JACINTO (editora) (en prensa), *Formación para el trabajo y cohesión social*, Madrid, Fundación Carolina.

JACINTO, C. (editora) (en prensa), *Formación para el trabajo y cohesión social*, Madrid, Fundación Carolina.

LONGO, M. E. 2008. "Claves para el análisis de las trayectorias profesionales de los jóvenes: multiplicidad de factores y de temporalidades", *Estudios del Trabajo,* nº 35, Buenos Aires, Asociación Argentina de Especialistas en Estudios del Trabajo, pp. 73-95.

LONGO, M. E. y C. BIDART. 2007. "Bifurcations biographiques et évolutions des rapports au travail", en GIRET J-F. *et al. Rupture et irréversibilités dans les trajectoires,* Relief nº 22, Marseille.

McCOSHAN, A. *et al.* 2008. *Beyond the Maastricht Communiqué: developments in the opening up of VET pathways and the role of VET in labour market integration Consolidated Final Report,* Birmingham, ECOTEC.

MIRANDA, A. 2008. "La inserción de los jóvenes en la Argentina", en R. BENDIT *et al., Los jóvenes y el futuro. Procesos de inclusión y patrones de vulnerabilidad en un mundo globalizado*, Buenos Aires, Prometeo, pp. 85-101.

PANAIA, M. 2009. *Inserción de Jóvenes en el Mercado de Trabajo*, Buenos Aires, La Colmena.

PÉREZ, P. 2008. *La inserción ocupacional de los jóvenes en un contexto de desempleo masivo*, Buenos Aires, Miño y Dávila.

PÉREZ ISLAS, J. A. 2008. "Entre la incertidumbre y el riesgo: ser y no ser, esa es la cuestión juvenil", en R. BENDIT *et al* (coords.), *Los jóvenes y el futuro. Procesos de inclusión y patrones de vulnerabilidad en un mundo globalizado*, Buenos Aires, Prometeo.

SALVIA, A. y I. TUÑÓN. 2003. *Los jóvenes trabajadores frente a la educación, el desempleo y el deterioro social en le Argentina*, Fundación Friedrich Ebert, Buenos Aires.

SALVIA, A. (comp.). 2008. *Jóvenes promesas. Trabajo, educación y exclusión social de jóvenes pobres en la Argentina,* Buenos Aires, Universidad de Buenos Aires-Miño Dávila.

SITEAL. 2007. *Informe sobre tendencias sociales y educativas en América Latina,* IIPE-OEI, Buenos Aires.

WALTHER, A. y A. POHL. 2005. *Thematic study on policy measures concerning disadvantaged youth,* Tubingen, IRIS.

El lugar de las *decisiones* en las trayectorias educativas de jóvenes próximos a egresar de los bachilleratos populares

Alenka Mereñuk

1. Introducción

En la actualidad, se reconoce que uno de los grandes desafíos que presenta el nivel medio es el de asegurar una inclusión con calidad para todos los jóvenes (Jacinto, 2006a). Si bien las tasas de escolarización demuestran que la expansión del nivel parecería haber logrado olvidar su origen selectivo y elitista, es reconocido por los especialistas que esa masificación ha permitido el ingreso de los sectores menos favorecidos y con ello el desafío de asegurar un aprendizaje significativo para una población heterogénea y cada vez más desigual. En tal sentido, se puede afirmar que existe una tensión entre la democratización en el acceso y las dificultades que tienen, en especial los adolescentes y jóvenes de bajos recursos, para permanecer, culminar la totalidad del ciclo[53] y asegurar la calidad del aprendizaje.

Asimismo, los especialistas señalan que, como consecuencia de los proceso de precarización e informalización del mercado de trabajo, la educación secundaria aun siendo una condición necesaria para acceder a puestos de mejor calidad resulta ser una herramienta cada vez más

---

[53] Si bien se reconoce que durante el período 1997-2006 la matrícula y el número de egresados del nivel polimodal han tenido una tendencia ascendente, el incremento de los egresados fue menor al de los matriculados (Cappellacci y Miranda, 2007).

insuficiente (Filmus *et al.*, 2001). En este sentido, se puede afirmar que la escuela secundaria no sólo debilitó su capacidad de aportar a la movilidad social ascendente, sino que, a su vez, dejó de representar un camino común en las transiciones de los jóvenes hacia la vida adulta (Jacinto, 1996), en tanto que las credenciales educativas no aseguran una inserción exitosa en el mercado de trabajo.

Sin embargo, diversas investigaciones (Dussel, Brito y Núñez, 2007) afirman que pese a la pérdida de valor de las credenciales educativas del nivel medio, la educación continúa teniendo un valor simbólico fundamental. En efecto, se puede reconocer que la culminación del nivel medio constituye, en especial para los jóvenes que provienen de hogares menos favorecidos, una instancia subjetiva importante en sus vidas, vinculada a reconocimientos sociales, realizaciones personales y/o valoraciones de sus capacidades para mejorar sus posibles condiciones laborales y afrontar la continuidad de sus estudios terciarios o universitarios. Sin embargo, ¿cuál es el peso de las valoraciones, motivaciones y expectativas en las posibilidades reales que los jóvenes de bajos recursos tienen para finalizar la enseñanza secundaria? Las mismas, ¿permiten a los jóvenes vehiculizar decisiones en sentido de posicionarse frente a los determinismos estructurales? Y por último, ¿de qué manera inciden los modelos institucionales, que en su funcionamiento contemplan las condiciones de vida y la experiencia subjetiva de los jóvenes, en su permanencia y egreso del nivel medio?

En este marco, este artículo se propone reflexionar en torno al lugar que tienen las *decisiones* de los jóvenes próximos a egresar de los Bachilleratos Populares para jóvenes y adultos públicos de gestión privada,[54] en la construcción

---

[54]   La información corresponde a dos bachilleratos populares para jóvenes y adultos públicos de gestión privada que funcionan en la Provincia de

de sus trayectorias educativas. Este estudio entiende a la noción de *trayectoria* como un proceso complejo dentro del cual se entrecruzan una multiplicidad de factores objetivos y biográficos, relacionados con el contexto socioproductivo, con las condiciones de existencia de los jóvenes y con factores estratégicos individuales. En tal sentido, el propósito será el de analizar la incidencia que han tenido los limitantes estructurales y los factores de tipo subjetivo en la relación que los jóvenes que asisten a los bachilleratos populares han podido establecer con el sistema educativo. Si bien el reconocimiento de las variables estructurales permitirá comprender los efectos que tiene el contexto económico y social en los itinerarios educativos, el eje central estará puesto en rescatar las valoraciones, motivaciones y expectativas que animan, aun en condiciones adversas, a los jóvenes a tomar decisiones y actuar sobre determinada realidad. Cabe señalar que esta perspectiva de análisis no evita, sino que incorpora la incidencia de los condicionantes económicos y sociales en la conformación de la subjetividad de los jóvenes, a la vez que reconoce los marcos de acción del agente. Desde este punto de vista, la misma, se transforma en una herramienta útil para "comprender por qué las personas obran sobre el mundo aun cuando son objeto de ese obrar" (Ortner, 2005).

Buenos Aires. Ambas experiencias forman parte del trabajo de campo llevado a cabo en el marco de mi tesis de maestría *"El lugar de los Bachilleratos de jóvenes y adultos públicos de gestión privada en la conformación de las trayectorias educativas de los jóvenes de bajos recursos del Conurbano Bonaerense"*, dirigida por la Dra. Claudia Jacinto, que en la actualidad estoy finalizando.

2. Los Bachilleratos Populares: una nueva alternativa dentro de la educación secundaria para jóvenes y adultos

La educación media de jóvenes y adultos viene cobrando relevancia en la agenda educativa actual. En gran parte, esto se debe a que una proporción importante de jóvenes no completa la escolaridad media en la oferta común, debiéndose trasladar a otro tipo de oferta educativa, como es la educación de adultos, con características que resultan más adecuadas y flexibles a sus propias posibilidades. En efecto, se puede reconocer que dentro de esta modalidad han emergido nuevas experiencias educativas que se proponen desarrollar modelos alternativos tendientes a incorporar a los jóvenes y adultos provenientes de los sectores más vulnerables. Las mismas buscan flexibilizar la concepción homogeneizadora de la enseñanza, intentando superar los obstáculos exclusivos y excluyentes de las escuelas con formatos tradicionales (Tiramonti, 2007). Asimismo, frente a la ausencia de una claridad conceptual, y por ende político-pedagógica, que ha caracterizado históricamente a la modalidad educativa de jóvenes y adultos, se han propuesto elaborar una particular definición del sujeto joven-adulto que reanuda su vínculo con el sistema educativo luego de años de abandono. Esta definición les ha permitido aportar un marco de especificidad al modelo institucional y pedagógico que delimita la práctica educativa que llevan a cabo.

Los Bachilleratos Populares para jóvenes y adultos públicos de gestión privada han sido diseñados y organizados por diversos movimientos sociales. Si bien la primera experiencia fue impulsada en el año 1998, en la actualidad son más de cuarenta escuelas las que se encuentran en funcionamiento, las cuales se ubican principalmente en Capital Federal y Gran Buenos Aires. Las empresas

recuperadas, las organizaciones territoriales y los sindicatos de trabajadores constituyen los escenarios sociales
desde donde se construyen estas prácticas educativas. A
pesar de que la propuesta impulsada por el conjunto de los
bachilleratos haya sido la de crear una nueva Dirección de
Gestión Social y Popular que atienda y co-coordine junto
con los movimientos sociales estas experiencias educativas, los mismos, en la Provincia de Buenos Aires, fueron
reconocidos bajo el área de la educación privada. Si bien
la oficialización aparece como un logro inédito en el derecho de los movimientos sociales a impulsar experiencias
autogestionadas de educación popular en el terreno de la
educación pública (Elizalde, 2008), lo cual también hace
explícita la participación que tienen las organizaciones en
la construcción de políticas públicas, queda pendiente el
otorgamiento de una normativa específica, así como también la subvenciones para los salarios docentes.

El perfil docente, en su mayoría, se caracteriza por
combinar una formación universitaria con una larga experiencia de militancia barrial. Ambos aspectos resultan
centrales a la hora de congeniar las tareas formativas y
políticas que supone el desarrollo de este proceso educativo
autogestionado. Por su parte, los estudiantes provienen de
los sectores populares y son nativos de los barrios dentro
de los cuales funcionan los bachilleratos. Si bien la población es heterogénea, en cuanto a la edad, al sexo y a su
condición familiar y socioeconómica de origen, comparten
una misma trayectoria escolar fragmentada y signada por
situaciones de repetición, abandono y deserción.

Una de las cuestiones más novedosas que introducen los bachilleratos populares refiere a la relación que
establecen entre escuela y comunidad, en tanto que los
mismos son considerados "como organizaciones sociales
autogestionadas". En tal sentido, la escuela no sólo se integra
al ámbito de lo barrial, sino que a su vez se propone como

una iniciativa impulsada por los movimientos sociales y diseñada en función de las necesidades socioeducativas de la propia comunidad territorial. Desde este punto de vista, la escuela aparece como un lugar donde conviven distintos saberes, académicos y populares, y es esta misma tensión y articulación lo que permite y genera la riqueza de la praxis. Entre las metas se reconoce, además de su función formadora, la conformación de sujetos políticos capaces de tener una participación comunitaria crítica y activa.

3. El aporte de las *trayectorias*

La riqueza de la noción de *trayectoria* radica en que la misma se constituye en una herramienta teórico-metodológica que permite estudiar el recorrido biográfico de los individuos de manera integral (Graffigna, 2005); es decir, analizando los limitantes estructurales que condicionan el campo de posibilidades de los sujetos y los factores de tipo subjetivo que movilizan decisiones y modos de acción particulares. Sin embargo, el peso que se le otorga a cada uno de los factores continúa siendo fruto de un intenso debate entre diversos autores. Así, las posiciones que defienden los determinismos sociales, se entrecruzan con aquellas que adjudican una mayor importancia a las instituciones socializadoras y con las que priorizan la dimensión reflexiva del sujeto, en tanto agente responsable capaz de adueñarse de manera autónoma de su propia biografía (Longo, 2008).

En la actualidad, diversos estudios que analizan las trayectorias de los jóvenes (Walther y Phol, 2005; Casal, 2002; Bidart, 2006) han otorgado una particular relevancia a la combinación de elementos estructurales, institucionales y de agencia individual, señalando a la motivación y a las expectativas como un aspecto central de esta conjunción. Estos estudios consideran que el declive en las instituciones

y los mecanismos de desafiliación, propios de las sociedades contemporáneas, inciden en la fragmentación y
desestructuración de los recorridos biográficos. Bajo este
supuesto, reconocen que las trayectorias juveniles adquieren características particulares en el marco del proceso de
individualización (Giddens, 1995), en el cual se impulsa
(Beck, 1998) u obliga (Castel, 2003) a los individuos a hacerse responsables de sus propias decisiones y adueñarse,
de manera autónoma y reflexiva, de sus propias biografías.
Sin embargo, en contextos latinoamericanos, si bien las
investigaciones recuperan la importancia que tienen en
las trayectorias de los jóvenes los factores de tipo subjetivo (Jacinto, 2006b), algunos especialistas (Robles, 2000)
advierten que el proceso de individualización resulta ser
asimétrico en función de los condicionantes económicos y
sociales que proveen recursos, expectativas, inhibiciones y
habilitaciones. Bajo esta línea teórica, se reconoce que en
situaciones menos favorecidas, sin instancias de regulación
institucional y ante la presión por encontrar nuevos canales
de integración, los márgenes de elección se constriñen,
poniendo en tensión la capacidad reflexiva de los sujetos.

En este marco, la pregunta por el peso que tienen los
factores de tipo subjetivo en la construcción de las trayectorias educativas de los jóvenes que provienen de hogares
de bajos recursos, adquiere relevancia e invita a reflexionar
respecto de los diversos grados de reflexividad, los reales
márgenes de libertad, que tienen las personas jóvenes en
la conformación de sus biografías. Es por ello que este
artículo se propone analizar la incidencia que han tenido
los limitantes estructurales (como son el nivel socioeconómico, los ingresos del hogar de origen, el nivel educativo,
las oportunidades educativas y el lugar de residencia) y los
factores de tipo subjetivo (en especial, las motivaciones, las
expectativas y las valoraciones) en las trayectorias educativas de los jóvenes próximos a egresar de los bachilleratos.

Si bien el análisis contemplará la articulación entre los condicionantes objetivos y los elementos biográficos, la atención estará puesta en reconocer las motivaciones, expectativas y valoraciones que subyacen a las instancias de decisión y que, frente a los determinismos estructurales, logran imprimir sentidos particulares a los recorrido educativo de los jóvenes. Asimismo, se examinarán las variables institucionales, propias del modelo propuesto por los bachilleratos populares, buscando indagar si las mismas han contribuido, y de qué manera, no sólo en la permanencia, sino también en el (próximo) egreso de los jóvenes del nivel medio.

4. Trayectorias educativas: la *lógica* que subyace en las decisiones

La mayoría de los jóvenes que reanudan su vínculo con el sistema educativo a partir de la modalidad de adultos, presenta recorridos escolares heterogéneos, signados por situaciones de repetición y abandono. Como se ha señalado, la diversidad que presentan estos recorridos responde a una singular combinación de factores socioeconómicos, familiares, institucionales y de tipo subjetivo. En este marco, el análisis de las trayectorias de los estudiantes que asisten a los bachilleratos populares, ha permitido reconocer que frente a los condicionantes estructurales, existe una *lógica* particular que vehiculiza las decisiones que toman los jóvenes en relación con sus itinerarios educativos. En función de las motivaciones que subyacen al recorrido educativo, de las expectativas que tienen respecto de la finalización de sus estudios secundarios y de las valoraciones respecto del lugar que tiene el bachillerato popular en la posibilidad de culminar el ciclo secundario, se han podido elaborar tres *lógicas* diferentes.

La primera refiere al *cálculo táctico* que guía la toma de decisiones. En tal sentido, bajo la *lógica instrumental,* el recorrido educativo, y dentro de él la posibilidad de terminar el nivel secundario, se tornan un *medio* para alcanzar determinados fines, relacionados con el "ser trabajador" y la posibilidad de mejorar su situación laboral. Desde esta perspectiva, el bachillerato popular, no sólo posibilitaría el egreso, y por ende la obtención del título secundario, sino que además parecería brindar herramientas conceptuales capaces de ser capitalizadas en función de las metas que se persiguen. En la *lógica afectiva*, los *vínculos familiares* son los que se encuentran en la base de las decisiones asociadas al itinerario educativo de los jóvenes. En este caso, la continuación de sus estudios y, en especial, la valoración del título secundario están relacionadas con la posibilidad de "ser reconocidos" en el seno familiar. Es por ello que la flexibilidad que presenta el modelo institucional propio de los bachilleratos populares, se vuelve un elemento central en tanto que permitiría la permanencia y la finalización del ciclo secundario, aun cuando no se hayan modificado los factores estructurales que estaban en la base de sus anteriores salidas del sistema educativo. Por último, en la *lógica de revancha* la acción de decidir aparece vehiculizada por la necesidad de *superar determinismos económicos y sociales.* En ella, los logros son personales y los desafíos, sinónimo de fortaleza. Por ello, no sólo alcanzar el título secundario fortalecería su "ser" (por sí mismo), sino que además el hecho de enfrentar los obstáculos que marcaron gran parte de su trayecto educativo se vuelve estímulo de superación. Bajo esta configuración, el diseño curricular propio de los bachilleratos populares y el vínculo dialógico que se establece entre el docente y los estudiantes, se constituyen en posibles herramientas, prácticas y reflexivas, para afrontar las dificultades de la realidad cotidiana.

Cuadro 1. Lógicas subyacentes en las decisiones de
los jóvenes respecto de su recorrido educativo

Lógicas	Motivaciones que subyacen al recorrido educativo	Expectativas del título secundario	Valoraciones respecto del lugar que tiene el bachillerato popular en la posibilidad de culminar el ciclo secundario
Instrumental	"Ser" en el trabajo	Mejorar su situación laboral	Finalizar el ciclo secundario y adquirir herramientas conceptuales que estratégicamente le permitan mejorar su situación.
Afectiva	"Ser" en la familia	Reconocimiento familiar	Finalizar el ciclo secundario gracias a la flexibilidad del modelo institucional y el acompañamiento personalizado en el proceso de enseñanza-aprendizaje.
Revancha	"Ser" en y por sí mismo	Superar los determinantes económicos y sociales	Finalizar el ciclo secundario gracias al modelo curricular y la relación docente-estudiante y nutrirse de un conjunto de herramientas teóricas y prácticas para reflexionar sobre la realidad y actuar ante ella de manera individual.

Fuente: Elaboración propia, en base a entrevistas realizadas para esta investigación

4.1. La lógica instrumental: el caso de Hernán

Yo estoy hecho ya con la sangre de mi papá, mi viejo me
había hecho para una fábrica, soy un obrero, tengo una
marca acá de obrero.

Hernán tiene 27 años y el peso de una tradición obrera sobre sus espaldas. Sus padres no sólo se conocieron siendo operarios en una fábrica, sino que además la mayor parte de sus historias laborales estuvo vinculada al trabajo en el sector industrial. Desde su infancia el deseo de convertirse en técnico, "ser obrero", y desempeñarse como asalariado en una empresa, parece haber tenido incidencia en algunas decisiones que marcaron el rumbo de su trayectoria educativa.

El ciclo primario logró completarlo sin dificultades. Sus padres habían decidido hacer el esfuerzo para que Hernán comience sus estudios en una escuela privada porque consideraron que era la mejor oferta de la zona de Pacheco, lugar donde vivió desde su nacimiento. Sin embargo, en cuarto grado tuvieron que cambiarlo de escuela porque fue víctima de un hecho de violencia por parte de sus propios compañeros:

> *Empecé a los seis, en el año 87 sería más o menos, ahí hice hasta tercer grado y bueno, como es un colegio privado e iban muchos chicos de dinero, y como yo era de acá, me discriminaban bastante. Entonces me dieron una paliza. Estábamos jugando a la pelota y me dieron la paliza de mi vida y casi me fracturaron todo el pecho a patadas y desde ese momento mis papás me sacaron de ahí y me llevaron a una escuela estatal de Pacheco, donde hice hasta séptimo grado.*

El ingreso al ciclo secundario vino unido de las primeras decisiones relacionadas con su meta del trabajo fabril. Antes de terminar el último año de la primaria, Hernán le pidió a su papá, quien desde hacía más de quince años trabajaba en la fábrica Ford, que lo inscribiera para dar el examen en la escuela que tiene la empresa automotriz. A pesar de que su papá le ofreció ayuda para asegurar su vacante, Hernán no quiso ningún tipo de acomodo y, en nombre de la dignidad y el esfuerzo, se presentó al examen y fue reprobado.

> *Yo quería entrar en la escuela de la Ford y mi papá me consiguió los exámenes, habló con un profesor de ahí que era amigo de él para que yo no haga los exámenes, pero yo los quería hacer sí o sí porque para mí siempre mi honor y mi dignidad como que están primero. Mi papá me quería matar. 'Hacé, andá y presentate y no hagas la prueba y pasás igual,'*

'No pa, yo no voy a hacer eso.' Hice la prueba y reprobé. Y ahí le digo que me anote en una técnica normal.

De todas formas, el deseo de aprovechar la enseñanza secundaria como medio de preparación-formación para el futuro ingreso en el sector industrial, se vio realizado en su inscripción en la escuela técnica de Benavídez. La preparación teórica, por las mañanas, y práctica, durante la tarde, no parece que hayan traído dificultades durante los primeros años de cursada. Sin embargo, en quinto año repitió por primera y única vez en toda su trayectoria escolar. Hernán adjudica las causas a la injusticia de un profesor que tenía preferencias con los alumnos que eran del barrio, discriminando a aquellos que venían de zonas periféricas. A pesar de experimentar una nueva situación de segregación espacial, prefirió hacer una denuncia al profesor y continuar en la misma escuela técnica en donde hizo por segunda vez quinto año y comenzó su sexto y último año de la secundaria. Sin embargo, lo imprevisible del contexto lo obligó a tomar una decisión para la cual él ya sentía que estaba preparado.

> *Y vino la época del conflicto del 2000-2001, cuando empezó todo el corralito, ahí mi papá estaba trabajando y empezaron a echar gente en Ford y echaban a los que estaban del lado de los delegados y mi viejo estaba de la parte de un delegado y entonces lo echaron. Bueno, a mi papá no le quisieron pagar indemnización, todo un problema, estuvo casi medio año tirando con lo justo y con la ayuda de mi hermana que trabajaba. Entonces dije: 'bueno basta, ya me cansé de estar así' porque a nosotros nunca nos faltó, porque siempre éramos de trabajar, de guardar la monedita, 'voy a empezar a trabajar,' le dije a mi mamá, 'no, te falta medio año,' 'no, ma, yo no puedo estar viendo cómo mis hermanos están comiendo lo justo, yo no puedo ver a mi hermana así sufrida y a mis otros hermanos tampoco,' y empecé a buscar trabajo.*

Sin el acuerdo de sus padres, Hernán dejó la escuela en busca de encontrar su lugar en el mercado de la "gran industrial". A pesar de no haber logrado obtener el título, confiaba en los aprendizajes que tantos años de escuela técnica le habían brindado, así como también tenía la certeza de que el esfuerzo, la responsabilidad y la astucia serían buenas herramientas en su carrera de operario. Durante los casi ocho años que estuvo fuera del sistema educativo, se ocupó de alcanzar su meta trabajando para una agencia de empleo. Lo particular es que si bien en un comienzo aceptaba todo tipo de trabajo que le ofrecían, luego de unos años Hernán estaba dispuesto a no perder ninguna oportunidad que asegure su ingreso en una fábrica.

Me llamó un amigo y me dijo que estaban necesitando gente en una fábrica de colorantes para descargar un camión. Llamé a la agencia y me dijeron: 'Si vos te animás, andá'. Y bueno me fui ese día, y llegué a la fábrica, había un contenedor de 30 metros de largo, tenía 1.300 bolsas de decolorante de 30 kilos cada bolsa, de decolorante negro. Tardamos seis horas en descargarlo, pero empecé a trabajar y un jefe me veía que yo le ponía unas re ganas. Cuando terminó ese día él me comentó 'Muy buen trabajo, ¿te gustaría venir otro día más?', porque vamos a necesitar gente'. Fui me presenté y me fui a trabajar en el depósito, así empecé. Al mediodía hacían la fiesta de fin de año y me quedé y ahí empecé a conocer gente y fue como el puntapié para trabajar ahí. Bueno, como ya no me necesitaban, me dijeron 'te vamos a tener en cuenta porque trabajás muy bien'.

Luego de un año, la agencia lo convoca por pedido de la fábrica de colorantes. Dentro de la misma no sólo fue ascendiendo en salario, sino también en puesto y categoría. Hernán descubrió que mejorar su situación laboral dependía en parte de su responsabilidad, pero en gran medida de las estrategias que pudiera realizar para caerle bien al resto de los trabajadores de la fábrica.

En la fábrica fui cambiando de tipo y de categoría, empecé con la categoría D, que era la más baja, me pagaban $1,51 la hora, era como que todos empezaron así, como que pagaba mi derecho de piso hasta que me gané la confianza de medio mundo. Después ya me hablaba con la hija del dueño de la fábrica, como una confianza de amistad teníamos, porque soy una persona sociable, me gusta, antes, cuando era chico no era tan así. Con el tiempo aprendí que para en la vida tener algo tenés que ser un poco sociable, yo trato de ser lo más sociable posible.

Sin embargo, a pesar de que el objetivo del trabajo asalariado parecería haberse alcanzado, Hernán pudo registrar que los ascensos en la fábrica encontraron el límite de no tener el título secundario. El deseo de seguir creciendo en su oficio, sumado a la inquietud que despertaba en él la posibilidad de realizar una carrera terciaria, motivaron su reingreso al ciclo secundario. La posibilidad de terminar en una técnica había quedado reducida en función del horario nocturno del que disponía para asistir. En tal sentido, la elección de terminar en el bachillerato popular estuvo asociada, en un principio, con las posibilidades, horarias y de asistencia, que este tipo de oferta educativa proponía. Las inquietudes que en él despertaba la idea de comenzar en una nueva escuela, relacionadas con el temor a ser nuevamente discriminado, fueron rápidamente canalizadas.

Cuando vine acá, yo tenía miedo al rechazo de vuelta, estaba re nervioso y justo fue un día en la clase de filosofía, yo miraba todo y estaba pero re, pero re nervioso ese día porque todos me miraban re extrañamente y nadie me hablaba. Me senté solo ahí en la esquina, después cuando me empezaron a hablar, empezaron a preguntarme sobre mi modo de vestir. Les pregunté si les incomodaba que yo venga vestido así (con un estilo gótico) y me dijeron que no, ellos me dijeron 'vamos a aprender un poco de vos, como vos vas aprender un poco de nosotros.'

El bachillerato popular, poco a poco, se fue volviendo un espacio de pertenencia y posibilidad para Hernán. En principio, se puede reconocer su valoración en cuanto a participar en un espacio que le permite a cada uno poner en juego su propia subjetividad y, a la vez, obtener un resultado colectivo que resulta ser algo más que la suma de las individualidades.

> *Valoro del Bachillerato la libertad de expresión que te dan, me encanta la libertad de expresión que te deja ser tal cual sos, que no te pone límites de cómo tenés que venir vestido, ni como hablás, ni nada… acá me enseñaron a ser más sociable y humano, aprendés a ser solidario, aprendés a llevarte bien con la gente, a ver que somos todos iguales en esta sociedad, sin importar si somos ricos o pobres.*

Sin embargo, cabe señalar que es el propio modelo de enseñanza-aprendizaje el que adquiere gran significación en el marco de la trayectoria de Hernán. En efecto, los bachilleratos populares elaboran una determinada tarea pedagógica que propicia un aprendizaje que estimula la lectura crítica de la realidad, a la vez que posibilita la reflexión continua sobre la práctica. Es por ello que la enseñanza busca trascender el sentido común ofreciendo diversos marcos teóricos que son puestos en vinculación con la propia experiencia de los estudiantes. Desde este punto de vista, se reconoce a la experiencia como el mundo conocido, un anclaje a partir del cual se puede conceptualizar y desnaturalizar la realidad. A su vez, se propone como recurso para la acción, dado que el mismo acto condensa un análisis, una reflexión que orienta su ejecución.

Hernán pudo reconocer que el pasaje por el bachillerato le permitió adquirir un conocimiento de la historia sindical, la cual se encuentra ligada al surgimiento del peronismo. En tal sentido, las herramientas conceptuales sumaron a su experiencia laboral nuevos elementos para realizar un diagnóstico, reflexivo, de la situación y actuar en consecuencia. A partir de allí, de manera instrumental, comenzó a acercarse al delegado sindical utilizando sus conocimientos sobre el peronismo con el fin de lograr apoyos en el interior de la fábrica y conseguir un ascenso en su puesto de trabajo:

> *Y sociales me sirve para el trabajo, después de hablar con un delegado que es peronista, le hablo de Perón y se queda re chocho conmigo y entonces me lo gano, me lo meto en el bolsillo, lo uso como un arma para tener un apoyo de alguien ahí en la fábrica. Es una forma de endosar a las personas, digamos, yo prefiero estar asegurado para mi futuro, tener un contacto acá adentro para una futura suba de puesto, esas cosas.*

El trabajo que el bachillerato popular realiza en cuanto a promover el pensamiento crítico y reflexivo de la realidad, se vuelve una herramienta importante en el marco de la *lógica instrumental*. En tal sentido, se puede reconocer que si bien, para Hernán, el bachillerato popular no puede brindarle un aprendizaje que fortifique su "ser obrero", el mismo emerge como un espacio que colabora en sus motivaciones y expectativas de mejorar su condición laboral: por un lado, la pertenencia dentro del espacio parece volverse un factor importante y necesario en su permanencia y egreso; pero, además, la posibilidad que esta forma de aprendizaje le brinda, le permite aprovechar, de manera reflexiva, los conocimientos adquiridos y ponerlos al servicio de una acción que le asegure la realización de sus metas.

4.2. La lógica afectiva: el caso de Gastón

> *Y después, en cuanto a mi familia, van a esperar que yo tenga el título, ahora me van a decir "ahora tenés secundario y, no sé, ahora te quiero más"*

Los 20 años de Gastón han tenido que atravesar un importante número de mudanzas en busca de mejores condiciones de vida para su familia. A pesar de que el desarraigo ha sido el responsable de sus constantes cambios de escuela, ha logrado sostener una continuidad en su trayectoria educativa que parece haberlo diferenciado (de manera positiva) del resto de su familia. Es por ello que su lugar –o mejor su "ser"– en la familia está relacionado con la valoración que la totalidad de los miembros del hogar tienen respecto de su capacidad de aprendizaje, y con las expectativas de que Gastón es el único preparado para alcanzar el título secundario.

El recorrido escolar de Gastón comenzó en la localidad de Moreno, donde a los 6 años de edad asistió a su primer grado del nivel primario. Cuando finalizó el tercer grado la familia se trasladó a San Fernando, donde sus papás tomaron la decisión de inscribirlo en una escuela de Carupá. En esa escuela sólo estuvo dos años ya que, nuevamente por motivos laborales de sus papás, tuvo que regresar a su antigua escuela de Moreno donde realizó sexto grado. Las necesidades económicas llevaron a su familia al barrio de Pacheco, donde Gastón logró terminar séptimo, octavo y noveno año en una escuela del barrio de Los Troncos. Su recorrido educativo deja entrever que el deseo personal de permanecer dentro del sistema educativo colaboró en su adaptación a los cambios de barrio, escuela y amigos, a la vez que permitió la continuidad y finalización de la totalidad del ciclo general básico en el tiempo teóricamente establecido.

> *Todos siempre me apoyaron para que vaya a la escuela, porque todos habían ido hasta tal grado, como que me veían que era el único que iba avanzando, avanzando y toda mi familia me decía 'vos sos el único que está estudiando' y querían que yo fuera el que termine.*

Durante estos primero años de escolaridad, Gastón convivió con algunos temores que ponían en tensión su trayecto educativo, y por ende, su reconocimiento familiar. Si bien sentía apoyo y una cierta confianza en su desempeño académico, el temor a repetir se volvió una instancia decisoria. En efecto, reprobar alguno de los años del ciclo primario, para él, parece estar asociado con la idea de fracaso; una frustración que podría quitarle *su* lugar en el interior del núcleo familiar.

> *Siempre fui (a la escuela) por responsabilidad mía, o sea siempre que iba fue por mí, por las ganas que yo tenía de hacerlo. Hasta en primaria, bueno, en primer, segundo grado me mandaba mi mamá, pero a mí siempre me gustaba ir a la escuela. Pero, por ejemplo, en primaria unos años antes de terminar la primaria, yo le dije a mi mamá, 'bueno ma, yo voy a estudiar toda la primaria, viste y si no repito ningún grado voy a seguir el secundario y si llego a repetir un grado yo no voy más a estudiar' porque yo no quería repetir, no quería repetir.*

Habiendo superado sus temores y cumpliendo la expectativa de ser el miembro que más años de escolaridad tenía en la familia, a los 15 años, Gastón se dispuso a comenzar el polimodal. En función del barrio, decidió anotarse en la escuela más cercana dentro de la zona de Pacheco. Sin embargo, las marcas del desarraigo, sumado a los limitantes económicos, llevaron a Gastón a agotar la totalidad de sus faltas, y por ende, abandonar por un año la escuela.

> *Yo a veces tenía para el boleto y a veces no, a veces me iba caminando, pero tardaba una hora caminando, pero me iba caminando igual. No sé, días tras días como que faltaba y un día me quedaban cinco faltas y me fui un fin de semana por un cumpleaños de mi sobrina a Merlo y después no pude conseguir para el boleto para volver en esa semana y cuando llegué acá había perdido todas las faltas. En la escuela me dieron una oportunidad, pero al otro día yo tenía gimnasia a la mañana y me quedé dormido y cuando fui al colegio me dijeron 'no, porque vos faltaste a gimnasia, no podés venir más', y no fui más.*

De la mano de su cuarta mudanza, llegó un nuevo cambio de escuela. En la localidad de Merlo, Gastón logró completar primer y segundo año del polimodal sin dificultades. A pesar de estos logros académicos, la mala situación económica por la que estaba atravesando su familia, indujo su entrada, forzosa, en el mercado laboral. Si bien hasta ese entonces, y gracias al oficio de albañil heredado de su padre, Gastón había realizado pequeños trabajos para solventar sus gastos personales, la corta duración de los mismos le había permitido, durante los últimos tres años, congeniar sus tiempos escolares con los laborales. Sin embargo, en el mes de septiembre, es decir tres meses antes de finalizar el tercer año del polimodal, Gastón tuvo que empezar a trabajar en una constructora y si bien en un principio mantuvo la ilusión de continuar sus estudios, el mundo del trabajo absorbió la cantidad de faltas posibles. Nuevamente la salida de la escuela estuvo asociada a condicionantes estructurales, sólo que en este caso las causas de su abandono no sólo se debieron a la falta de recursos, sino también a una necesidad explícita de encontrarle alguna solución a ese problema.

Resulta interesante señalar que la instancia de "quedarse libre" no parece haber significado un "fracaso" para Gastón. Por el contrario, se puede reconocer que haberse quedado sin faltas, para él, implicaba un "mal menor" que el propio hecho de repetir. En tal sentido, se podría pensar que esta situación lo ponía a salvo de la frustración, es decir, evitaba cargar sobre sí el peso de reprobar, no sólo en la escuela, sino, principalmente, al interior de su propia familia.

Al año siguiente de dejar la escuela, se mudó con su mamá y sus hermanos al barrio de Las Tunas. La separación de sus padres le demandó a Gastón una participación más activa en el mercado de trabajo, y es por eso que durante casi dos años se alejó del sistema educativo. A pesar de ello, su deseo de seguir estudiando lo llevó a buscar alternativas en la modalidad de adultos. Su primer intento de inscripción no llegó a concretarse, ya que no logró cumplir con los tiempos establecidos por la escuela nocturna de Pacheco. Un año después, supo del bachillerato popular y sin demasiadas dudas comenzó su tercer y último año del secundario.

> *Yo cuando recién llegué no hubo en ningún momento una discusión como en otros lados que cuando entrás te hacen sentir incómodo. En todo momento me hicieron sentir cómodo, o sea que estaban muy contentos de que yo empiece, como si fuera una familia, ¿no? y hablaban, por ejemplo, había alguien que había faltado dos, tres días y preguntaban '¿sabes qué paso con tal?', 'no, no sabemos', 'bueno, yo voy a ver si puedo pasar por la casa a ver por qué no viene', digamos que se preocupaban y me re llegó eso y desde ese momento me re gustó el lugar.*

La posibilidad de inscribirse fuera de fecha, sumado a la predisposición que el conjunto de los actores de la institución tuvo frente a la ausencia de algunos compañeros, marcaron grandes diferencias con sus experiencias anteriores. No sólo el espacio escolar reconocía las particularidades de los alumnos –en este caso, contemplando las razones de las ausencias y evaluando diversos modos de asegurar una permanencia–, sino que además, su propia presencia tenía un valor singular dentro del grupo escolar.

> *Te respetan mucho tus opiniones, no dejan que las digas y lo dejan volando así en el aire, vos lo decís y bueno, 'él dijo esto y vamos a analizarlo, a ver qué es lo que dijo', o sea como que todos venimos a aprender de todos, el profesor viene y me enseña lo que yo no sé, pero en esa misma práctica, o sea yo puedo dar distintas opiniones como cualquier otro de los compañeros y él se puede dar cuenta de algún error y aprender de nosotros mismos.*

A mediados de ese mismo año, Gastón consiguió trabajo en el frigorífico de Pacheco. Las condiciones laborales eran favorables ya que por primera vez tendría aportes jubilatorios y una obra social. Sin embargo, el horario coincidía con las clases del bachillerato, y eso provocó sus primeras ausencias prolongadas. Luego de un mes de trabajo, por razones internas de la empresa, decidieron suspender a un gran número de empleados, entre los cuales se encontraba Gastón. En ese marco, y reconociendo lo particular de la experiencia del bachillerato, tomó la decisión de presentarse al día siguiente y pedir permiso para su reincorporación.

> *Y me dije 'yo voy a hablar a ver si me dejan entrar de vuelta o si no si me dejan rendir todas las materias a fin de año'. Venía a hablar de eso y hablé con un profesor primero y bueno él me dijo que sí, que estaba todo bien pero que esto había que hablarlo con todos los compañeros en una asamblea a ver qué deciden ellos, o sea a ver qué decidimos todos.*

Propio de un modelo institucional que busca flexibilizar aquellos aspectos más rígidos de las escuelas con formatos más tradicionales, en los bachilleratos populares, la instancia de decisión se transforma en una herramienta educativa basada en la participación que tienen los estudiantes y docentes en la construcción de las normas. En tal sentido, se reconoce que las asambleas son el espacio por excelencia donde se dirimen los conflictos internos y se toman determinadas decisiones. Existe un primer tipo de asamblea que se realiza en el interior del propio curso, dentro de la cual se resuelven los problemas que atañen exclusivamente a esa división. Sin embargo, lo que pudo haber comenzado como el conflicto interno de una clase, puede terminar postulándose como una regla general dentro del funcionamiento del bachillerato. En este caso, el debate se amplía a la totalidad de participantes, docentes y alumnos de todos los niveles, dando lugar a la asamblea general. La misma funciona como un espacio escolar donde la democracia participativa es el fundamento a partir del cual se produce la acción de debatir y decidir. En las asambleas, la reflexión es colectiva, en tanto que el diálogo se establece en igualdad de condiciones, pero la decisión es individual, ya que terminada la instancia de debate, cada uno realiza su voto.

> *En la asamblea estaban todos y les dije que justo había perdido el trabajo y que por eso estaba faltando. Todos dijeron que estaba bien, o sea yo les dije que me quería reintegrar, que quería saber qué era lo que ellos pensaban, ¿no? y fuimos hablando uno por uno y todos me dijeron que estaba bien.*

El grupo de docentes y estudiantes aceptó el pedido de Gastón, justificando su voto positivo en las razones que él mismo explicó respecto de los días de ausencia. Por primera vez, los factores estructurales fueron contemplados en su trayectoria educativa, por primera vez, la cantidad de ausencias reforzaron su presencia en una imagen que muchas veces supo devolverle su familia.

4.3. La lógica de revancha: el caso de Santiago

> *Es como que te motiva, vos decís "¡Uh!, terminé tercer año" ¡a los 28 años terminé secundario completo!, como que te da ganas de más, viste, alimenta tu autoestima, como si subiese tu ego, como que te sentís superado a vos mismo.*

La manera en la cual Santiago enfrentó las adversas situaciones que marcaron sus 28 años de vida, permite dar cuenta de la soledad que signó su recorrido, así como también de las fortalezas que pudo conquistar en cada uno de esos desafíos. Como es de esperar, su trayectoria educativa no escapa a estas vicisitudes, sino que la misma ha estado condicionada por determinismos económicos y un entorno familiar que poco pudo acompañar los avatares de su recorrido escolar. Sin embargo, la posibilidad de alcanzar el título secundario, para él, representa una muestra clara de *superación*, en tanto que la finalización del nivel medio se vuelve una conquista personal significativa.

De procedencia uruguaya, a los 5 años de Santiago, su madre tomó la decisión de probar suerte en el país vecino. Fue así que desde que llegaron a Buenos Aires, se instalaron en el partido de Tigre, donde su mamá constituyó un nuevo matrimonio. Al año siguiente de llegar, Santiago inicio su recorrido en el sistema educativo. Sin repetir ninguno de los grados de la primaria, en 1992 logró terminar la Educación Básica cuando tenía 12 años de edad. Radicado en el barrio de Pacheco, al año siguiente decidió comenzar sus estudios secundarios en una escuela de la zona. Sin embargo, el desinterés que Santiago parecía tener en relación con sus estudios, sumado al incremento de conflictos familiares provocados por la mala relación que mantenía con su padrastro, lo llevaron a abandonar por primera vez la escuela. Si bien un año después pudo reinscribirse en la misma institución, nuevamente su carrera educativa se vio obstruida por un hecho que parece cobrar gran relevancia en su historia de vida.

> *Jugando con un arma, me quise matar un día. Salí del colegio, estaba con un montón de problemas en mi casa y, aparte, estaba de novio con una supuesta novia, ella me dijo algunas cosas que yo no quería saber nada, como que tenía otra relación, una cosa así. Entonces, entre lo de mi casa y lo de ella tenía la cabeza así, no sabía para dónde disparar y yo lo que tengo de malo es que si yo tengo un problema me lo guardo, no hablo con nadie, bueno, ese día reventé por dentro, fui para mi casa, y bueno, empecé a jugar a la ruleta rusa y la bala salió.*

En efecto, el intento de suicidio, o "accidente" como acostumbra a nombrarlo Santiago, parece haber incidido en la representación que él mismo se forjó respecto de la construcción de su propia biografía. Es decir que a partir de allí, Santiago pudo comenzar a valorar aspectos personales que hasta el momento no habían sido reconocidos por él, y a la vez, articular nuevas expectativas con la necesidad de proyectar un nuevo recorrido. Desde entonces, la toma de decisiones se volvió una herramienta que le permitió hacer frente a su realidad; un recurso que le otorgó fortalezas y le posibilitó imaginarse como dueño de su propio destino.

> *Mira hoy por hoy en parte me arrepiento y en parte no, porque si vos te querés suicidar es como perder algo para valorar otras cosas, o sea, yo antes no me valoraba a mí mismo, yo hoy por hoy valoro mucho lo que hago, porque si querés, por algo fue.*

Al año siguiente, Santiago decidió viajar a Uruguay para reencontrarse con su padre luego de diez de año de no recibir noticias suyas. Al no sentirse bien recibido, debido a diversos maltratos que recibió por parte de su progenitor, se mudó rápidamente para la casa de su abuela uruguaya, antes de regresar a Buenos Aires para retomar sus estudios. A los 18 años logró terminar el primer año en una escuela media de Pacheco, sin embargo, por necesidades económicas tuvo que abandonar nuevamente. A partir de allí, su vida transcurrió entre Buenos Aires y la casa de su abuela en Paysandú. Para Santiago, Uruguay se convirtió en un refugio donde buscar nuevas oportunidades ante las adversidades que mostraba su realidad en Argentina. Es por ello que las búsquedas laborales movilizaron su itinerario migratorio hasta el año 2007, cuando Santiago tomó la decisión de culminar sus estudios secundarios en la Provincia de Buenos Aires.

> *Me inscribí en el Bachillerato por la novia de un amigo mío, ella venía acá y bueno yo así hablando le digo 'yo quiero estudiar'; ella me convenció de que siga estudiando en el bachillerato popular. Vine acá el 12 de marzo del año pasa-*

do, me dijeron 'si hay vacante', agarré, fui a la media, pedí el
pase, agarré, saqué una fotocopia, fui y me anoté, y empecé
esa tarde, todo en el mismo día.

El Bachillerato Popular representa para Santiago un espacio de "oportunidades". Por un lado, el horario le permite
continuar con el trabajo de auxiliar de enfermería en un
geriátrico, así como también ayudar en su casa con algunos
quehaceres domésticos. Cabe señalar que desde hace unos
años el salario de Santiago representa un alto porcentaje
del total de ingresos que reúne el grupo familiar. Además,
la flexibilidad que el modelo institucional del bachillerato
popular propone en cuanto a las inasistencias, lo estimuló
ante el desafío de culminar el ciclo.

Yo creo que el que se queda afuera es por voluntad propia,
no es por el colegio o porque los profesores te lo impidan. Acá
se le da mucha oportunidad a la gente que falte por temas
de trabajo, de salud o por un tema x, ¿entendés? El chico que
falta por una razón justa, le dan la oportunidad de hacer un
trabajo práctico, viste, o le tratan de recompensar esos día
porque saben por qué falto.

Asimismo, el diseño curricular que proponen los bachilleratos populares y el vínculo dialógico que en su propia
dinámica se establece entre el docente y los estudiantes,
parecen repercutir de manera particular en la trayectoria
educativa de Santiago. En primer lugar, ambos aspectos
permiten generar un clima de aula particular (Marhuenda,
Navas y Pinazo, 2004) que, en su caso, incitó un mayor
compromiso en el proceso de enseñanza-aprendizaje. A
su vez, la manera de aprehender, de apropiarse del conocimiento, para él, se constituyó en un recurso, práctico y
reflexivo, que le ha permitido actuar ante las adversidades
de la vida cotidiana.

En cuanto al diseño curricular de los bachilleratos populares, se reconoce que el mismo es elaborado teniendo

en cuenta la estructura oficial, sin la cual no existiría un marco legal que permitiera otorgar certificaciones; la selección de contenidos organizada por disciplina y por áreas, necesarios para el desarrollo de un conocimiento crítico de la realidad; y la experiencia laboral y de vida de los estudiantes, como lugar de anclaje desde donde construir el conocimiento. En tal sentido, a los contenidos sugeridos en los Contenidos Básicos Comunes, no sólo se incorporan nuevas temáticas que se relacionan con la realidad propia del barrio, sino que además se elaboran programas que permitan trabajar de manera articulada algunos aspectos que comparten las disciplinas que constituyen una misma área temática. Lo interesante de las áreas radica en la posibilidad de analizar una misma problemática desde las diferentes miradas propuestas por cada disciplina. Desde este punto de vista, el conocimiento no se fragmenta en una multiplicidad de miradas que muchas veces inhiben su aprensión, sino que asume un carácter holístico que permite una mayor apropiación del mismo.

> *Y la forma de enseñar es como más avanzando, es como que una materia abarca más áreas y va más al tema concreto, más a lo que es la realidad, no tanto libro, sino a lo que específicamente vivís en la calle… por ejemplo, a mí me llama la materia 'Recursos Humanos', porque te enseñan formas de orientación de los derechos de las personas, de cómo se organiza uno en lo que es la vida, tanto en su situación laboral, como en la cotidianeidad, o sea como que te enseña a exigir, no a exigir, sino a plantear algunas cuestiones.*

Bajo este aspecto, la enseñanza que imparten los bachilleratos se propone trascender el sentido común ofreciendo diversos marcos teóricos que son puestos en vinculación con la propia experiencia de los estudiantes. El docente se vuelve una figura central en la mediación del saber y los alumnos, ya que su función es la de problematizar y orientar el análisis aportando un corpus de conceptos y teorías necesario para lograr un conocimiento crítico de la realidad (Brusilovsky, 2006). Sin embargo, para los bachilleratos, esta orientación no debe generar una relación de desigualdad de poder entre docentes y estudiantes, dado que la autonomía intelectual debe ser el resultado del proceso de aprendizaje. En tal sentido, se plantea la necesidad de poner a disposición de los estudiantes interpretaciones teóricas diferentes, a partir de las cuales poder establecer relaciones y comparaciones. El vínculo dialógico, basado en el respeto y la aceptación de ideas de los otros, aparece como un aspecto central de la relación docente-alumno. Desde este punto de vista, el docente no parecería ser la causa del aprendizaje, sino que su logro radica en dotar de sentido al mismo, propiciando en los estudiantes un compromiso con el conocimiento y con la forma en la cual se aprende. Los contenidos no sólo se transmiten mediante el *curriculum* escolar, sino también en la misma relación que se establece entre el docente y los estudiantes. En tal sentido, si un buen *curriculum* es aquel que hace posibles unas normas que valgan la pena (Stenhouse, 1997), la tarea del docente se vuelve un aspecto crucial en la generación de ese clima de aula basado en un mayor grado de identificación entre las normas de los jóvenes y adultos que participan y la de los docentes. La construcción de ese conjunto de valores compartidos entre los actores constituye el sustrato sobre el que se puede transmitir el conocimiento.

> Otra cosa que te decía es sobre los profesores, viste tienen una forma de enseñar distinta a otros, o sea, combinan las dos cosas, práctico y teórico, pero es como que te enseñan más con lo práctico que con lo teórico... por ejemplo una materia que me gusta mucho, 'Formación Social', te enseñan a cómo reaccionar ante diferentes tipos de problemas. Cuando estábamos viendo el tema de lo que es violencia familiar, vimos que violencia no es solamente los golpes, sino que a veces

la violencia psíquica viste, fundamentalmente la verbal es la que más duele, a veces. Es como que te llega más, como que vos desde tu forma de ser, llegás a razonar la situación, llegás a acomodar las situaciones particulares y está bueno.

En el marco de la *lógica de revancha*, se puede reconocer que el bachillerato aporta herramientas que, en cierta manera, otorgan fortalezas al "ser" (por sí mismo) de Santiago. Por un lado, las posibilidades reales que este modelo institucional y pedagógico propone, en relación con la obtención del título secundario, alimentan sus expectativas de superar(se) ante los determinismos económicos y sociales. Por el otro, el carácter práctico y reflexivo que adquiere, no sólo el aprendizaje, sino especialmente el modo en el cual se arriba al conocimiento, se constituye en un instrumento útil que le permite afrontar complejas situaciones de su cotidianeidad.

5. A modo de conclusión

Para concluir, es importante recordar que la centralidad otorgada a los factores de tipo subjetivo en el análisis de las trayectorias educativas de los jóvenes, no niega, sino que incorpora, la presencia de condicionantes estructurales en la conformación de cada uno de los recorridos. Si bien las valoraciones, motivaciones y expectativas, en parte, se encuentran condicionadas por una determinada realidad, es decir, se forjan en el contexto económico y social específico de cada joven, la intensión fue rescatar aquellos momentos en donde la toma de decisiones busca posicionarse más allá de los factores objetivos. Desde este punto de vista, la elaboración de las *lógicas* permitió, por un lado, reconocer los aspectos "más subjetivos" que subyacen a las instancias decisorias y, por el otro, examinar su incidencia en los modos de actuar ante determinado entorno.

En este marco, el análisis permitió reconocer que si bien el deseo de "ser obrero" en Hernán es fruto de una historia familiar anclada en el mundo fabril, las decisiones que fue tomando en el marco de su trayectoria educativa se pusieron al servicio de la realización de esa meta. En tal sentido, su pasaje por la escuela técnica, motivado por la certeza de que dicha formación le aseguraría una inserción exitosa en el sector industrial; la búsqueda constante de oportunidades para que su forzosa entrada al mercado de trabajo ponga en acción su "rol" de operario; y su elección de reintegrarse al sistema educativo a fin de que el título secundario mejore su situación laboral, se constituyen en instancias decisorias que buscan posicionarse en y ante las condiciones adversas de la realidad de Hernán.

Por su parte, y tal como ha sido señalado, en el caso de Gastón, el desarraigo y el empeoramiento de la economía del hogar han sido los responsables de la fragmentación de su trayectoria escolar. Sin embargo, el análisis permitió reconocer que el deseo de ser valorado en el interior del núcleo familiar, movilizó un conjunto de decisiones que contribuyeron en la continuidad de sus estudios y aseguraron su lugar, su "ser", en la familia. Bajo este aspecto, el esfuerzo realizado para que los cambios de escuela, que traía aparejados cada mudanza familiar, no alteren su rendimiento escolar; su disposición a superar los temores de un "fracaso" en su aprendizaje, y por ende en el interior de su propia familia; y la búsqueda de modelos institucionales alternativos que le permitan, pese a las adversidades del contexto, culminar la totalidad del nivel medio, son instancias claves que permiten dar cuenta del modo en que la *lógica afectiva* subyace al interior de sus decisiones.

Por último, el deseo de superar determinismos económicos y sociales se encuentra en la base de las decisiones que Santiago fue tomando en el marco de su trayectoria educativa. Desde este punto de vista, la confianza en sí

mismo para enfrentar, de manera solitaria, desafíos económicos y familiares; la certeza de que el esfuerzo y la
valentía aseguran mejores resultados; y, en especial, la
convicción de que la culminación del ciclo secundario es
una meta cercana y accesible, aparecen como conquistas
personales que lo fortifican y le permiten posicionarse ante
situaciones complejas de su vida cotidiana.

Por último, cabe destacar la incidencia que el modelo
institucional y pedagógico, propio de los bachilleratos
populares, ha tenido en las trayectorias educativas de los
jóvenes que por ellos han pasado. Tal como se despren-
de del análisis, la propuesta educativa del bachillerato
ha repercutido, de manera particular, en cada una de las
trayectorias educativas estudiadas. Por un lado, se puede
reconocer que el bachillerato popular ha cumplido con las
expectativas iniciales de los jóvenes, al asegurar la permanencia y el título de nivel medio, pero a su vez, el pasaje
por este tipo de oferta educativa parece haber tenido significaciones diversas en cada uno de los casos. Como se ha
señalado, para Hernán la asistencia se encuentra asociada
a la construcción de un nuevo espacio de pertenencia que
el propio funcionamiento del bachillerato le pudo brindar.
Asimismo, el modelo de enseñanza-aprendizaje, le ofreció
nuevas herramientas, reflexivas, que le permitieron cumplir
el objetivo de mejorar su situación en su actual puesto de
trabajo. En Gastón, la flexibilidad del modelo institucional
no sólo parece haber contemplado los factores estructurales
que estaban en la base de sus inasistencias prolongadas,
sino que también le ofreció un nuevo plan de trabajo que
se adecuaba a sus posibilidades reales. De esta manera, su
permanencia le permitió reforzar su presencia (afectiva)
en el interior de su propio núcleo familiar. En el caso de
Santiago, la propuesta pedagógica permitió su egreso y, en
especial, le brindó aprendizajes, prácticos y teóricos, que
posibilitaron un nuevo acercamiento a su propia realidad

cotidiana. Bajo este aspecto, se puede reconocer que el bachillerato popular afianzó *su revancha* al devolverle una imagen de superación y la posibilidad de proyectar un futuro con nuevas oportunidades.

6. Bibliografía

BECK, U. 1998. *La sociedad del riesgo*, Buenos Aires, Editorial Paidós.

BIDART, C. 2006. "Crises, décisions et temporalités: autour des bifurcations biographiques", *Cahiers Internationaux de Sociologie*, nº 120, Paris, pp. 29-57.

BRUSILOVSKY, S. 2006. *Educación Escolar de Adultos. Una identidad en construcción*, Buenos Aires, Ediciones Novedades Educativas.

CAPPELLACCI, I. y A. MIRANDA. 2007. "La obligatoriedad de la educación secundaria en Argentina. Deudas pendientes y nuevos desafíos", *Serie La educación en debate*, nº 4, *Documentos de la DINIECE*, Buenos Aires, Ediciones del Ministerio de Educación, Ciencias y Tecnología, pp. 5-29.

CASAL, J. 2002. "TVA y políticas públicas sobre juventud", *Estudios de juventud*, nº 59, *INJUVE*, Madrid, pp. 35-59.

CASTEL, R. 2003. *La inseguridad Social ¿Qué es estar protegido?*, Buenos Aires, Ediciones Manantiales.

DUSSEL, I., A. BRITO y P. NÚÑEZ. 2007. *Más allá de la crisis. Visiones de alumnos y profesores de la escuela secundaria argentina*, Buenos Aires, Ediciones Santillana.

ELIZALDE, R. 2008. "Movimientos sociales y educación: bachilleratos populares en empresas recuperadas y organizaciones sociales. Experiencias pedagógicas en el campo de la educación de jóvenes y adultos", en R. ELIZALDE y M. AMPUDIA (Coord.), *Movimientos Sociales y Educación. Teoría e historia de la educación popular en Argentina y América Latina*, Buenos Aires, Editorial Buenos Libros, pp. 67-102.

FILMUS, D. *et al*. 2001. *Cada vez más necesaria, cada vez más insuficiente. Escuela media y mercado de trabajo en épocas de globalización*, Buenos Aires, Ediciones Santillana.

GIDDENS, A. 1995. *Modernidad e identidad del yo. El yo y la sociedad en la época contemporánea*, Barcelona, Editorial Península.

GRAFFIGNA, María Luisa. 2005. "Trayectorias y estrategias ocupacionales en contextos de pobreza: una tipología a partir de los casos", *Trabajo y Sociedad*, n° 7, vol. VI, Santiago del Estero.

JACINTO, C. 1996. "Desempleo y transición educación-trabajo en jóvenes de bajos niveles educativos. De la problemática estructural a la construcción de trayectorias", *Dialógica*, año 1, n° 1, marzo, edición especial, Buenos Aires, Ediciones CEIL-CONICET, pp. 43-63.

JACINTO, C. 2006a. "La Escuela Media. Reflexiones sobre la agenda de la inclusión con calidad. Documento Básico", *Segundo Foro Latinoamericano de Educación: la escuela media: realidades y desafíos*, Buenos Aires, Ediciones Santillana, pp. 9-57.

JACINTO, C. 2006b. "Estrategias sistémicas y subjetivas de transición laboral de los jóvenes en Argentina. El papel de los dispositivos de formación para el empleo", *Revista Educación*, n° 341, Madrid, Instituto de Evaluación. Ministerio de Educación y Ciencia de España, pp. 57-79.

LONGO, M. E. 2008. "Claves para el análisis de las trayectorias profesionales de los jóvenes: multiplicidad de factores y de temporalidades", *Estudios del Trabajo*, n° 35, Buenos Aires, Asociación Argentina de Especialista en Estudios del Trabajo, pp. 73-95.

MARHUENDA, F., A. NAVAS, y S. PINAZO. 2004. "Conflicto, Disciplina y Clima de Aula: La Garantía Social como respuesta al control social sobre los jóvenes", en, P. MOLPECERES (Coord.), *Identidades y formación para el trabajo en los márgenes del sistema educativo: escenarios contradictorios en la garantía social. Herramientas para la transformación, 24*, Montevideo, CINTERFOR, pp. 255-300.

ORTNER, S. 2005. "Geertz, subjetividad y conciencia posmoderna", *Etnografías Contemporáneas*, n° 1, (Buenos Aires), Universidad Nacional de San Martín, Escuela de Humanidades, pp. 25-53.

ROBERTS, K., C. CLARK, y C. WALLACE. 1994. "Flexibility and individualisation: a comparison of transitions into employment in England and Germany", *Journal of the British Sociological Association*, vol. 28, n° 1, University of Plymouth, Faculty of Human Sciences, Department of Sociology, pp. 31-54.

ROBLES, F. 2000. "El desaliento inesperado de la modernidad. Molestias, irritaciones y frutos *amargos de la sociedad del riesgo"*, Santiago de Chile, Editores RIL.

STENHOUSE, L. 1997. *Cultura y educación*, Morón, MCEP, citado en F. MARHUENDA, A. NAVAS y S. PINAZO. 2004. "Conflicto, Disciplina y Clima de Aula: La Garantía Social como respuesta al control social sobre los jóvenes", en MOLPECERES, P., (Coord.), *Identidades y formación para el trabajo en los márgenes del sistema educativo: escenarios contradictorios en la garantía social. Herramientas para la transformación*, Montevideo, CINTERFOR, pp. 255-300.

TIRAMONTI, G. 2007. *"Nuevos formatos escolares para promover la inclusión educativa. Un estudio de caso: la experiencia argentina"*, Buenos Aires, FLACSO.

WALTHER, A. y A. PHOL. 2005, *Thematic study on policy measures concerning disadvantaged youth*, Tubingen, Alemania, Institute for Regional Innovation and Social Research (IRIS).

Las secuencias de inserción: una alternativa para el análisis de trayectorias laborales de jóvenes

María Eugenia Longo

1. Introducción

Los ritmos políticos, económicos, sociales y culturales en Argentina, caracterizados entre otras cosas por las contingencia, el corto plazo, la rapidez, la urgencia (Santiso, 2002; Sarlo, 2003), alientan la inserción rápida de los jóvenes en el empleo a pesar de su carácter informal y precario, la simultaneidad de estudios y trabajo durante y después del secundario (Salvia y Tuñón, 2003), expresando la organización de una vida juvenil fuertemente caracterizada por la vida activa. Según un estudio de 2009 sobre los adolescentes urbanos de entre 13 y 17 años en Argentina (Observatorio de la Deuda Social Argentina, 2009), el 64% solamente estudia, el 20% son activos laboralmente (de los cuales el 6% estudia y trabaja, el 3% estudia y busca empleo, el 11% solamente trabaja) y el 6% no estudia ni busca trabajo. Ello señala las tendencias precoces de inserción en la vida activa, de doble recorrido de trabajo y estudios y de abandono de la formación en algunos casos, que se generalizan a medida que desciende el nivel socioeconómico de la población analizada. Asimismo, un estudio reciente (Pérez 2008; 2009) sobre las transiciones laborales de jóvenes argentinos de entre 15 y 24 años, destaca que comparados con los adultos, el pasaje de las nuevas generaciones al empleo está caracterizado por una mayor probabilidad de ser desempleado pero por una menor duración del desempleo, por transiciones más frecuentes del desempleo a la inactividad que del desempleo al empleo, entre otras características.

Estas tendencias de la inserción suceden en el marco de un contexto histórico singular que trasciende el caso argentino. La mutación de las normas de empleo hacia un modelo más flexible, inestable y precario (Castel y Haroche, 2001; Dubar, 2002; Salvia y Tuñón, 2003; Pérez, 2008) está acompañada de un debilitamiento de las instituciones sociales antaño centrales para la socialización (la familia, la escuela, el empleo y los sindicatos) (Dubet, 2002) y de una transformación de las temporalidades sociales y biográficas que destacan la incertidumbre y la "presentificación" de la experiencia (Hartog, 2003; Laidi, 2000). Todos estos fenómenos refuerzan, en definitiva, la desestandardización de las transiciones juveniles.

Este cuestionamiento del carácter lineal de las trayectorias conduce a preguntarse no solamente por la manera en que las transiciones se producen, sino también por las herramientas sociológicas para observarlas y por los dispositivos políticos para regularlas. Si las transiciones de los jóvenes cambian, la mirada científica y la acción política deben también evolucionar.

Ahora bien, en lo que respecta a las investigaciones, existen tres riesgos que parecen impedir una lectura de la complejidad propia a este contexto. El primero de ellos es la simplificación y la desarticulación de factores, es decir, la tendencia a enfatizar excesivamente ciertos factores en desmedro de otros menos analizados. Por ejemplo, el hecho de focalizarse únicamente en las prácticas de inserción sin considerar las representaciones simbólicas o viceversa. El segundo riesgo es la reducción de un proceso temporal a un solo punto del tiempo, es decir, la extrema focalización en el punto de partida o de llegada de una trayectoria. El tercer riesgo es la valoración ideológica, es

decir, la evaluación normativa de las trayectorias únicamente a partir de la norma del empleo asalariado, que tiende
a juzgar las situaciones por su estabilización, inclusión,
exclusión, éxito o fracaso, dejando de lado otros criterios.
Sin embargo, las trayectorias son procesos: a) que articulan
factores de diferentes tipos y niveles; b) que se desarrollan
en el tiempo, y por eso los factores que las construyen
están sujetos al cambio, a la evolución o a la apertura de
nuevas posibilidades; c) que pueden evaluarse a partir de
múltiples criterios según cuál sea el interés (los criterios del
empleo asalariado, las valoraciones de los propios jóvenes,
las de los padres, los criterios de los profesionales sobre la
juventud, los de los programas para jóvenes, etc.).

Una definición tal de las trayectorias y la tentativa
de evitar dichos riesgos, permite identificar entonces tres
ideas claves para la investigación. La primera idea es que
en un contexto de desinstitucionalización en el que los
individuos deben edificar las bases de su identidad porque
no están dadas *a priori*, las representaciones sociales, las
relaciones simbólicas y otros factores subjetivos ganan en
pertinencia, desplazando el interés hacia los actores, sus
compromisos, argumentaciones y construcciones de la
realidad que los rodea. La segunda idea es que la lectura
de una multiplicidad de factores puede realizarse considerando el tiempo y su efecto, es decir, a partir de un análisis
procesual. Las transiciones laborales toman su tiempo y el
análisis de la situación inicial o final de inserción no alcanza
para comprender las situaciones sociales y laborales de los
individuos. Es necesario remontarse al pasado y observar el
proceso de la inserción. Por último, la tercera idea de este
trabajo es que la complejización de los factores explicativos
y del carácter temporal de un proceso estudiado, requiere de
herramientas analíticas y metodológicas capaces de volver
operatoria la imbricación de factores y de temporalidades.
Esta imbricación debe alcanzarse sin reducir los primeros a

una lista predeterminada de variables ni las segundas a un solo punto del tiempo. Ambas reducciones simplificarían procesos sociales complejos.

Este capítulo se focalizará en la última de estas ideas. Plantearemos la necesidad de salir de un discurso meramente declarativo sobre la complejidad, proponiendo al mismo tiempo herramientas útiles para tratarla. El objetivo es analizar empíricamente las configuraciones de factores que construyen trayectorias de inserción diferenciadas en el seno de un panel cualitativo longitudinal de jóvenes mujeres y varones argentinos.

Los datos empíricos de este capítulo provienen de una investigación en curso que tiene como objetivo principal identificar procesos diferenciados de transición de los jóvenes a la vida adulta, con especial énfasis en las temporalidades y en la inserción laboral. Los datos, a saber las prácticas y los discursos de 85 jóvenes, surgen de dos series de entrevistas: la primera en 2006 cuando tenían entre 16 y 18 años y estaban terminando su formación (hayan obtenido o no su diploma), y la segunda dos años después en 2008. Una tercera serie de entrevistas está prevista para el año 2010.

Los y las jóvenes de este panel[55] se diferencian entre sí *a priori* por haber realizado diferentes tipos de formación, en el seno de las cuales existen diversas concepciones de trabajo que van a expresarse en proposiciones institucionales variadas. Las filiales de formación son: el secundario polimodal (formación mayoritaria entre aquellos que cursan el secundario en Argentina); el secundario técnico (o ex escuela industrial); y los cursos de formación profesional (en adelante FP) ofrecidos mayoritariamente a los

---

[55]   Los 85 jóvenes han sido seleccionados sobre una base de 400 casos, provenientes de nueve instituciones de formación, del Conurbano Norte de la Provincia de Buenos Aires.

jóvenes que abandonan la escuela y residentes en barrios desfavorecidos.[56] Esos tipos de formación pueden indicar diferencias estructurales entre grupos sociales.

La comparación de los jóvenes en el interior del panel muestra la existencia de múltiples maneras de integrarse al mundo del trabajo. Esas diferencias existen porque las trayectorias contienen factores distintos, pero también porque los jóvenes articulan y movilizan de maneras diferenciadas factores similares. Asimismo, dichas articulaciones evolucionan de un momento a otro del tiempo. En el marco de una diversificación de las trayectorias, es posible encontrar sin embargo configuraciones recurrentes o típicas de recursos, limitaciones, representaciones individuales y prácticas de inserción laboral.

Estas configuraciones serán analizadas bajo el término de "secuencias de inserción", noción esbozada en trabajos previos (Bidart y Longo, 2007; Longo, 2008; Longo, Méndez y Tchobanian, 2010; Longo, 2010). Las secuencias son segmentos temporales de las trayectorias de inserción. Sirviéndose de una metáfora, la secuencia constituye un

---

[56]   El *Secundario Polimodal* ha sido reformado en el 2007 y no posee más esta denominación. Se trata de la filial de secundario más generalizada (el 84% de los jóvenes argentinos que estudian el secundario) y posee una carga horaria de media jornada. El *Secundario Técnico* ha sido denominado de "Producción de Bienes y Servicios" en vigencia del polimodal, y alberga orientaciones de técnico en electromecánica, electrónica, maestro mayor de obras (construcción) y en proceso de alimentos. Incluye al 16% de los estudiantes del nivel medio o polimodal. El cursado de esta filial supone jornadas de hasta nueve horas diarias y una formación práctica intensiva en la escuela o en organizaciones productivas. La *formación profesional* implica cursos breves de uno a dos años orientados a la búsqueda inmediata de empleo. Son cursos de informática, electricidad, carpintería, soldadura, cocina, costura, acreditados por el sistema educativo nacional. Dentro de la oferta de centros de formación profesional públicos, encontramos algunos organizados por instituciones de la sociedad civil, como ONG o iglesias, generalmente localizadas en barrios pobres y en sectores sociales de bajos recursos económicos.

eslabón dentro del continuo de eslabones que forman una trayectoria. Esta noción permite detenerse, realizar un *zoom* de la trayectoria a un momento dado, para descubrir y observar de cerca aquello que constituye y pone en movimiento dicho recorrido.

Las secuencias combinan dos aspectos: la articulación de factores y la sucesión o el movimiento. Es decir, orden y tiempo construyen su especificidad. El tiempo está presente justamente por el hecho de que diversos factores individuales y sociales se suceden consecutivamente a lo largo de una trayectoria. Y el orden existe, no como una lista estructurada y fija de variables, sino como una configuración de factores en continua evolución aunque relativamente estable como para que podamos identificarla.

El término *secuencia* otorga "densidad" teórica y empírica a la explicación de las trayectorias. No sólo porque remplaza la idea de una lista preestablecida de variables clásicas por la idea de una configuración de factores, sino también porque evita "detener el tiempo" o reducirlo a un punto aislado (Tiempo 1, Tiempo 2, etc.) para pasar a considerarlo como un segmento más amplio y en movimiento susceptible de ser operacionalizado.

Comenzaremos por precisar los indicadores que han servido para la construcción de las secuencias. A continuación, presentaremos las secuencias de inserción laboral de jóvenes varones y mujeres de Argentina, es decir, las configuraciones de factores que producen sus primeros pasos en el mundo del trabajo. Describiremos luego la distribución social de las secuencias. Concluiremos con algunas observaciones finales sobre la utilización de esta noción a la vez teórica y práctica.

2. Las secuencias de inserción laboral

Al observar las trayectorias de inserción de los jóvenes, una evidencia emerge: no todos avanzan ni se confrontan del mismo modo con el mercado de trabajo. Además, no todos otorgan la misma importancia al trabajo, ni valorizan de la misma manera sus diplomas, experiencias, contactos relacionales o expectativas. Los jóvenes transitan, en definitiva, inserciones laborales diferentes, y explicarlas únicamente por el sexo, la experiencia previa, el entorno familiar o los proyectos explícitos de los jóvenes no alcanza. En el marco de un análisis cualitativo y longitudinal es posible integrar esos factores a otros, observar sus influencias recíprocas y sus evoluciones.

En ese sentido, las "secuencias de inserción" constituyen una herramienta analítica y metodológica útil. En esta investigación, dichas secuencias articulan tres características de la inserción laboral: por un lado, la trayectoria objetiva de inserción, por el otro, las representaciones sobre la vida laboral existentes a lo largo de dicha inserción, y por último, el aspecto longitudinal o la evolución de la inserción, que se desarrolla en el tiempo. Los indicadores empíricos que representan dichas características han sido seleccionados en función tanto de su pertinencia y recurrencia empírica, como de una vasta literatura sociológica sobre el trabajo y la inserción juvenil que los destaca como relevantes desde un punto de vista teórico.

En primer lugar, los indicadores "objetivos" que refieren a prácticas concretas de las trayectorias de inserción laboral son: a) la experiencia laboral durante la formación secundaria o profesional en empleos permanentes, en empleos temporarios, en changas (actividades ocasionales) o en prácticas profesionalizantes o pasantías durante el secundario; b) la condición de actividad durante los dos años que siguen el fin de la formación: ¿actividad o inactividad?; y c) el tipo de inserción laboral posterior a dicha formación, caracterizada por la alta rotación entre empleos temporarios inestables, por la estabilización en un empleo permanente, por la alternancia entre empleo e inactividad, o por la búsqueda de empleo.

En segundo lugar, los indicadores "subjetivos" que hacen mención a las representaciones simbólicas sobre la vida laboral son: a) la relación con la actividad, es decir, el lugar del trabajo en la vida, pudiendo identificar diferentes concepciones: centralidad, no centralidad, propensión, desinterés, aversión o naturalización de la actividad; b) la relación con el trabajo, es decir, las razones que llevan a trabajar que varían entre: el dinero, la autonomía, la realización personal, el contenido del trabajo; c) la relación con el empleo, es decir, los criterios movilizados para evaluar los empleos concretos: el salario, los horarios, el tipo de contrato, el vínculo con la formación, el sector de actividad, etc.; d) la relación con el mundo laboral, es decir, la imagen del mundo laboral y la representación de los empleos que la sociedad ofrece, lo cual permite identificar diferentes imágenes: exigente, precario, con oportunidades, en recuperación.

En tercer lugar, las prácticas y las representaciones laborales que analizamos aquí varían en el tiempo, se modifican a la luz de la experiencia o se refuerzan a lo largo de los años, y podemos corroborarlo valiéndonos de datos longitudinales.[57] La descripción de la evolución de los factores y de su articulación es importante y necesaria. La evolución a la que nos referimos no es,

---

[57] Las entrevistas realizadas en diferentes momentos a los mismos individuos tienen la ventaja de mostrar los cambios objetivos y subjetivos más allá de la interpretación que realiza el entrevistado. En este caso compararemos la primera y segunda serie de entrevistas realizadas a los mismos jóvenes, en adelante S1 (primera serie realizada en 2006) y S2 (segunda serie realizada en 2008).

sin embargo, inequívoca. La misma puede reforzar la linealidad, la continuidad o, al contrario, preparar y aun expresar en sí misma cambios radicales. De este modo el tipo de evolución que señalaremos en cada secuencia indica una orientación: o un cambio visible o la continuidad[58] durante el período considerado (los dos primeros años de inserción luego de la formación) de la situación descrita. Los datos longitudinales son particularmente fructíferos para esta distinción, debido a que la formulación sucesiva y diferida (dos series de entrevistas, a dos años de diferencia una de la otra) de las mismas preguntas a los mismos individuos, permite una lectura clara del cambio y la transformación, a partir de comparar las prácticas y las representaciones en momentos distintos del tiempo.

Pasemos a listar las secuencias de inserción laboral de jóvenes argentinos que fueron emergiendo en este estudio. Las mismas son descritas listando los indicadores mencionados (características objetivas de la inserción, representaciones simbólicas y el tipo de evolución que siguen).[59] Las nueve secuencias que siguen podrían a su vez ser agrupadas en conjuntos más amplios según el tipo de inserción que cristalizan. Así, algunas secuencias muestran una emergencia (secuencias 1 y 2), una consolidación (secuencias 3, 4, 5), o una fragmentación (secuencias 6 y 7) de la inserción, y otras directamente describen la inserción por su ausencia, debido a que los jóvenes se refieren al

---

[58] En este caso, la continuidad no significa ausencia de cambio sino una evolución que sigue la misma dirección presente.

[59] El título de una secuencia hace principalmente mención a aquello que ha servido para diferenciarla de las demás, que en algunos casos destaca el carácter subjetivo, en otros objetivo y que en todos los casos indica la evolución u orientación que sigue este segmento de la trayectoria.

trabajo sin haber tenido aún experiencias laborales (secuencias 8 y 9).

2.1. Secuencia de descubrimiento de la actividad

Priorizo primero la carrera, primero prefiero terminar la carrera para después trabajar. (2006)
Trabajo porque me gusta, me gusta, creo que es un ámbito para relacionarse con distintas personas, más allá de la plata que me viene bárbaro [...] en este momento no me imaginaría vivir sin trabajar porque una vez que empezaste a trabajar... (2008)
(Sebastián, polimodal privado, estudiante de derecho, empleado en empresa telefónica.)

Esta secuencia se caracteriza objetivamente por la ausencia de experiencia laboral durante la formación secundaria y por la inserción y estabilización posterior en empleos permanentes y de jornada completa (acercándose a un ámbito de trabajo estructurado, un aprendizaje puntual, un medio profesional particular). Subjetivamente, la secuencia representa la situación de jóvenes no interesados *a priori* en trabajar y que descubren posteriormente la actividad laboral, transformando su relación con el trabajo: del desinterés, la aversión y el rechazo pasan a interesarse por el trabajo. Ello no quiere decir, sin embargo, que le otorguen centralidad a la actividad laboral; de hecho, las razones para trabajar resultan ser sobre todo instrumentales, luego de experimentar los beneficios materiales y simbólicos de trabajar. Estos jóvenes apuestan a una inserción posterior asociada a las formaciones universitarias. Los empleos actuales son considerados transitorios, representan "buenas oportunidades" que generan "experiencia", en espera de poder ejercer sus profesiones futuras. Asimismo, estos jóvenes valoran y priorizan los criterios del empleo asalariado típico (formalidad, durabilidad, evolución, etc.). La visión del mundo laboral es diversa y evoluciona según el caso (exigente, con oportunidades, mejora, empeora, etc.). Se trata en consecuencia de una secuencia de transformación de las prácticas y de las representaciones.

2.2. Secuencia de tanteo de la actividad sin apuro ni grandes exigencias

Tenés dos opciones, o meterte a trabajar y ganar plata de cualquier cosa, o meterte en algo que te forme, que te gusta y ganar menos plata. (2006)
No trabajo más por el estudio y porque mi trabajo me rinde, trabajo una hora y media por día, tengo muchísimo tiempo libre y gano bastante para una hora y media. (2008)
(Federico, polimodal público, estudiante de informática, empleado en seguridad en una fábrica de cosméticos.)

Es una secuencia caracterizada objetivamente por la falta de experiencia laboral durante el secundario, y por una posterior inserción en multiplicidad de changas y empleos temporarios, inestables y de poca carga horaria. Por el tipo de empleos y por su carácter voluntario, se trata de un "tanteo", de un acercamiento acotado al mundo laboral. La inserción se produce de este modo sin apuro y sin grandes exigencias, ya que si bien la imagen de empleo asalariado típico existe como faro conductor, en los empleos actuales son los horarios, el contenido, el vínculo del empleo con sus estudios, los criterios para aceptar o rechazar una oferta laboral. El salario no parece ser un criterio discriminante de dichas ofertas. Subjetivamente, la experiencia y la autonomía económica constituyen las razones para trabajar. Existe una propensión y no centralidad de la actividad debido a la importancia que estos jóvenes otorgan a los estudios postsecundarios considerados como vocaciones. La diferencia con la secuencia precedente es objetiva y subjetiva: en esta secuencia no sólo no se insertan de manera estable, alternando además períodos de empleo e inactividad, sino que además siempre se han mostrado interesados por el trabajo, aun cuando la actividad no ocupa todavía un lugar central en sus vidas.

2.3. Secuencia de reforzamiento de la centralidad del trabajo en la vida

Para mí trabajar siempre fue sinónimo de libertad [...] el trabajo es imprescindible. Para mí una persona no puede vivir sin sentirse útil para algo. (2006)
El trabajo es salud [...] saber que te levantás y tenés un objetivo ese día. (2008)
(Santiago, técnico privado, estudiante de marketing, empleado en multinacional petrolera.)

Esta secuencia tiene como principal característica que luego de una intensa actividad laboral en empleos permanentes y formales, el trabajo refuerza su centralidad en la vida. Se trata de una secuencia de continuidad objetiva y subjetiva (bajo la forma de un reforzamiento) del lugar del trabajo. Objetivamente, esta secuencia agrupa a jóvenes con amplia experiencia de trabajo, principalmente en empleos de tipo permanente, durante la formación secundaria o profesional. Dicha experiencia se prolonga luego y promueve una inserción objetiva en una multiplicidad de empleos, que en la mayoría de los casos termina con una estabilización en el empleo formal y de jornada completa. Esta experiencia refuerza la centralidad que la actividad laboral tiene en la vida de los jóvenes, en relación con otras esferas de la vida, y dicha centralidad refuerza a su vez la actividad. Subjetivamente, las razones para trabajar instrumentales, aunque presentes y ligadas a la autonomía económica, dejan su lugar a razones como la realización personal, la utilidad, el reconocimiento, el equilibrio psíquico, la autoestima. El eje de esta secuencia está puesto en la relación con el trabajo y la actividad (y menos con el empleo y el mundo laboral). Los jóvenes de esta secuencia se sienten con oportunidades, y consideran que siendo activos saben aprovecharlas. Tienen proyectos definidos, aunque también una amplia flexibilidad para adaptarse a las circunstancias.

2.4. Secuencia de naturalización de la actividad

Yo tengo hermanos más chicos y me gustaría dejarles un buen ejemplo [...] demostrarles que hay que trabajar y ganarte tu propia plata. (2006)
Uno en realidad nace, y tiene que estudiar y después trabajar y trabajar, hasta que se jubile, es así la ley de la vida. (2008) (Marcelo, técnico público, secundario incompleto, vendedor en empresa de seguridad e higiene.)

Trabajar, yo lo tomo como algo natural [...] será que ya me acostumbré. (2006)
Trabajar para seguir viviendo, yo trabajo y me siento bien [...] me encanta trabajar, desde los 12 años que trabajo. (2008) (Julio, FP electricidad, autónomo en empresa parquetista.)

Esta secuencia no contiene cambios radicales, sino una evolución continua de instalación y permanencia en la actividad. Se caracteriza objetivamente por una amplia experiencia laboral en empleos permanentes (propios de los jóvenes más pobres),[60] aunque también changas y pasantías

---

[60]   Si, en general, la mayoría de la experiencia laboral de los jóvenes más desfavorecidos es en changas y en trabajos efímeros, en este grupo encontramos justamente a los jóvenes de este sector que han realizado empleos permanentes y típicos, aquellos que han logrado una trayectoria laboral caracterizada por mejores condiciones que las que suelen aparecer en este subconjunto.

(propias de los jóvenes que han realizado el secundario).
Dicha experiencia se prolonga luego de la formación secundaria o profesional, alcanzando una estabilización. La
actividad permanente es estimulada muchas veces por los
padres, por situaciones imprevistas (como una paternidad
temprana), por la necesidad de recursos de todo el núcleo
familiar (por desempleo, divorcio o fallecimiento de alguno de los padres) y también por la reificación de ciertas
normas sociales y culturales respecto al trabajo ("es la ley
de la vida", "hay que trabajar").

Subjetivamente, existe una centralidad del trabajo
en la vida, una naturalización, vivenciada como "acos-
tumbramiento". Y como toda costumbre, está allí para
no tener que ser sopesada ni cuestionada una y otra
vez, sino para reproducirla e integrarla a las prácticas
cotidianas. Esto la diferencia de la secuencia precedente
"de reforzamiento de la centralidad del trabajo". En esta
última la actividad laboral es central no tanto por mandato social sino más bien por el vínculo entre trabajo
y desarrollo personal. Ello no quiere decir que en la
secuencia de naturalización el trabajo no esté asociado
a la realización de sí, de sus proyectos o a ganar experiencia. Sin embargo, estas últimas no son las razones
principales para trabajar, y en todo caso la relación con el
trabajo no es interpelada en esos términos. Poco a poco
las razones para trabajar pierden importancia, porque
no se plantean la posibilidad de dejar de ser activos. El
modelo de empleo asalariado es anhelado y definido
como el empleo ideal. Nuevamente una normal social,
sin ser mayoritaria, se impone y define la práctica laboral de estos jóvenes. Con respecto al mundo laboral, los
jóvenes lo definen como un mundo de oportunidades
laborales que hay que salir a buscar, aunque también
critiquen sus condiciones precarias.

El origen social medio y bajo de estos jóvenes y su paso por instituciones de formación destinadas principalmente a la inserción laboral, insistiendo menos en la continuación de estudios postsecundarios (la historia de las escuelas técnicas y la propia denominación de la formación como profesional en el caso de la FP así lo atestiguan), colabora en crear estas disposiciones sociales respecto al trabajo.

2.5. Secuencia de profesionalización en el empleo

Trabajar para demostrar que lo que estudiaste realmente valió la pena. (2006)
No me pagan muy bien, pero a mí no me interesa. De a poquito me va enseñando, porque es una especialidad a la que muchos no se dedican. (2008)
(Rocío, secundario técnico público, estudia arquitectura, empleada en estudio de arquitectos.)

Esta secuencia tiene como principal característica objetiva la ausencia de experiencia laboral durante la formación, y una posterior inserción y estabilización en un empleo asociado no solamente a la formación secundaria sino también a la formación postsecundaria. El cambio a nivel de las prácticas de inserción, la convergencia entre empleo y calificaciones, repercuten a nivel subjetivo, reforzando la orientación de la trayectoria. Subjetivamente, la asociación entre empleo estable especializado y un saber específico adquirido durante la formación, es la principal razón que estos jóvenes tienen para trabajar. La propensión a la actividad laboral existe, se mantiene y se refuerza por la convergencia entre empleo y formación. La prioridad de estos jóvenes es desarrollar competencias técnicas y laborales. En esta secuencia el empleo cobra sentido en la medida en que es una fuente de aprendizaje o de la aplicación de los saberes técnicos. Este criterio de valorización del empleo no excluye otros: el modelo de empleo asalariado típico está vigente como empleo ideal si la tarea y las condiciones del empleo se asocian. La imagen del mundo laboral está caracterizada por las oportunidades y la precariedad que se alternan, aunque no hayan hecho experiencia de la segunda. Estos jóvenes tienen una mayor definición de las competencias creadas a partir de su formación, que transportan al mundo del trabajo consecutivamente a la escuela. Estudios previos (Jacinto y Gallart, 1997; Gallart, 2006; Jacinto y Dursi, 2009) han insistido reiteradamente que los aprendizajes técnicos –en relación con otros sentidos que puede adquirir la práctica laboral como son las competencias sociolaborales, personales o relacionales– son especialmente valorados por los egresados de escuelas técnicas.

2.6. Secuencia de desinstrumentalización del trabajo

Trabajé porque me interesaba el tema de la plata, eso era nada más. (2006)
Trabajar porque ya soy grande y porque también me hace bien. (2008)
(Romina, polimodal privado, estudios de Magisterio, empleada para apoyo escolar en hogar de niños desfavorecidos.)

¿Trabajar? Lo principal es para tener la plata con lo que se mueve todo. (2006)
El trabajo me aportó crecimiento interno, relación con las personas. (2008)
(José, polimodal público, estudia grabación y producción musical, empleado en estudio de fotografía comercial.)

Esta secuencia se caracteriza objetivamente por una amplia experiencia laboral en empleos temporarios o en changas, durante la formación secundaria o profesional, y por una inserción posterior en una multiplicidad de empleos también temporarios o nuevas changas (en general de carácter informal). Subjetivamente, la propensión a trabajar de estos jóvenes es muy pronunciada, sin embargo, la actividad no es central en sus vidas. Esta secuencia señala un cambio en la configuración de factores que se produce principalmente en el nivel de las representaciones (aunque las mismas tienen sin duda consecuencias y resultan de las prácticas laborales concretas). En esta secuencia las razones para trabajar se modifican luego de terminar el secundario. Los jóvenes pasan de una visión instrumental a una visión asociada a la realización personal, de trabajar por el dinero a trabajar por la experiencia, por su vínculo con los estudios o para ganar autonomía. Estos jóvenes dan menos importancia a la calidad del empleo, en el sentido de buscar empleos que se ajustan a la norma del empleo asalariado. Se interesan por los horarios, por el contenido y por el dinero que pueden aportarles esos empleos. En esta secuencia la imagen del mundo laboral es precaria, aun si existen posibilidades de inserción (y sus trayectorias son la prueba); son críticos del sistema de empleo, que implica malos pagos, informalidad, intensidad horaria, y exige diploma y sobre todo mucha experiencia.

Son jóvenes que proyectan y realizan estudios universitarios o terciarios asociados a lo social, a la educación o a actividades artísticas. Además, se interesan por una multiplicidad de actividades no directamente relacionadas ni con sus formaciones ni con sus empleos (actividades y *hobbies* artísticos, participación en grupos misioneros o asociaciones, etc.). Se trata de jóvenes de diferentes orígenes sociales y educativos que cuentan sin embargo con numerosos recursos sociales y relacionales y con una convicción respecto a sus proyectos futuros en diferentes esferas de la vida.

2.7. Secuencia de experimentación penosa del mundo laboral: desencantamiento

Me favoreció que me hayan dado el título técnico y puedo entrar en empresas. (2006)
No sabés lo que cuesta conseguir [...] porque tengo el título técnico me van a llamar de cualquier lado: mentira, nunca trabajé gracias al título. (2008)
(Félix, técnico público, maquinista)

Se consigue rápido un trabajo [...] trabajar es tener una experiencia nueva. (2006)
Hoy en día conseguir un trabajo cuesta muchísimo [...] trabajar es malhumor, nunca me gusta trabajar a mí (2008)
(Cecilia, polimodal público, secundario incompleto, estudia gastronomía, empleada en venta telefónica.)

Esta secuencia conjuga, en términos objetivos, una vasta experiencia laboral anterior y posterior a la formación, y en términos subjetivos, una evolución simbólica que se expresa al final del período por una aversión profunda a la actividad. La relación con la actividad se modifica: de la centralidad a la no centralidad del trabajo en la vida. Los jóvenes que aquí se encuentran pierden poco a poco el gusto por el trabajo. La enorme contradicción entre los niveles de actividad y la aversión o el desencantamiento se explica por la hiperactividad y, principalmente, por la decepción que produce un mundo laboral exigente y precario.

Esta secuencia señala un cambio profundo en las representaciones de la actividad, del trabajo, del empleo y del mundo laboral. Es justamente la falta de cambio o la permanencia en una situación precaria de empleo la que genera una evolución de las representaciones. El trabajo se instrumentaliza, las razones para trabajar de los jóvenes pasan de estar ligadas a la autonomía a volverse instrumentales. Las exigencias respecto a los empleos se acentúan: de interesarse por el salario, el empleo asalariado típico se vuelve un objetivo. Se trata de jóvenes que recurrentemente poseen la creencia de que no controlan el devenir de sus biografías. Pertenecen en general a sectores empobrecidos y provienen del secundario público y de la FP, no habiendo finalizado el diploma en todos los casos.

2.8. Secuencia de resistencia a la inserción

No quiero trabajar, tengo que trabajar [...] si me pagaran por no trabajar. (2006)
No quiero trabajar, no quiero que alguien me diga lo que tengo que hacer [...] que me paguen por no hacer. (2008)
(Sofía, polimodal privado, estudiante de relaciones públicas, inactiva.)

Me encantaría vivir sin trabajar pero sé que tengo que... (2006)
Que uno trabaje porque tiene que vivir, pero no que el trabajo sea tu vida [...] me veo trabajando, pero no porque yo diga porque quiero ser útil, sino por la plata. (2008)
(Esther, polimodal privado, estudiante de marketing, inactiva.)

Esta secuencia tiene como principal característica el hecho de que, sin haber ejercido ninguna actividad, se desarrolla una aversión y resistencia al trabajo, y más ampliamente a la inserción. Se trata de una secuencia caracterizada por la continuidad material y simbólica de la no centralidad del trabajo en la vida del joven. Esta secuencia conjuga objetivamente una permanente inactividad antes y después de finalizar su formación secundaria. La persistente inactividad está asociada a una aversión a trabajar; no se trata simplemente de no querer hacerlo, sino de resistir claramente a insertarse en este momento de su trayectoria biográfica. La resistencia a la inserción puede explicar que, por el momento,

las únicas razones para trabajar serían de carácter instrumental. La inactividad puede explicar también la
visión idealizada que tienen del empleo asalariado, que
buscarán más adelante, asociada a sus formaciones y
la visión condenatoria que tienen del mundo laboral
actual y de los empleos que pueden encontrar en él.
Un mundo laboral exigente, precario y con empleos
alienantes que legitima en cierta medida su resistencia
a la inserción. Ahora bien, la inactividad no termina en
pasividad, porque estos jóvenes poseen proyectos de
formación universitaria o proyectos vocacionales bien
definidos, en los cuales comprometen gran parte de su
tiempo. Se trata en general de jóvenes del secundario
del sector privado.

2.9. Secuencia de postergación de la inserción

*Quizás me gustaría que haya otras prioridades que trabajar,
pero hoy en día es importante para insertarse socialmente.*
(2006)
*Ya estoy grande, ya podría trabajar. En mi casa igual prefieren
que estudie a que trabaje [...] en un futuro no voy a poder no
trabajar [...] pero en este momento tengo otras prioridades
como el estudio.* (2008)
(Martín, polimodal privado, estudiante de medicina, inactivo.)

*Si llego a tener mis hijos y ellos me necesitan yo había pen-
sado no trabajar. [...] Capaz que hay gente que piensa en el
trabajo nomás, y a lo mejor el trabajo sí es importante pero
hay otras cosas más importantes.* (2006)
*Me gustaría trabajar pero cuando él [su bebé] tenga 2 años,
3, que ya pueda ir al jardín, ahí sí.* (2008)
(Micaela, técnico público, inactiva, madre.)

Esta secuencia tiene como principal característica
la postergación de la actividad laboral en pos de otros

proyectos personales. Se define por la continuidad objetiva y subjetiva de la situación laboral durante el secundario: no tienen experiencia en el momento de terminar el secundario o la FP y siguen sin trabajar dos años más tarde, aun si la propensión a la actividad laboral existe. Pero a diferencia de la secuencia precedente, en este caso no hay resistencia sino una postergación de la inserción a un mediano o largo plazo. Subjetivamente, la relación de estos jóvenes con la actividad es variada: de la centralidad y la naturalización de la actividad a la no centralidad y el desinterés por trabajar. Las razones para trabajar y los criterios para evaluar los empleos se dispersan y no son uniformes en el interior de esta secuencia. Lo mismo sucede con la imagen del mundo laboral, que aparece en unos casos precario, exigente, en otros con oportunidades. Los jóvenes de esta secuencia atraviesan dos tipos de situaciones no laborales: jóvenes que realizan formaciones universitarias prolongadas y cuyos padres ejercen cierta presión para que no trabajen, y jóvenes mujeres que han sido madres en este período. El primer caso lo representan los jóvenes provenientes de sectores medios, el segundo tiene que ver con jóvenes mujeres de sectores medios y bajos, de formación técnica pública o de FP. Pero en los dos casos los proyectos personales, sean de familia, de maternidad o de estudio, prevalecen por sobre los proyectos laborales, imprecisos aun en el largo plazo.

Resumiremos las características de las secuencias en el cuadro 1, teniendo en cuenta que las nueve secuencias descritas son algunas entre otras posibles, que podrían encontrar eco en otros estudios y análisis.

Cuadro 1: Características de las secuencias de inserción laboral de jóvenes argentinos

Secuencias de inserción	Tipo de evolución de la secuencia	Trayectorias objetivas de inserción			Representaciones simbólicas			
		Condición de actividad entre la S1 y la S2	Tipo de experiencia laboral en la S1	Tipo de inserción laboral en la S2	Relación con la actividad	Relación con el trabajo	Relación con el empleo	Relación con el mundo laboral
Descubrimiento de la actividad	cambio ↻	inactivos→activos	sin experiencia	estabilización	del desinterés (S1) a la propensión (S2)	salario	modelo empleo asalariado	*
Tanteo de la actividad	continuidad ↑	inactivos→activos	sin experiencia	alta rotación	no central	experiencia, autonomía	horarios, contenido	*
Reforzamiento de la centralidad del trabajo	continuidad ↑	activos	empleos (permanentes y temporarios)	alta rotación + estabilización	centralidad	realización personal	*	oportunidades + precariedad
Naturalización de la actividad	continuidad ↑	activos	empleos (permanentes)	estabilización	acostumbramiento	mandato social	modelo empleo asalariado	oportunidades + precariedad
Profesionalización en el empleo	cambio ↻	inactivos→activos	sin experiencia changas	estabilización	propensión	vínculo trabajo y formación	vínculo empleo y calificaciones	oportunidades
Desinstrumentalización del trabajo	cambio ↻	activos	changas	alta rotación	propensión	del salario (S1) a la realización personal (S2)	horarios, contenido, salario	precariedad

Secuencias de inserción	Tipo de evolución de la secuencia	Trayectorias objetivas de inserción			Representaciones simbólicas			
		Condición de actividad entre la S1 y la S2	Tipo de experiencia laboral en la S1	Tipo de inserción laboral en la S2	Relación con la actividad	Relación con el trabajo	Relación con el empleo	Relación con el mundo laboral
Experimentación penosa del mundo laboral	cambio ↻	activos	empleos (temporarios)	alta rotación	de la centralidad (S1) a la aversión (S2)	de la autonomía (S1) al salario (S2)	del salario (S1) al modelo empleo asalariado (S2)	de exigencia (S1) a la precariedad (S2)
Resistencia a la inserción	continuidad ↑	inactivos	sin experiencia	sin experiencia	aversión	salario	modelo empleo asalariado	exigencia Precariedad
Postergación de la inserción	continuidad ↑	inactivos	sin experiencia changas	sin experiencia	no central	*	*	*

Fuente: Elaboración propia en base a datos de los jóvenes del panel de esta investigación

S1: Primera serie de entrevistas en 2006

S2: Segunda serie de entrevistas en 2008

* El asterisco significa que esta dimensión es menos relevante en la definición de la secuencia o que por su dispersión no es posible identificar un solo tipo de relación.

3. ¿Existe una distribución social de las secuencias de inserción laboral?

Construir herramientas de análisis para la investigación resulta siempre útil y pertinente, más aun si el objeto de estudio está en movimiento, se diversifica o se transforma como es el caso de las trayectorias de inserción. Sin embargo, y volviendo al debate planteado al comienzo del capítulo, ¿cómo evitar perderse en dicha diversificación y descubrir las lógicas sociales subyacentes a procesos aparentemente singulares?

Identificar secuencias recurrentes o típicas –lo cual implica no resignarse frente a la diferenciación de las trayectorias– es una primera respuesta. Una segunda respuesta reside en observar la interacción entre las secuencias y las lógicas sociales preexistentes al momento de la inserción. La segmentación educativa y laboral, y las características sociodemográficas de los individuos como el origen social o educativo, revelan desigualdades sociales en el interior de las secuencias. Es decir, ¿las secuencias suceden todas en el mismo segmento del mundo laboral? Los jóvenes que atraviesan las diferentes secuencias, ¿poseen el mismo origen socioeducativo?

3.1. Las secuencias no escapan a un mercado de trabajo segmentado

En primer lugar, las nueve secuencias descritas precedentemente no se producen en el mismo segmento del mercado laboral. No hay que olvidar que las representaciones y las prácticas de trabajo de los jóvenes se producen en contexto y por efecto de dicho contexto.

En Argentina, el mercado laboral se caracteriza por la existencia de segmentos de producción y de trabajo de diferente calidad y desconectados entre ellos (Salvia y

Tuñón, 2003; Miranda, 2006; Pérez, 2008). Según esta idea, la población se distribuye en dichos segmentos de acuerdo a sus características sociales de origen (origen social, sexo, lugar de residencia), creando posibilidades, expectativas y comportamientos diferenciados. La hipótesis de estos estudios es que la población más desfavorecida, que atraviesa ya de por sí circuitos educativos de baja calidad, se integrará en un segmento "secundario" del mercado de trabajo, es decir en empleos informales, no estructurados, precarios e inestables; mientras que la población más beneficiada por el sistema de producción y consumo, que atraviesa circuitos educativos de calidad, se integrará en el segmento "primario", formal, estructurado e interno al núcleo duro de la producción del país. La segmentación permite señalar que las desigualdades no existen solamente a nivel de la jerarquía sociocupacional, sino también a nivel de las condiciones laborales. Esto permite entender por qué jóvenes con la misma acreditación educativa (el secundario completo, por ejemplo), no alcanzan sin embargo las mismas posiciones ni obtienen las mismas condiciones laborales.

Retomando entonces esta característica del mercado de trabajo argentino, podemos organizar las secuencias de inserción (aquellas que incluyen algún tipo de experiencia o inserción laboral luego de los estudios) según el sector del mercado de trabajo en el que transcurren (cuadro 2).

Algunas secuencias se construyen en un segmento del mercado laboral caracterizado por la informalidad, la transitoriedad y la baja calidad de los empleos. Es la situación de la *secuencia de tanteo de la actividad* y de la *secuencia de desinstrumentalización del trabajo*, caracterizada principalmente por los empleos temporarios, inestables e informales, salvo en algunos casos donde existe mayor antigüedad en el empleo o el empleo es formal, pero en dichos casos en general se trata de empleos de media jornada (incluso menos horas) y "transitorios" desde el punto de vista de los jóvenes. Es también la situación de la *secuencia de experimentación penosa del mundo laboral* que ocurre en el sector más marginal del mercado de trabajo, con horarios flexibles o con una carga horaria elevada, en changas o en empleos informales y temporarios.

Otras secuencias transcurren al contrario en el sector primario y formal de la economía. Es la situación de la *secuencia de reforzamiento de la centralidad del trabajo* que incluye empleos formales y permanentes posteriores a la formación y a lo largo de toda la experiencia laboral previa. Es también la situación de la *secuencia de profesionalización* y la *secuencia de descubrimiento de la actividad*, caracterizadas por empleos formales, de jornada completa, permanentes o fijos (con la excepción en esta última secuencia de algunos empleos informales que en general coinciden con una menor carga horaria).

Por último, otras secuencias transcurren entre los dos sectores (primario / secundario, formal / informal) pero se caracterizan sin embargo por cierta estabilización en el empleo, así la menor calidad del empleo se ve compensada por su durabilidad.[61] Es el caso de la *secuencia de naturalización de la actividad*: los empleos son en algunos casos formales y en otros informales, pero el común denominador es que se trata de empleos de jornada completa y en los cuales la estabilización se produce progresivamente, por lo cual los empleos se vuelven permanentes para los jóvenes y los empleadores. En el interior de la secuencia, los empleos informales

---

[61] Esta situación se aproxima a lo que Eckert y Mora han denominado "formas paradoxales de la continuidad", es decir, situaciones en las que la duración en el empleo aumenta a pesar de las características precarias del mismo (Eckert y Mora, 2008).

son recurrentes entre los jóvenes más desfavorecidos y los formales entre aquellos de origen social elevado. La *secuencia de postergación de la inserción* se encuentra también en esta situación intermedia. Si bien no se ha producido realmente la inserción laboral, las changas y los contactos con el trabajo que los jóvenes han tenido son: en el sector primario y formal (principalmente a partir de la experiencia de ayuda en empresas familiares) para los jóvenes que postergan la inserción por sus estudios; y en el sector secundario e informal para aquellas jóvenes que postergan la inserción por maternidad.

Los sectores de actividad son también indicadores del segmento del mercado laboral en el que los jóvenes se insertan. Los sectores del comercio (minorista y mayorista), gastronómico, servicios personales, construcción y servicio doméstico contratan mayoritariamente jóvenes y se caracterizan por su elevada rotación laboral y un alto grado de informalidad, por contraste a actividades más estables como las vinculadas con el sector público (enseñanza y servicios sociales y de salud) y las actividades financieras, inmobiliarias y empresariales en las que los jóvenes están subrepresentados (Pérez, 2008). Las actividades en cada sector construyen de maneras distintas los sentidos del trabajo y las tareas alrededor de las cuales los jóvenes construyen la inserción, por eso lo tratamos aquí.[62]

Las secuencias, articulación material y simbólica de la inserción laboral, no se distribuyen de manera igualitaria entre sectores. Si bien hay secuencias de inserción como *la de reforzamiento de la centralidad del trabajo* y *la de tanteo de la actividad* que se distribuyen en múltiples

---

[62]   Las secuencias de resistencia y de postergación de la inserción no han sido mencionadas debido a que los y las jóvenes que las atraviesan, permanecen inactivos durante el período considerado.

sectores, otras secuencias se concentran mayoritariamente en sectores particulares. De este modo la *secuencia de desinstrumentalización del trabajo* ocurre principalmente en el sector de los servicios (en particular en servicios comunitarios, sociales, de salud y de enseñanza) lo cual puede explicar parcialmente la desinstrumentalización que la caracteriza. "Parcialmente" porque esta secuencia también encuentra casos en otros sectores, en particular en el comercio. La *secuencia de descubrimiento de la actividad* también ocurre mayoritariamente en los servicios sociales, comunitarios, de salud o educativos y en el comercio, preponderantemente en este último. La *secuencia de naturalización de la actividad* ocurre en los sectores menos protegidos y más informales: el comercio, la construcción, la industria, pero también en servicios comunitarios, sociales y de salud, en el sector del transporte o gastronómico. No es de extrañarse tampoco que la *secuencia de profesionalización en el empleo* se produzca preponderantemente en el sector de la industria donde las competencias están mejor definidas para aquellos trabajadores calificados como los jóvenes con secundario técnico. Pero el sector de la industria alberga también a jóvenes sin calificación y por eso en este sector sucede con frecuencia la *secuencia de experimentación penosa del mundo laboral.*

3.2. Efectos del origen social en las secuencias de inserción

La tasa de ocupación y la proporción de trabajadores formales disminuyen considerablemente con el nivel de ingresos del hogar (Pérez, 2008). Por eso las características laborales de las secuencias incitan a remontarse arqueológicamente al origen social y educativo de los jóvenes analizados. Las secuencias se distinguen entre sí por concentrar jóvenes de categorías socioeducativas comunes (cuadro 2). Si el origen social afecta la inserción, es también porque dicho origen interviene primero y de manera más marcada en el acceso a los diferentes niveles y tipos de formación (Pérez, 2008). Pero el origen no solamente influye en el acceso educativo sino también sobre la valorización de los diplomas que hacen dichos jóvenes, una vez alcanzados dichos niveles de educación, y por eso identificamos algunas tendencias en el interior de las secuencias de inserción.

De este modo, las *secuencias de naturalización de la actividad* y *de experimentación penosa del mundo laboral* son atravesadas mayoritariamente por jóvenes con formaciones profesionales y secundarios técnicos públicos. Estas secuencias tienen como protagonistas a los jóvenes con menos recursos educativos y económicos. El caso opuesto son las *secuencias de resistencia* y *de postergación de la inserción por estudios universitarios* que concentran jóvenes provenientes de formaciones secundarias polimodal, mayoritariamente de instituciones privadas. Las condiciones económicas de los hogares otorgan a estos jóvenes la posibilidad de no trabajar durante sus estudios. Sin embargo, cuando la postergación de la actividad se debe a la maternidad, *la secuencia de postergación de la inserción* concentra jóvenes mujeres provenientes de secundarios técnicos públicos, de polimodal público y de FP.

Las *secuencias de tanteo de la actividad* y *de descubrimiento de la actividad* concentran jóvenes de formación secundaria polimodal privado y público, aunque en esta última secuencia también hay algunos jóvenes de origen técnico. Sin embargo, la *secuencia de profesionalización en el empleo* concentra solamente jóvenes técnicos, sean de secundarios públicos o privados, lo cual como ya hemos dicho, puede deberse a la adquisición de competencias más precisas que definen este tipo de formaciones. La *secuencia de desinstrumentalización del trabajo* recoge casos muy diversos desde el punto de vista educativo y de origen social. Se encuentran jóvenes de todos los tipos de formación, aunque principalmente jóvenes de secundarios polimodal privado y público, y en particular los jóvenes de FP que deciden no solamente terminar el secundario sino además proseguir estudios superiores. La *secuencia de reforzamiento de la centralidad del trabajo* concentra jóvenes de secundarios polimodal y técnico únicamente privados, jóvenes que se encuentran en círculos relacionales que actúan de puente a oportunidades laborales del sector protegido y formal. Pero el origen educativo no dice todo de la situación de los jóvenes. Por eso las secuencias pueden ser organizadas según si concentran más o menos población de jóvenes de origen social alto, medio u obrero o bajo.[63]

De este modo, las *secuencias de resistencia a la inserción* y de su *postergación por estudios universitarios*, *de reforzamiento de la centralidad del trabajo* y aun la *secuencia de descubrimiento de la actividad*, todas ellas caracterizadas por su carácter voluntario, suceden gracias

---

[63]   El indicador está conformado por la condición sociocupacional del jefe de hogar (Torrado, 1994) que define la posición social y puede ser utilizado como indicador de clase u origen social de los jóvenes (Pérez, 2008). En esta investigación, se ha aplicado dicha variable a la situación sociocupacional del jefe de hogar, asimilado en este caso a la situación sociocupacional del padre en la primera serie de entrevistas. Los jefes de hogar cuyo estrato sociocupacional corresponde a directores de empresas se homologan a un origen social alto; cuando el estrato ocupacional comprende profesionales en función específica, propietarios de pequeñas empresas, cuadros técnicos y asimilados, pequeños productores autónomos, empleados administrativos y vendedores, se homologan a un origen social medio; y cuando el estrato sociocupacional corresponde a trabajadores especializados autónomos, obreros calificados, obreros no calificados o inactivos, se homologan a un origen social obrero o bajo.

a los recursos familiares y económicos que garantiza un origen social alto y medio. El caso opuesto lo representan las *secuencias de naturalización de la actividad, de experimentación penosa del mundo laboral* y *de postergación de la inserción,* esta vez *por maternidad.* Estas secuencias están marcadas por la falta de alternativas, la sumisión a la escasez de oportunidades y las desigualdades del mercado de trabajo. Los jóvenes que atraviesan estas secuencias poseen mayoritariamente un origen social obrero.

La *secuencia de desinstrumentalización del trabajo* concentra población de origen social medio pero también de origen social obrero, en este caso con expectativas de evolución social, por lo cual el trabajo adquiere sentidos más ligados al contenido y a la realización personal. En la *secuencia de profesionalización en el empleo* encontramos población de origen obrero y origen medio, herederos de cierta cultura obrera asalariada y especializada. Por el carácter voluntario de la *secuencia de tanteo de la actividad,* los jóvenes que allí encontramos cuentan en general con el apoyo familiar y material para sostener su decisión de realizar inserciones provisorias, aun si poseen un origen social medio o bajo.

Por último, si bien encontramos jóvenes varones y mujeres en la mayoría de las secuencias, existe una diversificación sexuada en algunas de ellas. Es el caso de la *secuencia de postergación de la inserción,* cuando la misma se explica por el nacimiento de un hijo: son únicamente las mujeres las que atraviesan por dicha secuencia. Es también el caso de la *secuencia de resistencia a la inserción,* que afecta principalmente a mujeres. Finalmente, la secuencia *de descubrimiento de la actividad* está también compuesta considerablemente por mujeres.

Cuadro 2: Distribución social de las secuencias de inserción laboral de jóvenes argentinos

Secuencias de inserción	Mercado laboral		Sectores de actividad*											Origen social			Tipo de formación				
	Segmento formal	Segmento informal	Industria	Construcción	Comercio	Restaurante Hotelería	Transportes	Servicios financieros	Servicios empresariales, inmobiliarios	Administración pública, seguridad	Enseñanza	Servicios sociales y salud	Servicios comunitarios	alto	medio	obrero	Sec. Téc. Privado	Sec. Pol. Privado	Sec. Pol. Público	Sec. Téc. Público	FP
Descubrimiento de la actividad			X		XXX						XX	XX	XX								
Tanteo de la actividad			X			X				X		X									
Reforzamiento de la centralidad del trabajo			X			X		X	X			X									
Naturalización de la actividad			XXX	XXX	XXX	X	X					XX	XX								
Profesionalización en el empleo			XXX																		
Desinstrumentalización del trabajo					XX						XXX	XXX	XXX								
Experimentación penosa del mundo laboral			XXX																		
Resistencia a la inserción																					
Postergación de la inserción																					

Fuente: Elaboración propia en base a datos de los jóvenes del panel de esta investigación
*Para los sectores de actividad, las "x" implica una mayor o menor presencia de jóvenes de la secuencia en dicho sector.

4. Las secuencias: herramientas teóricas y prácticas

Para finalizar, las secuencias de inserción constituyen un esfuerzo por integrar las representaciones y prácticas laborales a conjuntos más complejos, de manera tal que dichos factores puedan ser analizados simultáneamente y por su evolución.

No se trata de estructuras inmóviles o fijas, bien al contrario, son operadores analíticos de por sí dinámicos. Las secuencias caracterizan un segmento de las trayectorias de los jóvenes, es decir, refieren a un momento de su historia. En esta investigación las secuencias caracterizan la primera inserción, los primeros pasos de los jóvenes por el trabajo. A dichas secuencias seguirán otras sucesivamente. Así, diferentes secuencias se articularán a lo largo de la trayectoria, caracterizando no ya un momento sino la sucesión de momentos y, consecuentemente, la trayectoria en su conjunto (para lo cual se requieren datos longitudinales consecuentes).

Por no ser secuencias de la biografía individual sino secuencias de la inserción laboral, pueden ser generalizadas y podemos encontrarlas en distintas trayectorias, lo que revela su valor heurístico para la sociología. La distribución social de las secuencias –mencionada en el punto anterior– representa una prueba de ello.

Ahora bien, si podemos identificar tendencias sociales en el interior de las secuencias, también hemos encontrado excepciones a la regla, es decir casos individuales (trayectorias, inserciones laborales) que salen de lo que en apariencia se presenta como las características sociales predominantes de la secuencia. Lo interesante de estas excepciones es poder identificar aquello que construye la excepción, es decir, los factores que generan una diferencia y promueven una trayectoria laboral diferenciada. Sin profundizar aquí este punto que requiere de un análisis riguroso, es posible afirmar que existen factores institucionales (por ejemplo, el paso por instituciones de formación que ponen énfasis en el estímulo de las competencias personales), experiencias sociales (por ejemplo, la participación en organizaciones sociales juveniles) e historias familiares, entre otros, que contribuyen a orientar las trayectorias de inserción, creando o reduciendo la gama de oportunidades para los jóvenes. Esta constatación no contradice la principal hipótesis de la investigación que afirma que las trayectorias se construyen a partir de una configuración compleja de factores (por oposición a una lista reducida y predeterminada de elementos). Al contrario, la búsqueda de excepciones en el interior de las secuencias y sobre todo de factores desencadenantes de la excepción, guarda un interés mayor porque contribuye a identificar elementos a ser estimulados o regulados en el marco de políticas de inserción laboral de los jóvenes.

Esta última cuestión plantea una nueva reflexión asociada al interés pragmático de las secuencias. Si hay factores desencadenantes que pueden orientar la inserción hacia una u otra secuencia, ¿es también posible valorar las secuencias y afirmar que algunas son susceptibles de ser favorecidas mientras que otras debieran ser evitadas? Una respuesta afirmativa a esta pregunta significa que las secuencias podrían constituir una nueva manera de encarar la formulación de programas de acción, tomando en cuenta las continuidades y los cambios, además de la complejidad temporal y de factores, del largo y complejo proceso de la inserción laboral de los jóvenes.

5. Bibliografía

BIDART C. y M. E. LONGO. 2007. "Bifurcations biographiques et évolutions des rapports au travail", en Giret J-F.

et al. Rupture et irréversibilités dans les trajectoires, Relief n° 22, Marseille.

CASTEL, R. y C. HAROCHE. 2001. *Propriété privée, propriété sociale, propriété de soi. Entretiens sur la construction de l'individu moderne,* Paris, Ed. Fayard.

DUBAR, C. 2002. "L'articulation des temporalités dans la construction des identités personnelles : questions de recherche et problèmes d'interprétation", *Temporalistes,* n° 44, Quelles temporalités, Septiembre de 2002.

DUBET, F. 2002. *Le déclin de l'institution,* Paris, Seuil.

ECKERT, H. y V. MORA. 2008. "Formes temporelles de l'incertitude et sécurisation des trajectoires dans l'insertion professionnelle des jeunes", *Revue Travail et Emploi,* n° 113, enero-abril.

GALLART, M.A. 2006. *La escuela técnica industrial en Argentina: ¿un modelo para armar?* CINTERFOR / OIT, Trazos de la Formación n° 30, Montevideo.

HARTOG, F. 2003. *Régimes d'historicité. Présentisme et expériences du temps,* Paris, Le Seuil.

JACINTO, C. y M.A. GALLART (coordinadoras). 1997. *Formación para el trabajo de jóvenes,* UNICEF Argentina-Red Latinoamericana de Educación y Trabajo, Buenos Aires.

JACINTO, C. y H. CHITARRONI. 2009. "Precariedades, rotación y acumulación en las trayectorias laborales juveniles", ponencia presentada en *9° Congreso Nacional de Estudios del Trabajo* (Argentina), Asociación Argentina de Especialistas en Estudios del Trabajo, Facultad de Ciencias Económicas de la Universidad de Buenos Aires (05 al 07 de agosto).

JACINTO, C. y C. DURSI. 2009. "La socialización laboral en cuestión: ¿son las pasantías recursos de socialización laboral alternativa?", ponencia presentada en *9° Congreso Nacional de Estudios del Trabajo* (Argentina), Asociación Argentina de Especialistas en Estudios del Trabajo, Facultad de Ciencias Económicas de la Universidad de Buenos Aires (05 al 07 de agosto).

JACINTO, C. 1996. "Desempleo y transición educación-trabajo en jóvenes de bajos niveles educativos. De la problemática estructural a la construcción de trayectorias", *Dialógica*, nº 1, Buenos Aires.

LAÏDI, Z. 2000. *Le sacre du présent*, Paris, Flammarion.

LONGO, M. E. 2008. "Claves para el análisis de las trayectorias profesionales de los jóvenes: multiplicidad de factores y de temporalidades", *Revista Estudios del Trabajo*, ASET, N° 35.

LONGO, M. E. 2010. "Les parcours d'insertion professionnelle des jeunes : enchaînement de séquences typiques", en MÉNDEZ, A. (dir.), *Processus. Concepts et méthode pour l'analyse temporelle en sciences sociales*, Academia-Bruylant, Louvain-la-Neuve.

LONGO, M. E., MÉNDEZ A., TCHOBANIAN, R. 2010. "Les séquences", en MÉNDEZ, A. (dir.), *Processus. Concepts et méthode pour l'analyse temporelle en sciences sociales*, Academia-Bruylant, Louvain-la-Neuve.

MIRANDA, A. 2006. *Tesis Doctoral: Desigualdad educativa e inserción laboral segmentada de los jóvenes en la Argentina contemporánea*, FLACSO, Buenos Aires.

Observatorio de la Deuda Social Argentina. 2009. "Los adolescentes (13-17 años)", *Barómetro de la Deuda Social de la Infancia*, Buenos Aires, Pontificia Universidad Católica Argentina.

PÉREZ, P. 2008. *La inserción ocupacional de los jóvenes en un contexto de desempleo masivo. El caso argentino entre 1995 y 2003*, Miño y Dávila Editores / Ceil-Piette CONICET.

PÉREZ, P. 2009. *¿Por qué difieren las tasas de desempleo de jóvenes y adultos? Un análisis de transiciones laborales en la Argentina post Convertibilidad*, Documento de trabajo, Ceil-Piette CONICET.

SALVIA, A. e I. TUÑÓN. 2003. *Los jóvenes trabajadores frente a la Educación, el desempleo y el deterioro social en Argentina*, Friedrich Ebert Stiftung Argentina, Buenos Aires.

SANTISO, J. 2002. "Lenteur politique et vitesse économique", en Zawadzki P., *Malaise dans la temporalité*, Paris, Publications de la Sorbonne.

SARLO, B. 2003. *Tiempo presente*, Buenos Aires, Siglo Veintiuno Editores.

TORRADO, S. 1994. *Estructura social de la Argentina: 1945-1983*, Ediciones de la Flor, 2da ed., Buenos Aires.

La incidencia de la formación para el trabajo en la construcción de trayectorias laborales de mujeres jóvenes[64]

Verónica Millenaar

1. Introducción

Para los jóvenes en la Argentina, la entrada a la vida activa no resulta un camino sencillo; menos aun si se trata de mujeres. Las dificultades que ellas enfrentan para insertarse en empleos estables y sostenerlos en el tiempo tienen un doble carácter. Por un lado, las desventajas con las que cuenta el conjunto del colectivo joven; por el otro, la condición misma de ser mujeres. Esta *doble desventaja* se manifiesta principalmente en la segmentación de género existente en el mercado de empleo. Pero estas limitaciones estructurales no explican por sí mismas los modos en que varones y mujeres se vinculan con el trabajo; deben considerarse además sus expectativas, deseos y proyectos de vida que trascienden la dimensión laboral. En el presente artículo sostenemos que las *identidades de género* juegan un papel relevante en el modo en que los jóvenes construyen sus trayectorias laborales; ya sea fortaleciendo su relación con el trabajo o alejándolos de esa experiencia en función de otros proyectos que resultan centrales en sus vidas.

---

[64] El presente artículo retoma algunos de los objetivos de mi tesis de maestría en ciencias sociales (UNGS-IDES) que se encuentra en elaboración y que se titula *"La formación para el trabajo en las trayectorias laborales de mujeres jóvenes de bajos recursos. Un abordaje desde la perspectiva de género".*

Asimismo, sostenemos que aquellas estrategias de intervención que apuntan a facilitar específicamente la inserción laboral de los grupos de mujeres jóvenes más vulnerables, logran producir efectos significativos cuando abordan, precisamente, aspectos ligados a sus identidades de género. En este marco, nos preguntamos cómo incide, en las trayectorias de jóvenes mujeres, la participación en un curso de capacitación laboral. ¿Por qué las chicas asisten a cursos de formación profesional y qué encuentran en esas experiencias? ¿Es posible considerar esas experiencias como instancias facilitadoras de su inserción en el mercado de trabajo?

Intentaremos dar algunas respuestas a estos interrogantes a través del análisis de trayectorias laborales de mujeres jóvenes vulnerables, residentes de la Ciudad de Buenos Aires y de un barrio del Conurbano Bonaerense, que asistieron a dos centros de capacitación laboral. La elección de estos dos centros encuentra su fundamento en las particulares miradas y estrategias que allí se sostienen respecto de las identidades de género vinculadas al trabajo. Por tal motivo, resulta pertinente caracterizar las perspectivas institucionales de ambos centros en torno a sus abordajes de género, para luego analizar las trayectorias laborales de las jóvenes, antes de asistir a la capacitación y luego de ella. Como plantearemos más adelante, el análisis de trayectorias resultó un recurso metodológico fructífero para registrar los efectos del curso en un período temporal más amplio y más allá del resultado respecto al acceso al empleo por parte de las jóvenes.

2. Trayectorias laborales desde una perspectiva de género

Un informe reciente sobre las condiciones laborales de los jóvenes en la Argentina (PREJAL, 2008) muestra que la tasa de desempleo juvenil (entre 15 y 24 años) asciende a 25,1%. Pero si se observa solamente el desempleo de las mujeres jóvenes, el porcentaje asciende a 30,1%, y en el caso de las adolescentes (hasta 19 años) a 42,3%. Además, las mujeres jóvenes resultan ampliamente afectadas por la informalidad laboral, que en su caso asciende al 68, 6%. Esto se suma a que un gran porcentaje de mujeres, por razones asociadas a la maternidad o a mandatos de género, se mantienen inactivas, ampliando sus situaciones de riesgo y desprotección social (Miranda, 2008).

Los datos arriba mencionados reflejan, en efecto, las segmentaciones que presenta el mercado de trabajo adulto, que ofrece menos y peores empleos a las mujeres, sobre todo a aquellas en situación de pobreza.[65] Sin embargo, el problema de la inserción laboral de las jóvenes no sólo está ligado a las restricciones estructurales del mercado de trabajo. El modo en que mujeres y varones se vinculan con el empleo se encuentra asociado a sus identidades de género que se configuran a partir de los roles diferenciados que les son atribuidos a los sexos. Respecto del trabajo, la posición masculina ha estado históricamente vinculada al rol de la provisión y salida al ámbito público, a diferencia del rol asignado a la mujer, asociado a la crianza de los hijos y al cuidado del hogar (y por lo tanto, lejos del trabajo asalariado por fuera del ámbito doméstico).

---

[65] A pesar de que desde hace ya varias décadas se mantiene un sostenido incremento de la actividad femenina, las mujeres continúan presentando una probabilidad más alta de estar desocupadas. La tasa de participación femenina crece, al mismo tiempo que la desocupación y subocupación se distribuyen inequitativamente entre mujeres y varones, y entre las mismas mujeres. En general, ellas resultan sobrerrepresentadas en trabajos ligados a tareas de servicio y al cuidado de otras personas y sus salarios son generalmente más bajos que los de los varones, incluso ante la realización de las mismas tareas (Wainerman, 2003). Pero además, entre el colectivo femenino se ha producido una fuerte polarización: aquellas en situación de pobreza se ven más expuestas a empleos de menor calidad, precarizados y de bajos ingresos.

Estos roles históricamente asignados –y también largamente resistidos y cuestionados– funcionan como esquemas organizadores de prácticas y discursos, y es a partir de ellos que varones y mujeres configuran sus identidades de género. Sin embargo, los sujetos pueden identificarse o no con dichos roles. Henrietta Moore (1994) argumenta que varones y mujeres resultan individuos constituidos desde múltiples identificaciones que nunca los determinan unívocamente. La estructura de género es una organización simbólica, retórica y léxica que encuentra anclajes fijos y permanentes. Pero la construcción de identidades de género individuales puede producir, reproducir, resistir o transformar esos discursos y categorías estructurantes.

Así, el modo en que los jóvenes se identifican con la estructura simbólica de género –que asigna roles específicos a los sexos– resulta un elemento nodal que incide en los vínculos que varones y mujeres establecen con el trabajo. De este modo, el replanteo o cuestionamiento de dicha estructura puede modificar esos vínculos con la actividad laboral; siendo posible también pensar el camino inverso. Nicole-Drancourt (1994), en una investigación de trayectorias laborales de jóvenes franceses, observó que el modo en que se significaba, valoraba y concebía al trabajo daba lugar a trayectorias laborales diferentes. La autora examinó, por ejemplo, que en algunas trayectorias femeninas, al ser el empleo sinónimo de una ruptura con el mandato social asignado a la mujer y por lo tanto una forma de realización personal, esto permitía que, a pesar de trayectorias precarias al comienzo, la socialización laboral podía acumularse en un sentido positivo y derivar en trayectorias más estables a lo largo del tiempo. En estas mujeres, la fuerte *disposición* hacia el trabajo, posibilitaba configurar una trayectoria laboral estable y acumulativa. Esto era diferente en el caso de otras mujeres cuyo vínculo con el trabajo era más débil o subsumido al proyecto de maternidad. La autora propone que *la relación con la actividad* es una pista interesante para comprender las configuraciones que dan forma a las trayectorias de varones y mujeres, y para reconocer cómo las identidades de género son un elemento constitutivo de ellas.

Ahora bien, ¿de qué manera incide un curso de formación laboral en las posibilidades de inserción de las jóvenes? ¿Interviene esa experiencia en el fortalecimiento o resignificación de sus vínculos con el trabajo? Con el fin de responder estas preguntas, hemos analizado la experiencia de capacitación de jóvenes mujeres en el marco de sus trayectorias, para reconocer la incidencia del curso no sólo en el mejoramiento o no de su situación ocupacional, sino también en las posibles modificaciones respecto de la manera en que significan el trabajo y se relacionan con la actividad laboral. Como se ha postulado en diversas investigaciones (Casal, 1996; Walter y Phol, 2007; Jacinto *et al.*, 2005; Longo, 2008), el estudio de trayectorias es una propuesta analítica que permite integrar diversos aspectos de las construcciones juveniles y combinar un análisis generacional y sociohistórico con la especificidad que presentan las biografías particulares. Sostenemos aquí que dicha perspectiva presenta –por lo menos– tres ventajas.

La *primera ventaja* radica en la posibilidad de observar una sucesión de acontecimientos biográficos y registrar en ellos los efectos que produce el hecho de ocupar una posición en la estructura social (el capital educativo y económico con el que se cuenta, por ejemplo), como así también aspectos de la subjetividad de los jóvenes (motivaciones, proyectos, sentido sobre el trabajo y el estudio). Ambas dimensiones permiten reconocer las limitaciones y los recursos con los que cuentan los actores en la configuración de sus trayectorias.[66] Esta perspectiva analítica,

---

[66]   Como plantea Bourdieu, las limitaciones y recursos con los que cuenta cada sujeto son factibles de ser traducidos teóricamente como los

que integra aspectos estructurales y subjetivos, cobra relevancia en el actual contexto. Sin un mercado de trabajo que logre incorporar fácilmente mano de obra joven y sin el pasaje institucionalizado que en otro tiempo garantizaba la inserción a la vida activa, las transiciones resultan cada vez más individualizadas. Queda en manos de los jóvenes hacerse un "camino" hacia el empleo. El análisis de trayectorias permite registrar las construcciones particulares de los jóvenes (y los significativos márgenes de variación en dichas construcciones) en el marco de determinados condicionamientos estructurales.

La *segunda ventaja* radica en la posibilidad de integrar una perspectiva de género en el análisis de las construcciones juveniles. Esta perspectiva implica analizar elementos estructurales y determinantes (como las segmentaciones existentes en el mercado laboral) como así también factores subjetivos, ligados a las identidades de los jóvenes como mujeres y varones.

La *tercera ventaja* está dada en la posibilidad de rastrear algunas de las marcas que produce el pasaje por una institución en las trayectorias de los jóvenes. La experiencia de un curso de capacitación puede tener efectos significativos, tanto en la conformación de sus disposiciones al trabajo (Jacinto y Millenaar, 2009) como en sus identidades de género. Estas identidades, que en ocasiones pesan como mandatos difíciles de evadir, pueden ser

---

"condicionantes objetivos" de la práctica social: las posibilidades e imposibilidades, facilidades e impedimentos que la ciencia aprehende a través de las regularidades estadísticas en calidad de probabilidades objetivas vinculadas a un grupo o clase (Bourdieu, 2007). Si bien la acción individual parece ajustarse a esos condicionantes objetivos, siempre existen márgenes de variación en el modo en que éstos son apropiados y significados por los actores. Los elementos subjetivos imbricados en las construcciones de los sujetos juegan un papel relevante en la configuración de sus trayectorias.

visualizadas o resignificadas a partir del paso por experiencias institucionales.

En este artículo nos preguntamos por qué mujeres jóvenes asisten a dispositivos de formación laboral, cómo y con qué motivaciones llegan, qué vivencian en los cursos y qué incidencia tienen dichas experiencias en la conformación de proyectos a futuro. El análisis se basa en una muestra de chicas jóvenes de 18 a 32 años de edad que asistieron y completaron cursos de formación laboral en dos instituciones seleccionadas. Ambas instituciones trabajan con poblaciones juveniles vulnerables en sus posibilidades económicas y de acceso a los circuitos de empleo. Se realizó una entrevista en profundidad a las jóvenes entre uno y tres años después de haber finalizado el curso y se reconstruyeron sus experiencias laborales, educativas y familiares, antes de entrar a la capacitación y luego de haberla terminado. La entrevista, además, indagó en la evaluación que ellas tienen de esas experiencias, los sentidos atribuidos al trabajo, sus proyectos y percepciones sobre el hecho de ser mujeres y trabajadoras. Los datos que sustentan el análisis provienen de veintiséis entrevistas en profundidad, dieciocho de ellas realizadas a mujeres jóvenes y ocho a coordinadores y miembros de los equipos docentes de ambas organizaciones, a partir de las cuales pudieron caracterizarse las perspectivas institucionales que abordaremos a continuación.

3. Dos estrategias de capacitación para el trabajo: ¿cómo se aborda la inserción laboral de las mujeres jóvenes?

No es cualquier curso de capacitación laboral el que les permitirá a las mujeres acceder a un empleo, y menos aun en el mercado de trabajo formal.[67] ¿Cómo abordar la inserción de mujeres jóvenes pobres desde los dispositivos de formación profesional? ¿Con qué estrategias? Se ha postulado que la formación profesional incluye un enfoque de género cuando permite el desarrollo de las competencias básicas y actitudinales que mejoran la "empleabilidad" de las mujeres, y cuando promueve movilidades horizontales y verticales (Silveira, 2001). Esto implica ampliar la oferta de formación a actividades no típicamente femeninas, así como también estimular carreras profesionales que involucren puestos de trabajo de mayor jerarquía y calificación. Además, incluye un enfoque de género cuando promueve, entre las mujeres, la elaboración de un proyecto personal viable de empleo y formación, que fortalezca la independencia y autonomía de sus decisiones, en el marco de una sensibilización en términos de sus derechos (Formujer, 2004). La "fórmula" sería entonces que un curso de capacitación permita *mejorar las oportunidades* de inserción laboral, y que al mismo tiempo ofrezca mayor información y promoción de los *derechos* como trabajadoras y como mujeres.

Estas cuestiones no aparecen explicitadas entre los diseños programáticos de los dos centros de formación laboral que se analizarán a continuación. Sin embargo, ambas instituciones cuentan con perspectivas respecto de la cuestión de género y modos concretos de abordar esta problemática. Como veremos, uno de los centros pone el foco en la *empleabilidad* de las mujeres y el otro en sus *derechos*. El primero se trata de una ONG de la Zona Sur de la Ciudad de Buenos Aires, a la que llamaremos "Fundación",

---

[67] Por ejemplo, se ha mostrado (Goren y Barrancos, 2002) que la capacitación en especialidades tradicionalmente femeninas (costura, cocina, cuidado de ancianos, por ejemplo) refuerzan la inserción de las mujeres en profesiones social y económicamente menos prestigiosas y que, por lo general, se realizan en condiciones de informalidad.

que implementa un programa de formación a jóvenes que están cursando los últimos años del secundario. El segundo se trata de un Centro de Formación Profesional Provincial, al que llamaremos "Taller", ubicado en el Partido de Tigre. Recibe adolescentes y jóvenes del barrio que cursaron o no el secundario. Tanto la Fundación como el Taller[68] se caracterizan por ofrecer una propuesta de capacitación integral: además de brindar conocimientos respecto de una tarea en particular, promueven el aprendizaje de un conjunto más amplio de saberes respecto del trabajo. Sin embargo, las experiencias resultan diferentes, tanto en sus estrategias de intervención como en sus horizontes respecto de la inclusión social y laboral de los jóvenes. Dichas perspectivas les permiten plantear diferentes as-piraciones respecto de la inserción laboral de las mujeres. Veamos esas aspiraciones en cada caso.

3.1 La Fundación

En la Fundación el énfasis está puesto en la inserción laboral de los jóvenes en empleos que ellos llaman "de calidad" (empleos formales). Desde los discursos de la institución, el primer paso para garantizar la inclusión social juvenil es su entrada al mercado de trabajo. En este sentido, se ofrecen cursos que responden a la demanda del mercado, principalmente en el ámbito del sector de servicios, y se gestiona un vínculo concreto con empleos formales. La Fundación selecciona a chicos y chicas en

---

[68]   En la Argentina, la Formación Profesional se dirige a jóvenes y adultos de más de 16 años de edad. Comprende cursos de hasta dos años de duración que se brindan tanto desde una gestión estatal como desde una gestión privada, ya sea a través de las Organizaciones de la Sociedad Civil o de centros educativos con fines de lucro. Los centros seleccionados corresponden a dos tipos diferentes: uno se trata de un centro público que funciona en convenio con una organización sin fines de lucro; el otro corresponde a una ONG que no otorga certificación oficial.

condiciones de pobreza que están terminando la escuela media y que muestran una fuerte disposición a trabajar una vez finalizado el curso (esa es una condición excluyente para poder ingresar a la formación). Se brinda una capacitación amplia centrada en las competencias exigidas en el mercado, principalmente en los aspectos que hacen a la predisposición al trabajo, la responsabilidad, la autonomía y la actitud de servicio.

Cuando desde la Fundación se refieren a las discriminaciones de género, éstas resultan un "dato" que caracteriza el mercado de trabajo: no son cuestionadas sino que se asumen como las características del terreno en el cual un trabajador o trabajadora debe moverse. Son un dato que especialmente las mujeres deben leer para encontrar estrategias y hacerle frente. Una de estas estrategias es aumentar la cantidad de competencias laborales y construirse un perfil laboral amplio que permita encontrar los resquicios en los cuales garantizarse un empleo. Bajo esta perspectiva, ante las escasas oportunidades laborales, una identidad profesional amplia permitiría a las mujeres "reinventarse" ante la detección de cualquier oferta de empleo (por ejemplo, la formación en gastronomía que ellos brindan permitiría a las mujeres trabajar de camareras tanto en restaurantes, como en hoteles, hospitales y otros ámbitos). La Fundación interpela a jóvenes, varones y mujeres en igualdad de condiciones, "igualados" por la lógica del mercado: para garantizarse una inserción laboral se debe competir, y cuantas más competencias se adquieran mejor será su *competitividad*.

Ante los condicionamientos con los que cuentan algunas mujeres para asistir a los cursos (la obligación de cuidar hermanos, por ejemplo) la resolución institucional promueve la responsabilización en sus elecciones. Para la Fundación, las jóvenes siempre tienen la posibilidad de elegir y de aspirar a configurar una biografía según sus deseos, que no necesariamente se condiga con lo que se espera de ellas. Los mandatos de género, en este caso, se relativizan. La Fundación no otorga "apoyos" a las mujeres (como podría ser el recurso de una guardería para que las jóvenes madres no deban ausentarse) sino que las orienta en su propia planificación laboral / doméstica. Se recrean de esta forma los "dilemas" que surgirán en un trabajo real y que demandarán planificaciones y elecciones. Así lo menciona su directora:

> *Las chicas no traen a los bebés acá porque funciona como un trabajo, si estás en un trabajo no vas a poder llevar a tu bebé, entonces: '¿Qué vas a hacer? ¿Con quién lo vas a dejar? ¿Cuántas horas vas a trabajar? Planifícalo.' Lo que no pueden hacer es actuar de manera irresponsable y decir, 'y, no sé, no sé'. Acá formamos para el trabajo.* (Directora, Fundación)

De este modo, desde las perspectivas de la Fundación, para mejorar las oportunidades laborales de las mujeres el camino indicado es brindarles la serie de herramientas y aptitudes que se exigirán en el mercado, en el cual se otorga preferencias a empleados desapegados, flexibles y sin ataduras. En el caso de las mujeres, esto implica lo que Arlie Hochschild (1997) ha denominado *lastre cero:* personas sin lazos ni compromisos emocionales preexistentes, ni con aspiraciones a constituirlos en el futuro.

3.2 El Taller

El Taller atiende una población con mayores limitantes estructurales: chicos que además de encontrarse en condición de pobreza, no cuentan en su mayoría con el secundario (o incluso primario) y residen en un barrio del Conurbano Bonaerense alejado de los circuitos de oportunidades laborales. Allí no se selecciona a los jóvenes con los que se trabaja; el Taller se encuentra abierto a toda la comunidad. Los objetivos de la institución no están restringidos a la inserción laboral. El énfasis está puesto en que los jóvenes puedan reconocerse como protagonistas activos de sus trayectorias y romper con una lógica de sometimiento. Ofrece un marco en donde los chicos puedan, además de aprender un oficio, conocer sus derechos como ciudadanos y contar con mayores herramientas para configurar sus propias biografías.

Desde las perspectivas del equipo coordinador del Taller, los mandatos de género atraviesan fuertemente las prácticas y representaciones de las mujeres del barrio. En este sentido, las estrategias de intervención están orientadas a que ellas puedan visualizar dichos mandatos, cuestionarlos y relacionarse de otra manera con la actividad laboral. De todos modos, no se visualiza con claridad la posibilidad de ofrecer una inserción laboral en empleos formales. Las aspiraciones del Taller se circunscriben a la oportunidad de generar nuevas percepciones entre las jóvenes, a incentivarlas a que finalicen o retomen sus estudios y a conectarlas con organizaciones del ámbito de la economía social. De todos modos, la inserción laboral, para el Taller, jamás podría lograrse en el caso de las mujeres si no se considerara la dimensión imaginaria respecto de su rol en la familia y en la sociedad.

El Taller interpela, desde sus discursos, a dos sujetos diferenciados por su condición de género: ello necesariamente implica un tratamiento particular. Se ofrecen algunos cursos a las mujeres y otros distintos a los varones (por ejemplo, costura o cocina para mujeres y herrería o carpintería para varones). Esta división puede leerse como una reproducción de los oficios típicamente masculinos o femeninos que refuerzan la desigualdad de género. Para el Taller, sin embargo, es una "estrategia" para trabajar cuestiones puntuales con un grupo y otro. En el caso de las mujeres, dicha estrategia se considera una oportunidad para que ellas puedan reconocerse como grupo en desventaja y generar una voz propia.

> *La mujer sola habla a calzón quitado cosas que en un grupo mixto no. Se ponen a hablar, se cuentan... una quizás que la golpearon... y bueno, todos los casos salen. Pero si hay varones, no sale. Lo que importa es que ellas se valoren como persona, ese es el eje.* (Coordinadora sociolaboral, Taller)

Los obstáculos femeninos para asistir al Taller son considerados especialmente. En algunos casos, las jóvenes madres pueden ir con sus bebés, ausentarse si estos lloran o asistir en un horario reducido. Las estrategias de intervención están orientadas a "empoderar" a las jóvenes a través del reconocimiento de sus capacidades y saberes. Se aspira a que ellas, más allá de aprender un oficio, puedan pensar un proyecto en la vida, que puede incluir o no el trabajo, pero que es resultado de una construcción personal y no de un destino inexorable.

4. Las jóvenes: motivaciones, experiencias y proyecciones a futuro

Como se ha mostrado, las instituciones visualizan dos horizontes de inclusión social y laboral diferentes. Estos formatos y lógicas institucionales son experimentados de un modo particular por cada una de las jóvenes. En los apartados que siguen, queremos caracterizar sus trayectorias y dar cuenta de los efectos que los dispositivos de capacitación producen en sus recorridos laborales y educativos, como así también en sus motivaciones y aspiraciones a futuro. Dichos efectos se corresponden con las construcciones biográficas previas; es decir, con el modo en que las chicas "llegan" a las instituciones.

En este sentido, se distinguieron diferentes "perfiles de trayectorias" al momento de inscripción a los cursos.

Dichos perfiles se construyeron a partir de dos registros. Por un lado, se rastrearon algunos de los *condicionantes estructurales* con los que contaban las jóvenes al momento de inscripción en los cursos (particularmente sus niveles educativos y experiencias laborales previas). Por otro lado, se analizaron los *aspectos subjetivos* imbricados en sus elecciones respecto de la capacitación y de su actividad laboral; es decir, el propio interés de las chicas de asistir al curso de formación, el modo en que evaluaron sus experiencias en la escuela y en el trabajo y sus proyectos futuros asociados a una carrera laboral.

Así, un grupo de jóvenes, que ya había tenido experiencia laboral —la cual era considerada valiosa y posible de acumular—, manifestaba un *compromiso* con una inserción en un trabajo estable y formal. Otro grupo de chicas, que no tenía experiencia laboral previa, mostraba una relación con el trabajo asociada a una búsqueda vocacional. Esas chicas compartían la percepción de estar *explorando*[69] el mercado de empleo. Por último, un grupo de chicas se manifestaban alejadas de la experiencia laboral. En su mayoría, estas jóvenes habían tenido experiencia laboral previa pero vinculada a una estrategia de supervivencia. Este grupo de chicas puede distinguirse en tanto se encontraba *en búsqueda de socialización.*

De este modo, podemos establecer tres grupos de jóvenes diferenciados por sus trayectorias educativas y ocupacionales previas y sus relaciones con la actividad laboral, que analizaremos a continuación. Las jóvenes que

---

[69]   Las motivaciones relatadas por los dos primeros perfiles de jóvenes se acercan a los que Zacarés González *et al.* (2004) han llamado procesos de *exploración* y *compromiso* respecto del trabajo. La exploración refiere al período de experimentación, de cuestionamiento activo y de evaluación o examen entre distintas alternativas laborales. El compromiso refiere a la consolidación de un proyecto firme y de implicación con una actividad laboral.

asistieron a una u otra institución no se distribuyen homogéneamente entre los tres perfiles. En el caso de las jóvenes
que asistieron a la Fundación, un requisito demandado por
el centro es que mostraran "ganas de trabajar". Por lo tanto,
el grupo de estas jóvenes se distribuye entre el *compromiso*
(cinco chicas) y la *exploración* (cuatro chicas). En el caso
del Taller, la aspiración al trabajo no es un requisito. Asisten
a sus cursos muchas mujeres que trabajan en sus hogares
y que buscan en la capacitación un espacio en otro sentido. La mayor parte del grupo entrevistado que asistió al
Taller se ubica dentro del conjunto de jóvenes que *buscan
socializar* (cinco chicas). De todos modos, una minoría se
ubica en el grupo de las *exploradoras* (tres chicas) y en un
solo caso en el de las *comprometidas*.

4.1 Chicas comprometidas

Como se ha mencionado, un primer grupo de jóvenes
que ya había tenido experiencia laboral previa al curso, se
mostraba *comprometido* con una inserción en un trabajo
estable que permitiera desarrollar una carrera profesional. Las chicas compartían la percepción de la actividad
laboral como una tarea de vital importancia en sus vidas
y en sus proyectos futuros. La mayor parte de las jóvenes
de este grupo no había completado el secundario al momento de asistir al curso (aunque en todas existía el deseo
de completarlo en un futuro). Lo que en ellas prevalecía
era la meta de un mejoramiento de su inserción laboral.
Respecto del curso, mencionan que la propuesta formativa
se ajustaba a su plan laboral, previamente conformado.
Todas las chicas de este grupo, al haber ya trabajado, sabían
que contaban con *la práctica* pero que les faltaba dar un
salto para ampliar sus oportunidades laborales y acceder
a empleos de mejor "calidad".

> *Me llamó la atención. Y más que había formación en gastro-*
> *nomía. Porque yo ya tenía conocimientos, era lo que me gus-*
> *taba, lo que sabía, ya había trabajado de chica y de hecho me*
> *quería dedicar a eso.* (Ana, 21 años, Fundación, gastronomía)

Las jóvenes de este grupo manifiestan el haber "decidido" trabajar en los comienzos de su trayectoria laboral
para pagar sus gastos personales, para ayudar a su familia o
como una oportunidad de comenzar un proyecto autónomo
y propio. Se destaca en este grupo la valoración positiva
que se tiene de los trabajos ya realizados (aunque, en su
mayoría, fueron realizados en condiciones precarias) y de
la propia inserción laboral, que se ve asociada a la realización personal. Todas ellas coinciden en los beneficios del
trabajo fuera del hogar entre las mujeres, como posibilidad
de satisfacción personal y valoración de sí mismas.

> *El trabajo es todo. Es lo que te da dignidad, es lo que te ayuda*
> *a seguir, si querés emprender un proyecto en tu vida, para todo*
> *necesitás trabajar. Si la mujer no trabaja, no prospera. Se dice*
> *que se valora más una mujer cuando está trabajando, cuando*
> *hace algo de su vida.* (Dolores, 20 años, Fundación, ventas)

Las chicas comprometidas manifiestan tener una *fuerte*
voluntad de crecimiento profesional, y eso incluye el deseo
de formarse a través de la capacitación. Además de la propia
voluntad, ellas relatan el hecho de haber contado con apoyo
familiar para trabajar y asistir a los centros. Pero aquí se
diferencian las jóvenes del Taller y la Fundación. En el caso
de la joven del Taller, esos apoyos no eran tan fuertes (se
encontraba divorciada de su marido y con un hijo a cargo)
y es la posibilidad de asistir con su hijo la condición de
permanencia en el curso. En el caso de la Fundación, esto
es distinto. Precisamente uno de los aprendizajes que se
proponen a nivel institucional es el hecho de poder gestionar
con eficiencia los "dilemas domésticos". Este es un mensaje
implícito para las jóvenes, que lo reciben de ese modo.

–¿Cómo hacías con el tema de tus hijos? ¿podías venir con ellos, los podías traer?
–No sé si los podía traer, no pregunté, supongo que no. Igual yo no los hubiese traído. No corresponde, porque acá me estoy formando. No podría traerlos y aprender al mismo tiempo. (Dolores, 20 años, Fundación, ventas)

Las experiencias en los cursos resaltadas por las jóvenes comprometidas también se diferencian entre las que asistieron a un centro u otro. Las experiencias de las chicas de la Fundación se centran principalmente en la posibilidad de aprender a ser trabajadoras más competitivas (y volverse más *empleables*). En dicho centro, la referencia al trabajo es permanente, y eso permite a las jóvenes visualizar de un modo más directo lo que se espera de un trabajador en un puesto de trabajo en particular. Esto refleja la lógica de intervención de dicho centro. En la Fundación, la principal herramienta que se aspira a brindar a las jóvenes es su capacidad *reflexiva*.[70] El aprendizaje que resaltan las chicas refiere, precisamente, a contar con las estrategias para realizar una "gestión de sí mismas": saber manejarse, organizarse y "venderse" en los trabajos.

> *Aprendí a sentirme más segura. Saber que uno cuando está hablando con el otro se vende a uno mismo. Sin decir 'yo soy el mejor,' pero mediante palabras y expresándose bien, hacer saber que uno es el mejor para ese puesto [...] Yo cambié muchísimo y mejoré muchísimo. Para hablar, para expresarme con las manos, organizar mis tiempos, todas esas cosas las fui incorporando.* (Dolores, 20 años, Fundación, ventas)

---

[70] La reflexividad resulta un aprendizaje interesante en dos sentidos: por el "saber hacer reflexivo" que se exige en el mercado de trabajo del capitalismo contemporáneo –que demanda trabajadores autoorganizados y autocontrolados (Boltanski y Chiapello, 2002)– y por la posibilidad de configurar trayectorias laborales en el marco de la individualización (Beck y Beck-Gernscheim, 2007).

En el caso de la joven que asistió al Taller las experiencias que se resaltan son otras. En primer lugar, la capacitación le permitió distinguirse en términos actitudinales: el curso le enseñó a relacionarse con un grupo y eso es un aspecto central para estar cómoda en un ambiente laboral. En segundo lugar, el certificado que recibe del curso se transforma en una herramienta para exigirse a sí misma la inserción en un empleo mejor que los obtenidos anteriormente:

> Fue una experiencia muy buena, para ir formándote, para ir relacionándote. [...] Nunca estuve conforme en los trabajos que tuve, porque no era lo que yo buscaba. La experiencia en el curso me hizo ver que quiero algo más para mí. (Karina, 32 años, Taller, computación)

Ahora bien, si las trayectorias previas al curso de las chicas comprometidas se distinguían por estar fuertemente centradas en la experiencia laboral, ¿qué ocurrió luego de la capacitación?

La mayoría de las jóvenes, al momento de la entrevista, había logrado no sólo cambiar de trabajo e insertarse en un empleo del ámbito formal, sino que además había podido sostenerlo en el tiempo. Este es el caso de las jóvenes que asistieron a la Fundación, en la medida en que desde allí se brindan los apoyos para lograr una inserción efectiva. De los dos casos entre quienes esto no había sucedido, uno era alumna del Taller, que si bien se encontraba trabajando, lo hacía como subocupada y no del todo satisfecha con su situación. Sin embargo, todas las jóvenes coincidieron en haber podido delinear un *proyecto ocupacional*. Ello incluye la gestión personal, tanto de un plan de formación como de un plan de carrera laboral.

A pesar del mejoramiento de la situación laboral entre las jóvenes de este grupo, es interesante señalar que muchas de ellas realizaron un reclamo respecto de los trabajos a los que habían accedido, principalmente por sus salarios. Entre las trabajadoras del rubro gastronómico, ello era claramente visible: las mujeres recibían menor paga que sus compañeros varones ante las mismas tareas. Además, las jóvenes manifestaron sentirse menos beneficiadas que sus compañeros. Sin embargo, ellas coincidieron (en coherencia con los discursos que circulan en la Fundación) en que eso no debe convertirse en un obstáculo. Ante esa discriminación, las mujeres tienen que comportarse con seguridad y carácter para "hacerse un lugar".

> *A mis compañeras, a veces no las tratan bien. Pero yo creo que parte más que nada de la actitud de uno. De cómo enfrentás las situaciones. A mí, hasta el momento, no me han menospreciado, ni nada. Yo por lo menos, tengo un carácter bastante fuerte.* (Ana, 21 años, Fundación, gastronomía)

> *–Puede ser que prefieran varones [...] Es una cuestión de la voluntad que le pongas. Nadie te va a regalar nada.*
> *–¿Y vos te llevás bien con los varones?*
> *–Sí, re bien. Soy un hombrecito más.* (Flavia, 20 años, Fundación, gastronomía)

Las chicas comprometidas se sienten diferentes al resto de las mujeres, con más carácter, más seguras y de alguna manera "masculinizadas" para poder entrar en el territorio laboral. Sus vínculos con el trabajo eran fuertes antes de iniciar el curso y lo sostienen luego de su egreso. Si analizamos la incidencia de haber participado en los cursos en sus trayectorias, podemos establecer que la posibilidad de insertarse en un empleo estable y formal es *un hecho* para la mayoría de estas jóvenes. Sin embargo, esa oportunidad –antes del curso, más lejana– no se complementa con la obtención de un salario en igualdad de condiciones que sus pares varones. Las chicas logran insertarse en empleos que se encuentran asociados al mundo masculino (como en el caso de la gastronomía), pero lo hacen a costa de endurecer su carácter, "comportarse como hombrecitos" y aceptar pagas menores que los varones. Respecto de los sentidos atribuidos a la actividad laboral y sus proyectos vitales como mujeres, no parece haber transformaciones, sino un reforzamiento del compromiso con el trabajo.

4.2 Chicas exploradoras

Un segundo grupo de chicas se distinguía porque no había tenido experiencia laboral antes del curso y porque su relación con el trabajo se encontraba asociada a una búsqueda vocacional. La inserción en un empleo no constituía una meta principal, pero sí una acción estratégica en pos de un proyecto profesional futuro. Por las características del perfil, en este grupo se concentran las chicas más jovencitas. Lo que prevalecía en ellas era un proyecto de estudio y el deseo de *explorar* una experiencia de trabajo. La mayoría de estas chicas se encontraba terminando el secundario en el momento de acceder a la capacitación, y deseaba continuar estudiando. Ellas sabían que necesitarían trabajar para solventar sus gastos y, por lo tanto, buscarían un trabajo para tal fin. Por otro lado, el curso les resultaba interesante en el marco de una estrategia acumulativa: para acumular certificados, experiencias, aprendizajes, etc.

> *Yo quería terminar la secundaria y tener por lo menos una experiencia en algo, porque se consigue trabajo más fácil con experiencia... me agarró la locura de hacer todo en un año... cada certificado o diploma que tengas es importante.* (Cecilia, 19 años, Taller, cocina)

El curso se percibía como una oportunidad para salir "mejor posicionadas" al mercado laboral; resultaba un aprendizaje más ante la incierta futura situación de terminar el secundario. También, en el caso de las chicas que ya lo habían terminado, permitía seguir en actividad.

Después del secundario "quedarse sin algo para hacer" angustia; el curso era una manera de continuar estudiando y de realizar una actividad lo más próxima posible a una situación de trabajo.

> *Yo quería hacer algo aparte de estar todo el tiempo acá en mi casa. Quería hacer algo y aprender algo más. Tener una base para salir a trabajar, porque yo nunca había trabajado.* (Mariana, 19 años, Fundación, ventas)

El grupo de chicas exploradoras se caracteriza por contar con fuertes apoyos familiares. Salir a trabajar no resulta una necesidad, ni un proyecto de realización personal, sino un acercamiento evaluativo respecto de un proyecto profesional más a largo plazo. Dicho proyecto incluye, además del estudio, la conformación de una familia. En este sentido, la estrategia es explorar diversas opciones y, en un futuro, acceder a un empleo que les permita también ser madres.

Respecto de las experiencias vivenciadas en los cursos, todas coinciden en haber aprendido cómo trabajar, aun no habiéndolo hecho nunca. También mencionan el haberse aproximado a las discriminaciones de género existentes en el mercado laboral. Se conocen cuáles son las ofertas de trabajo reales y qué posibles situaciones podrían ocurrir, como insinuaciones, abusos o excesos de confianza por parte de los futuros clientes o compañeros de trabajo. Las chicas reciben orientación respecto de esas situaciones hipotéticas (pero posibles).

> *En realidad, ellos te hablaban de las cosas que te podían llegar a pasar, si alguien se te insinúa, te molesta o algo.* (Eugenia, 19 años, Fundación, gastronomía)

Si las trayectorias de las chicas de este grupo estaban centradas en una exploración vocacional y laboral, veamos qué ocurre luego del curso. Es interesante destacar que, al momento de la entrevista, sólo una de ellas no había logrado completar el secundario (pero se encontraba finalizándolo en un secundario de adultos). La meta de finalizar y continuar los estudios era muy fuerte en este grupo y se manifestaba claramente en los proyectos futuros de las jóvenes. La mayoría de ellas había comenzado una carrera terciaria o universitaria (no sin algunas "idas y vueltas" que en definitiva también responden a la lógica de exploración vocacional). En efecto, en algunos casos, el curso permitió confirmar una orientación en especial o descubrir una vocación antes desconocida.

> Yo me di cuenta de que a mí me gusta la cocina, y el día de mañana, cuando sea más grande, me gustaría tener un negocio de tortas mías, me encantan las tortas. (Cecilia, 19 años, Taller, cocina)

De las jóvenes exploradoras que cursaron en la Fundación, todas habían logrado insertarse en un empleo formal (aunque dos de ellas no lo habían podido sostener en el tiempo). En cambio, entre las jóvenes que cursaron en el Taller, esta posibilidad no había resultado tan sencilla. En un caso, el empleo "en blanco" había llegado, pero no había durado mucho: el contrato no había sido renovado pasados los tres meses iniciales. Esto revela que la capacitación entre las jóvenes exploradoras tiene consecuencias más visibles cuando se complementa con un apoyo concreto en la inserción efectiva, como es el caso de la Fundación.

De todos modos, es interesante remarcar que a pesar del gran apoyo institucional, algunas situaciones irrumpen en las jóvenes como obstáculos "extra" que dificultan la posibilidad de sostener el empleo. Uno de estos casos es el de una joven egresada de la Fundación que entró como camarera en un bar, pero ante la situación de quedarse embarazada, sostener el trabajo se le hizo difícil. Después de casi dos años finalmente renuncia al trabajo y decide tomarse un tiempo para quedarse con su hijo. Las dificultades también aparecen cuando se pretende sostener un trabajo a tiempo completo y cursar en la facultad. Por ejemplo, una joven decide renunciar al trabajo y buscar un empleo *part time*.

Entre las chicas exploradoras, los cursos inciden en la disposición al trabajo y en el mejoramiento de la empleabilidad. En términos de género, ambos aspectos son importantes en la ampliación de oportunidades laborales a trabajadoras mujeres. De todos modos, la ambivalencia que se genera ante la situación de ser madre (que pone en tensión los proyectos de estudio y trabajo), puede impedir la posibilidad de sostener un empleo, aunque éste sea formal y con un buen salario. La inserción, en sí, no resuelve el problema de aquellas mujeres que, si bien aspiran a trabajar, no lo hacen de manera "incondicional" (como es el caso de las chicas comprometidas). El empleo adquirido está sometido a las contingencias vitales de las jóvenes. Es precisamente la *intermitencia laboral* (es decir, las interrupciones frecuentes de los trabajos) un problema significativo en las trayectorias laborales femeninas.

4.3 Chicas que buscan socializar

Las chicas de un tercer grupo se manifestaban alejadas de la experiencia laboral. Compartían la percepción del trabajo como una actividad que debe realizarse por momentos, pero que no es elegida. En su mayoría, estas jóvenes habían tenido experiencia laboral previa pero vinculada a una estrategia de supervivencia (en general, en trabajos de corta duración y precarios). La mayoría ya eran madres, dedicadas a la crianza de sus hijos y a las tareas del hogar, siendo éste el principal proyecto de cara al futuro. La totalidad de chicas que integran este grupo corresponde al Taller. Como se ha mencionado, dicha institución acepta y promueve la inscripción de mujeres (y también varones) que no necesariamente aspiran a trabajar luego de finalizados los cursos. Las motivaciones para acceder al curso, por lo tanto, eran más generales: conocer amigos, participar de una experiencia de recreación o aprender a realizar las tareas domésticas de todos los días. Otras jóvenes mencionan el hecho de haber participado casi "por inercia": el Taller está en el barrio, ofrece cursos interesantes, mucha gente del barrio asiste, es una actividad más para la comunidad. Este grupo de chicas se distinguía porque se encontraba *en búsqueda de socialización*.

La totalidad de las jóvenes de este último grupo no había completado la escuela secundaria (en algunos casos, tampoco primaria) al momento de inscribirse en los cursos. De este modo, la capacitación resultaba la oportunidad de retomar el vínculo con una institución educativa luego de reiterados fracasos escolares. Era también un modo de ocupar el tiempo "libre":

> *Al curso de computación vine porque yo no iba más a la escuela y sinceramente no tenía ganas de ir a trabajar. Como no quería hacer nada, dijimos, bueno, vamos a acercarnos al taller.* (Paola, 22 años, Taller, computación)

Como se ha mencionado, la mayor parte de las jóvenes de este grupo había tenido experiencia laboral, pero ésta no se encontraba valorada positivamente. Los trabajos, en general, se realizaron para ayudar económicamente a la familia en momentos de necesidad (sobre todo en el marco de la crisis económica de 2001 y años posteriores). Trabajar resultó una obligación ante el hecho de ser pobres y necesitar subsistir económicamente. Algunas de estas jóvenes coinciden en que si tuvieran la oportunidad, *preferirían no trabajar*. El deseo de la mayoría es formar una familia y dedicarse a criar a sus hijos (aunque como veremos más adelante estas impresiones se van modificando a lo largo del curso y una vez que lo finalizan).

–*¿Cuál fue el motivo por el cual decidiste trabajar en ese tiempo?*
–*Y porque somos familias humildes... entonces uno cuando es joven y quiere tener ciertas cosas hay que ir a laburar [...] Yo voy a trabajar por necesidad. Porque si tengo y no necesito, me voy a quedar cuidando a mis hijas.*
–*Vos preferís quedarte en tu casa...*
–*Sí, obvio. Si tengo, me quedo en mi casa.* (Adriana, 29 años, Taller, computación)

Respecto de las experiencias en los cursos, las jóvenes que buscaban socializar refieren principalmente a su participación social: se valora el haber constituido un grupo, el haberse hecho parte de una institución. Se resalta el haber aprendido aspectos asociados a los derechos como mujeres, dentro de la familia y también en la esfera laboral. Esto refleja el enfoque principal con el que interviene el Taller, que promueve la participación juvenil y la visualización de sus derechos. Además, ese aprendizaje se ve favorecido por el hecho de asistir sólo mujeres a los cursos. De manera llamativa, lejos de vivenciarlo como una discriminación, algunas jóvenes del grupo valoran esta diferenciación porque de otro modo se sentirían incómodas.

–*A mí me parece bien que nos dividan a varones y mujeres.*
–*¿Por qué creés que los dividen?*
–*Ni idea, debe ser porque cocina es una cosa de mujeres y costura también. Debe ser por eso, no sé. Igual, yo prefiero así.* (Camila, 20 años, Taller, costura)

Las jóvenes, además, valoran ampliamente la posibilidad de asistir al curso de capacitación con bebés o hijos chicos. Como se ha mencionado, la estrategia del Taller propone producir recursos que permitan contrarrestar la ausencia o fragilidad de los apoyos institucionales estatales con los que deberían contar las mujeres. El Taller se transforma en sí mismo en un soporte institucional de "apoyo". El curso permite conocer gente y entrar en una red de contención. Por otro lado, el curso es un espacio por fuera del hogar, un espacio propio en el que es posible "oxigenarse":

> *Yo siempre voy a hacer algo donde tenga a mi nena conmigo, que la pueda ver, que esté ahí. [...] Acá me ayudaron un montón, porque la pude llevar. Y porque si no tendría que buscar a alguien que me la cuide, pagar a alguien.* (Adriana, 29 años, Taller, computación)

> *El curso me sirvió para salir de casa. Yo necesitaba salir de ese lugar, respirar un poquito. Era como una excusa, era mi tiempo. Venía acá y me desahogaba. Además, en el barrio no conocía a nadie. Y acá podía hablar con alguien, después me hice amiga de varias chicas.* (Andrea, 22 años, Taller, costura)

En el caso de las jóvenes que buscan socializar, es interesante remarcar los cambios significativos que produce la experiencia del curso. Si bien algunas chicas mantienen sus trayectorias en una situación similar luego de la capacitación (no retoman los estudios y continúan en la inactividad siendo responsables del cuidado de sus hijos); en muchas otras la experiencia modifica significativamente su situación. Este el caso, por ejemplo, de dos jóvenes que luego de haber finalizado el curso obtienen un empleo (en un caso, en el ámbito formal). Estas jóvenes manifiestan haber sido estimuladas por lo aprendido en el Taller y haberse animado a "mostrar lo que saben". Otro es el caso de una joven que a partir de la experiencia de cursada decide retomar el secundario en un bachiller de adultos y, al momento de la entrevista, se encontraba finalizándolo. En este último caso se percibe una incidencia en aspectos más profundos, como en la posibilidad de revalorizarse ante sus hijos: ahora ella cuenta con estudios, con capacitación. El curso le permitió generar nuevas metas y aspiraciones respecto de un proyecto laboral. Incluso asumiendo que eso puede generar conflictos con su pareja (que prefiere el rol de ama de casa para ella).

> *Yo me enteré del secundario acá, justo estaba haciendo el curso de computación. Entonces, fui y me anoté [...] ¿Y sabés qué es lo más importante? Que ahora puedo ayudar a mi hija en el colegio. Es re importante. En eso me re ayudó el curso y me cambió [...] Y ahora quiero terminar la secundaria, tratar de seguir algo, recibirme y poder trabajar [...] Voy a estudiar algo que tenga salida laboral. Porque no puedo estar dependiendo de mi marido toda la vida. A él mucho no le gustaba que trabaje, pero yo ya le empecé a hablar.* (Adriana, 29 años, Taller, computación)

De alguna manera, el curso las "empuja" a pensar en un proyecto propio, por fuera del rol algunas veces impuesto por sus familias. La posibilidad de compartir entre mujeres el curso durante un año permite verbalizar aspectos íntimos y de la pareja que de otro modo no se pondrían en palabras. Esta situación, en algunos casos, genera un cambio sustancial en las mujeres, sobre todo respecto de las relaciones de género en el interior del hogar. Además, las jóvenes de este grupo mencionan la oportunidad de re-valorizar los saberes con los que ya contaban (muchas veces invisibilizados por la misma lógica de la división sexual del trabajo), para imaginar una carrera laboral.

> *¿Sabés qué? Es re loco esto. El curso de costura sirvió para que muchas abriéramos los ojos. En serio. Decir '¿por qué nos tenemos que dejar basurear, doblar el lomo y no hacer lo que queremos?' No sé, marcó algo [...] Con una docente del Taller veíamos esta cosa de armar un currículum. Me acuerdo mucho una charla con ella. Por ejemplo vos vas a un jardín de infantes. Y sabés coser, lavar. Vos estabas buscando para ser maestra o profesora. Pero vos ponías sólo lo relacionado a ese rubro. Y ella nos decía '¿por qué no podemos poner todo lo que sabemos?' Yo ahora pongo todo.* (Andrea, 22 años, Taller, costura)

En el grupo que busca socializar, la incidencia más visible del curso corresponde al estímulo de la disposición al trabajo (que en algunos casos se traduce en una inserción laboral efectiva, facilitada por los apoyos brindados por la institución en términos de ampliación de redes sociales). Además, algunas jóvenes retornan al secundario y comienzan a configurar un proyecto de vida autónomo, por fuera de la órbita doméstica. De todos modos, las huellas del curso también se hacen visibles en los profundos replanteos respecto de su rol como madres y esposas y en sus proyectos a futuro. Si bien los efectos en términos objetivos pueden no ser tan concretos como en los grupos anteriores, sí resultan significativos en términos subjetivos, particularmente respecto al cuestionamiento de los mandatos tradicionales de género (siendo el grupo en donde más se manifiestan dichas resignificaciones).

5. Conclusiones

El camino hacia el empleo no resulta una transición sencilla para las jóvenes mujeres que, como hemos visto, es el resultado de las segmentaciones en el mercado de trabajo, pero también de los sentidos atribuidos a la actividad laboral tramados a partir de las identidades de género. De acuerdo a los perfiles de jóvenes analizados, hemos observado que los vínculos con el trabajo estructuran fuertemente las decisiones y motivaciones de las jóvenes respecto de su inserción laboral y de la capacitación a la que asistieron. Una relación sólida y comprometida con el trabajo (alejada del mandato tradicional a permanecer en el hogar) resulta el motor de trayectorias laborales estables y acumulativas. En este sentido, sostenemos que las relaciones con la actividad se encuentran asociadas a perspectivas más amplias de las jóvenes respecto del lugar que para ellas debería ocupar el trabajo en la vida de las mujeres. Al mismo tiempo, a lo largo del análisis fue posible reconocer que la resignificación de los vínculos con el trabajo (que incluye un cuestionamiento de los roles de género) resulta una incidencia significativa en las jóvenes más alejadas de la experiencia laboral.

En el caso de las chicas *comprometidas*, los vínculos con el trabajo se encuentran fortalecidos precisamente porque se sienten mujeres diferentes al resto. El compromiso con la inserción laboral, además de ser consecuencia de una necesidad económica, se encuentra atravesado por una percepción de sí mismas como mujeres fuertes que pueden y deben hacer lo mismo que los varones. En el caso de este grupo, las vivencias en el curso refuerzan esta perspectiva y brindan estrategias para ganar competitividad. Así, las discriminaciones de género en el mercado de trabajo no son cuestionadas, se aceptan como una condición. Que una mujer pueda ganarse un lugar en el mercado de empleo y sostenerlo, depende de su voluntad. Esto se acerca a las investigaciones que han abordado las experiencias femeninas en el trabajo, mostrando que la capacidad de racionalización de la vida familiar, privada y emocional resulta el requisito más importante para insertarse eficientemente en el mercado de empleo, de acuerdo a las exigencias del mundo laboral contemporáneo (Hochschild, 2008). De todos modos, las jóvenes de este grupo no por ello dejan de remarcar las condiciones injustas a las que se enfrentan por ser mujeres (en términos de brecha salarial, por ejemplo).

En el caso de las jóvenes que se encuentran en un período de *exploración* respecto de su proyecto profesional, los sentidos atribuidos al trabajo se ven atravesados por los múltiples horizontes que tienen por delante y que incluyen fuertemente el estudio, pero también la futura conformación de una familia. Las jóvenes exploradoras consideran que la asistencia al curso resulta una estrategia para concretar un proyecto vital de mayor alcance. De lo aprendido en los cursos, ellas resaltan la posibilidad de estar más dispuestas al trabajo; aprendizaje que acompaña el proceso de hacerse adultas. De todos modos, si bien en algunos casos se concreta una inserción laboral efectiva, no siempre el trabajo puede sostenerse en el largo plazo. Esto se debe al carácter contingente que adquiere el proyecto laboral, frente a situaciones que pueden irrumpir en sus vidas y generar la salida de la actividad. En este sentido, si bien las exploradoras aspiran a trabajar y sostienen que la mujer puede ocupar un rol de trabajadora al igual que el varón, sus proyectos profesionales no son tan firmes y pueden verse diluidos por alguna eventualidad. Así se refleja la ambivalencia en la que se encuentran muchas mujeres entre el proyecto laboral, educativo y familiar, que genera frecuentes entradas y salidas al trabajo, obstaculizando trayectorias laborales acumulativas.

Otro es el vínculo con el trabajo que manifiesta el grupo de las jóvenes que *buscan socializar*. Entre ellas, el trabajo es sinónimo de obligación y necesidad, en tanto la mujer tiene un rol más importante que cumplir dentro del hogar. Esta perspectiva se ve modificada a lo largo del curso. La capacitación, a pesar de no promover una inserción laboral efectiva, sí permite a las jóvenes replantearse los sentidos atribuidos al trabajo que, en algunos casos, también incluye profundos replanteos en torno al propio rol dentro de la familia y respecto de un proyecto autónomo. En este grupo, si bien la inserción laboral no aparecía como fuente de motivación a participar de los cursos, se transforma en una posibilidad a la que se aspira luego de haber egresado. En términos objetivos no se registran modificaciones sustanciales en las trayectorias de éste grupo, pero sí surgen nuevas perspectivas y horizontes, e incluso la configuración de un proyecto muy distinto al que se tenía antes de cursar.

Son de destacar las diferencias que existen entre la población que asistió a uno u otro centro. Estas diferencias se explican por los distintos niveles educativos de las jóvenes pero también por la disposición al trabajo al momento de cursar. Como hemos mencionado, ello es un requisito para asistir a la Fundación (y por eso su población se distribuye entre los dos primeros grupos). Además de estas diferencias, también se distinguen las lógicas institucionales de intervención que distancian aún más las trayectorias laborales posteriores de las jóvenes. En el caso de la Fundación, dicha intervención incluye el vínculo con puestos de trabajo efectivos. Esto incide fuertemente en la inserción laboral de las jóvenes que asistieron a sus cursos.

Como ha podido observarse, no siempre un curso de capacitación resuelve las segmentaciones del mercado de trabajo ni las muchas exigencias a las que hacen frente las mujeres para sostener una carrera laboral, aún en el caso de facilitarles la inserción en empleos estables y formales. Si bien se logra mejorar su empleabilidad, más difícil parece ser la equiparación de las oportunidades laborales de las mujeres respecto de aquellas con las que cuentan los varones. Por otra parte, las desventajas estructurales constituyen un peso difícil de revertir en las trayectorias de muchas mujeres jóvenes pobres, sobre todo entre aquellas sin título secundario ni experiencia de trabajo. De todos modos, hemos visto como cada institución elabora estrategias para responder, dentro del marco de sus posibilidades, a las necesidades de las poblaciones con las que trabaja. En ese marco, el análisis de trayectorias permite comprender que si bien lo estructural resulta un factor altamente condicionante, las intervenciones que apuntan a generar modificaciones en las subjetividades pueden suscitar nuevas metas y aspiraciones en las jóvenes que promuevan, en un futuro, trayectorias de mayor inclusión.

6. Bibliografía

BECK, U. y E. BECK-GERNSCHEIM. 2007. *La individua-lización. El individualismo institucionalizado y sus consecuencias sociales*, Buenos Aires, Paidós.

BOLTANSKI, L. y E. CHIAPELLO. 2002. *El nuevo espíritu del capitalismo*, Madrid, Akal.

BOURDIEU, P. 2007. *El sentido práctico*, Buenos Aires, Siglo XXI.

CASAL, J. 1996. "Modos emergentes de transición a la vida adulta en el umbral del siglo XXI: aproximación sucesiva, precariedad y desestructuración", *Revista Española de Investigaciones Sociológicas*, nº 75, pp. 295-318.

FORMUJER. 2004. *Un modelo de política de formación para el mejoramiento de la empleabilidad y la equidad de género: El Programa Formujer*, Montevideo, Cinterfor-OIT.

GOREN, N. y D. BARRANCOS. 2002. "Género y empleo en el Gran Buenos Aires. Exploraciones acerca de las calificaciones en mujeres de los sectores de pobreza", en FORNI, F. (coord.), *De la exclusión a la organización. Hacia la integración de los nuevos pobres de los nuevos barrios del conurbano bonaerense*, Buenos Aires, Ediciones CICCUS.

HOCHSCHILD, A. 1997. *The time bind. Work becomes home and home becomes work*, Nueva York, Henry Holt. Citado en BAUMAN, Z. 2007. *Vida de consumo*, Buenos Aires, FCE.

HOCHSCHILD, A. 2008. *La mercantilización de la vida íntima. Apuntes de la casa y el trabajo*, Buenos Aires, Katz Editores.

JACINTO, C. *et al.* 2005. "Jóvenes, precariedades y sentidos del trabajo", *Séptimo Congreso Nacional de Estudios del Trabajo*, Buenos Aires, ASET.

JACINTO, C. y V. MILLENAAR. 2009. "Enfoques de programas para la inclusión laboral de los jóvenes pobres: lo institucional como soporte subjetivo", *Revista Última Década*, Valparaíso, CIDPA, pp. 67-92.

LONGO, M. E. 2008. "Claves para el análisis de las trayectorias profesionales de los jóvenes: multiplicidad de factores y de temporalidades", *Estudios del Trabajo*, nº 35, Buenos Aires, ASET, pp. 73-95.

MIRANDA, A. 2008. "La inserción de los jóvenes en la Argentina", en BENDIT, R. *et al., Los jóvenes y el futuro. Procesos de inclusión y patrones de vulnerabilidad en un mundo globalizado*, Buenos Aires, Prometeo.

MOORE, H. 1994. "The problem of explaining violence in the social sciences", en GOW, P. y P. HARVEY, *Sex and violence. Issues in experience and Representation*, Londres, Routledge.

NICOLE-DRANCOURT, Chantal. 1994. "Mesurer l´insertion professionnelle", *Revue Française de Sociologie*, nº 35, Paris, pp. 37-68.

PREJAL-OIT. 2008. *Propuestas para una política de trabajo decente y productivo para la juventud*, Buenos Aires, OIT.

SILVEIRA, S. 2001. "La dimensión de género y sus implicaciones en la relación entre juventud, trabajo y formación", en PIECK, E. (coord.), *Los jóvenes y el trabajo: la educación frente a la exclusión social,* México, UIA / IML / UNICEF – CINTERFOR, OIT, RET y CONASEP.

WAINERMAN, C. 2003. "La reestructuración de las fronteras de género", en WAINERMAN, C. (comp.), *Familia, Trabajo y Género. Un Mundo de Nuevas relaciones*, Buenos Aires, UNICEF-FCE.

WALTHER, A. y A. PHOL. 2007. "Jóvenes y constelaciones de desventaja en Europa", *Revista de Juventud,* nº 77.

ZACARÉS GONZÁLEZ, J. J. *et al.* 2004. "Identidad, orientación hacia el trabajo y proyecto vital de los jóvenes participantes en programas de Garantía Social", en MOLPECERES PASTOR, M. (coord.), *Identidades y formación para el trabajo*, Montevideo, CINTERFOR.

LA SOCIALIZACIÓN LABORAL EN CUESTIÓN: LAS PASANTÍAS ANTE LAS INCERTIDUMBRES DE LAS TRANSICIONES LABORALES DE LOS JÓVENES

Claudia Jacinto y Carolina Dursi

El desempleo, la precarización y la ruptura de las trayectorias lineales disponen la entrada al mundo del trabajo como una transición incierta, en la que algunos jóvenes (los que cuentan con márgenes de libertad) suelen optar por estrategias de diferimiento (Mauger, 1998). Las decisiones vocacionales y ocupacionales también se tornan menos determinadas y más fluctuantes, y así, el empleo deja de ocupar un lugar central en la constitución de la identidad social para la mayoría de los jóvenes.

Sin embargo, no todos los jóvenes pueden desarrollar estas estrategias de diferimiento debido a que deben generar ingresos para sus familias y para ellos mismos. De este modo, comienzan a ser activos, en ocasiones aún antes de terminar la escolaridad secundaria. Como desde Dubar (1991) hasta la actualidad muchos autores han sostenido, de las primeras experiencias laborales dependerán las posibilidades de construcción de una identidad ocupacional de base, que constituye fundamentalmente una proyección de sí mismo para el futuro, la anticipación de una trayectoria de empleo y la puesta en marcha de una estrategia de aprendizaje o de formación para el futuro.

En este contexto, resulta central la pregunta acerca de los mecanismos de socialización laboral, tales como las pasantías,[71] que pueden operar en el proceso incierto de entrada al mercado de trabajo. Más allá de su tradicional sentido de aprendizaje en contexto y de complemento de la formación escolar, este artículo explora los *sentidos subjetivos* de las pasantías para jóvenes egresados de la escuela secundaria y compara las experiencias de distintos grupos de jóvenes, según sus perfiles socioeducativos y las formas en que las pasantías son gestionadas en las escuelas. Para ello, fueron seleccionadas tres escuelas, donde las pasantías cubren objetivos muy diferentes y se integran de modo diverso en las dinámicas formativas.[72]

El artículo[73] está estructurado en tres partes. En la primera, se discute la ruptura de los mecanismos de socialización, su implicancia para los procesos de inserción laboral de los jóvenes y la medida en que estos procesos contribuyen a revalorizar nuevas dimensiones relacionadas con las pasantías. En la segunda, se examinan distintos modelos de pasantías adoptados por las escuelas; y en la tercera, se presentan tanto las perspectivas subjetivas de los egresados respecto a los saberes adquiridos durante las pasantías, como su incidencia en la inserción laboral posterior de los jóvenes.

Siendo un tema debatido en cuanto a sus virtuales aportes y los abusos a los que se presta, señalamos que se exploran en el estudio los potenciales sentidos *positivos* de las pasantías

---

[71]   Desde fines de 2008, una nueva ley (Ley n° 26.427) derogó el Decreto Nacional que regía las pasantías en el nivel secundario. Se discuten actualmente un decreto y un proyecto de ley nacional que las encuadrarían. No obstante, algunas jurisdicciones utilizan su propia normativa al respecto.

[72]   Los datos de las escuelas son producto de entrevistas a los directivos, y los datos de los jóvenes están basados en entrevistas semidirectivas (con preguntas abiertas y cerradas) realizadas a una muestra cualitativa de veintiséis jóvenes varones y mujeres, entrevistados al menos un año después de su egreso de tres establecimientos de nivel medio de la Ciudad de Buenos Aires y del Conurbano Bonaerense.

[73]   El artículo recoge en parte algunos resultados adelantados en Jacinto y Dursi, 2010.

en la socialización laboral de los jóvenes en el contexto social contemporáneo. Esas potencialidades dependen, por
supuesto, de las condiciones (normativas, regulatorias, institucionales) en que se realizan y del respeto por el pasante
y su condición de estudiante.

1. Discusiones conceptuales

1.1. La ruptura de los mecanismos de socialización laboral y los cambios en la construcción de una identidad ocupacional

¿Qué es lo que ha sucedido frente a la ruptura de los
mecanismos de socialización laboral tradicionales? Las
contribuciones teóricas de varios autores aportan para
comprender los alcances de esta ruptura. Dubar (1991)
sostiene que se ha puesto en crisis la construcción de las
identidades sociales vinculadas al trabajo. Es que la identidad es el resultado, a la vez estable y provisorio, individual
y colectivo, subjetivo y objetivo, biográfico y estructural,
de diversos procesos de socialización que conjuntamen-
te construyen los individuos y definen las instituciones,
hoy en profunda transformación. Entre los eventos más
importantes para la conformación de la identidad social,
la salida del sistema escolar y la confrontación con el mercado de trabajo constituyen momentos esenciales. De los
resultados de estas primeras confrontaciones dependerán
en buena parte, tal como hemos señalado, las posibilidades
de construcción de una identidad ocupacional de base.

Estas confrontaciones adoptan formas sociales diversas
según los países, el régimen de formación-trabajo que los ha
caracterizado (Verdier, 2008) y los atributos socioeconómicos
y culturales de los individuos. Ante el debilitamiento del peso
de las instituciones de integración social de la modernidad,

la educación y el trabajo, las estrategias individuales de los sujetos adquieren cada vez más importancia. Al borde de una sociedad que continuamente amenaza las redes de inclusión, la individualización adopta carácter de obligatoriedad (Robles, 1999). Es decir, los sujetos deben desarrollar ciertas capacidades, y confiar en ellas, para tomar decisiones que permitan satisfacer sus necesidades y marcar sus direcciones vitales.

¿Cuáles son las dimensiones que reflejan estas nuevas formas de vincularse con el mundo del trabajo y qué saberes se ponen en juego para enfrentar las incertidumbres en las transiciones laborales? En primer término, se ha producido una *descentralización del lugar del trabajo en la constitución de las identidades sociales en los jóvenes*. El lugar que se asignaba a la "ética del trabajo", hoy parece ser ocupado por una "estética del consumo", que premia la intensidad y la diversidad de las experiencias, incluidas las del ámbito laboral, buscando gratificaciones inmediatas (monetarias y vivenciales), novedosas y flexibles (Pérez Islas y Urteaga, 2001). Paradójicamente, esta descentralización de la cultura del trabajo en la constitución de las identidades sociales es funcional a la crisis del empleo. Para algunos jóvenes, el trabajo se desdibuja como eje de la organización personal, aunque es preciso diferenciar situaciones socioeconómicas y capitales culturales y sociales, tramos etarios, etc. para comprender con mayor profundidad estos procesos.

En segundo término, ha cambiado la *relación con la actividad,* es decir, la propensión a trabajar, la disposición hacia el empleo, comprendida como un potencial estratégico, producto de un conjunto de situaciones y productor de situaciones futuras dentro de la dinámica de un proceso de construcción continua de la identidad social (Nicole-Drancourt y Rolleau-Berger, 2001).

En tercer término, también se ha puesto en juego la *construcción y el reconocimiento de los saberes, y la definición de las "vocaciones".* En efecto, la identidad social es inseparable de los espacios de legitimación de saberes y competencias (Dubar, 1991). Se precisa contar con la identificación por parte de otros (institucional e individual) de las competencias, y concebir proyectos, aspiraciones e identidades posibles para construir una identidad ocupacional de base. Lo que los jóvenes deben resolver no es sólo la elección de una ocupación o la obtención de diplomas, sino también la construcción personal de una estrategia identitaria que incluye la propia imagen, la apreciación de sus capacidades y la realización de sus deseos (Dubar, 1991).

La definición de *saberes del trabajo está en permanente cambio*. Los saberes considerados profesionalizantes están lejos de ser los meramente técnicos, al tiempo que la propia definición acerca de lo técnico cambia con la expansión del sector de servicios. Por un lado, se enfatiza que los saberes utilizados en el mundo del trabajo son inseparables de su puesta en juego, es decir, de las competencias. Éstas son sometidas a prueba en la resolución de problemas concretos en situaciones de trabajo que entrañan diferentes márgenes de incertidumbre y complejidad técnica. Implican tanto saberes teóricos como, sobre todo, "saber hacer" y "saber ser". Cada vez más y en muchos sectores, la calificación social tiende a priorizarse por sobre la calificación propiamente técnica (Stroobants, 1995). El desarrollo del sector de servicios y la revalorización de las llamadas *soft skills* también van en ese sentido (Steedman, 2007). Esos saberes, también denominados sociolaborales, implican ciertas actitudes que son producto de una elaboración particular que cada sujeto realiza activamente a partir de diversos factores, tales como su situación familiar, las experiencias vividas en relación con el trabajo, los logros educativos, entre otras cosas (Gallart y Jacinto, 1997). Es decir, la competencia no proviene de la aprobación de un *curriculum* escolar formal, sino de un ejercicio de aplicación de conocimientos en circunstancias críticas donde se ponen en juego los distintos tipos de saberes (Ropé, 1994). Entonces, *el aprendizaje de los saberes del trabajo interpela la configuración de las relaciones entre el mundo de la educación y el mundo del trabajo, tanto a nivel del sistema educativo como a nivel institucional y en las propias trayectorias de los individuos.*

Desde el punto de vista de los individuos, evidentemente no todos están en las mismas condiciones de hacer frente a estos procesos: las biografías personales suelen reflejar los límites que imponen los condicionamientos macroestructurales y el debilitamiento institucional. Sin embargo, los sujetos desarrollan estrategias (que involucran el manejo de los recursos muchas veces escasos) y expectativas dentro de sus márgenes de libertad. En este sentido, las estrategias de los jóvenes pueden activarse o inhibirse en lo que concierne a los intercambios de recursos entre diferentes terrenos de la vida (familiar, profesional, personal, social). Un joven que logre realizar intercambios positivos entre los diversos dominios de su vida, movilizando destrezas y obteniendo el reconocimiento de otros, estará mejor posicionado para apropiarse de las oportunidades que se le presenten en relación con la educación y el empleo (Dupuy y Almudever, 1998).

Así, las trayectorias de los jóvenes pueden reflejar la activación de los recursos y la construcción de saberes a través de experiencias variadas que combinan educación formal, aprendizaje en el trabajo y, eventualmente, educación no formal y aprendizajes realizados en otras esferas de la vida. Dentro de esta variedad de experiencias, las pasantías aparecen revalorizadas, como lo muestran las tendencias internacionales que dan a la alternancia nuevos énfasis.[74]

1.2. Los nuevos sentidos subjetivos de las pasantías

¿Cuáles han sido los sentidos históricos de las pasantías y qué ha cambiado en el actual contexto de ruptura

---

[74]   Ver los artículos de Agulhon y Lefresne en este mismo volumen.

de los mecanismos de socialización laboral? Como hemos adelantado, la pasantía ha sido considerada largamente un instrumento de formación complementaria a la teórico-práctica brindada por la institución escolar; un dispositivo privilegiado de acercamiento al mundo del trabajo (Jacinto y Millenaar, 2007), por considerarse la manera más eficaz de desarrollar competencias "en contexto" (Jacinto, 2009). Introducen a los estudiantes en las rutinas y rituales de un verdadero lugar de trabajo, y en los códigos profesionales, valores y normas de una ocupación y de un contexto laboral.[75]

Uno de los argumentos centrales de este artículo es que las prácticas en contextos reales de trabajo han adquirido nuevos sentidos ante las rupturas de los procesos de socialización laboral tradicionales. En efecto, para un joven que sólo ha accedido a oportunidades laborales precarias o que nunca ha trabajado, contar con una experiencia de *exploración acompañada* puede ser una oportunidad valiosa de experimentar las reglas del juego en el mundo del trabajo, las relaciones interpersonales implicadas, y el reconocimiento de lo que se espera de él no sólo en términos de saberes específicos y en la resolución de problemas, sino también en términos actitudinales.

Sosteniendo el mismo argumento, varias investigaciones previas han comenzado a señalar algunas dimensiones de la incidencia de las pasantías en el actual contexto sociolaboral. Así, Marhuenda, Navas y Pinazo (2004) han señalado que brindar una experiencia significativa de experimentación del mundo del trabajo aporta a que los jóvenes logren definir

---

[75]   Asimismo, para los actores sociales en juego, las escuelas y las empresas, las pasantías cumplen un papel en las articulaciones educación-trabajo. Para las escuelas, constituyen un complemento de la formación que brindan y una mirada hacia el mundo del trabajo que las interpela. Para las empresas, la relación con las escuelas permite generar contactos con posibles empleados, y constituye estrategia de selección y de inducción y capacitación de futuros empleados.

mejor sus expectativas de futuro, recuperando un aprecio por el trabajo y por sí mismos. Se busca de este modo alejarlos de la imagen negativa y estigmatizadora con la que muchas veces se los identifica, y a través de la cual, en ocasiones, ellos mismos se reconocen. En este sentido, se abre lugar a la posibilidad de que ellos resignifiquen *sus disposiciones hacia un determinado empleo o hacia la continuación de estudios superiores.*

Zacarés González, Ruiz y Llinares Insa (2004) han sostenido que los programas de formación para el trabajo (y nosotros lo aplicamos en este análisis a las pasantías) constituyen un *espacio de exploración, compromiso, y de definición de metas y aspiraciones.* La exploración refiere a un período de experimentación, de cuestionamiento activo y de evaluación o examen entre distintas alternativas antes de tomar decisiones sobre metas, valores y creencias. El compromiso, por su parte, supone la adopción de una decisión relativamente firme sobre elementos de identidad y la implicación en una actividad significativa dirigida a la materialización de dicha elección. Un instrumento principal con que cuentan estos dispositivos de formación en el trabajo es la *motivación* que generan, entendida como un sentido de "obligación voluntaria".

Forner *et al.* (1996) señalan que las pasantías contribuyen a desarrollar en los jóvenes la *maduración profesional o vocacional,* es decir, la potencialidad para tomar decisiones eficaces en materia de formación y de empleo. También estos autores resaltan la potencialidad de las pasantías de dinamizar y motivar a los estudiantes para sus estudios actuales y posteriores.

Dupuy y Almudever (1998) examinaron el aporte en términos de sostén social vivenciado por los jóvenes. Para ello, distinguieron entre el *sostén cognitivo* percibido, que corresponde a consejos y evaluaciones, y el *sostén emocional* percibido, que tiene relación con la posibilidad de confiar en otros y de desarrollar sentimientos de confianza en sí mismos. La percepción de los jóvenes sobre estos dos tipos de sostén estaría vinculada, por un lado, con la implicación de los participantes en el programa, y por el otro, con la evolución de los sentimientos de control de los jóvenes.[76]

Finalmente, otra dimensión de análisis de los nuevos sentidos de las pasantías tiene que ver con la *equidad y las possibilidades de experimentar y aprender sobre un mundo del trabajo formal, en particular para los jóvenes que provienen de contextos más desfavorecidos.* Varios autores señalan evidencias al respecto. Schuetze (2004) constata que en los programas de educación en alternancia dirigidos a poblaciones vulnerables, la familiarización con el mundo del trabajo es prioritaria por sobre los objetivos de adquisición de habilidades concretas. En esta misma línea, Forner *et al.* (1996) señalan que los "sostenes" vinculados a las pasantías son más fuertemente aprovechados por jóvenes de niveles de calificación bajos. Como hemos señalado en un trabajo anterior (Jacinto, 2007), la generación de dispositivos de acercamiento a un mundo del trabajo de calidad es una de las formas de contribuir a la equidad de oportunidades entre los jóvenes.

2. Los diferentes abordajes institucionales de las pasantías

Para comprender la potencial contribución de las pasantías en la formación de los jóvenes en los nuevos saberes que requiere la inserción laboral, es preciso en primer lugar clasificar distintos abordajes y objetivos de las mismas dentro de las dinámicas institucionales de las escuelas. Fueron seleccionados tres establecimientos siguiendo el criterio metodológico de casos estratégicamente elegidos. A continuación, se presenta una tipología de las escuelas estudiadas sobre la

---

[76] Definidos como la representación que tiene un individuo del lazo que existe entre sus comportamientos y/o sus características personales por un lado, y los efectos positivos o negativos que percibe por otro lado.

base del lugar que ocupan las pasantías en la formación y las características de la población escolar que atienden.

Denominamos *escuela 1* a un establecimiento técnico-industrial "tradicional" creado en 1960, que recibe una población de alumnos heterogénea. Los padres de los jóvenes incluyen desde desempleados, hasta trabajadores de empresas importantes y nivel educativo secundario. Ubicado en la Ciudad de Buenos Aires, cuenta con una matrícula de 480 alumnos, está bien equipada, y brinda título de Técnico Electromecánico con orientación en energía eléctrica. El modelo de pasantías que presenta fue clasificado como "*consolidado e integrado, como parte de la formación técnica y socioprofesional*". *Consolidado* porque las pasantías se inician hace varios años, en el 2000, a partir tanto de demandas del sector productivo como de una estrategia de la propia escuela para brindar a los alumnos un vínculo concreto con el mundo del trabajo y con los nuevos perfiles que se estaban requiriendo. *Integrado* porque las pasantías son curriculares, es decir que se evalúan (por parte del tutor del alumno en la empresa) como una materia más. Por otra parte, realizar la pasantía los exime de la asistencia a los talleres que se dictan en contraturno.[77]

Denominamos *escuela 2* a un establecimiento fundado en 1974, que se encuentra ubicado en un barrio popular de la Zona Norte del segundo cinturón del Conurbano Bonaerense. Aunque en su origen tuvo una orientación comercial, a partir de la reforma de los años noventa, tomó entre sus especialidades la de Bachiller con orientación en Producción de Bienes y Servicios en Alimentos. La población de la escuela es

---

[77] Por otra parte, la escuela ofrece para todos los alumnos como parte de su formación, talleres de armado de *curriculum vitae* y de entrevista laboral, a modo de orientación para el momento en que los chicos se enfrenten a la búsqueda de empleo en el mercado. También cuenta con una bolsa de trabajo que vincula a egresados de la escuela con empresas que requieren personal con el título que otorga el colegio.

bastante heterogénea, variando desde hijos de desocupados con serios problemas socioeconómicos y familiares, hasta hijos de trabajadores e hijos de docentes de la escuela, todos habitantes de la zona. Bien referenciada entre la población local, la matrícula alcanza 1.000 alumnos aproximadamente. La escuela mantiene convenios de pasantías con dos importantes empresas y algunas pequeñas y medianas que tienen sus instalaciones en la zona. Clasificamos el modelo de pasantía de la escuela como *"acotado, con énfasis en formación complementaria en contexto real de trabajo"*.

Varias características ilustran este etiquetamiento. *Acotado* porque el programa de pasantías: a) es de reciente creación, surgió de un estímulo externo (una asociación empresaria que estimula el modelo invitó a la institución a participar) aunque respondía a una inquietud de la dirección de la escuela que no había podido concretarse antes; b) no es curricular; c) abarca sólo a una parte de los alumnos (el 20% del año correspondiente) que son "seleccionados" para hacer la pasantía en función de su buen rendimiento escolar; d) la escuela no evalúa de modo directo las pasantías (aunque está en contacto con los tutores de las empresas). Consideramos que la escuela concibe la pasantía como *"formación complementaria en el contexto real de trabajo"*, porque entre sus objetivos se enfatiza tanto la adquisición de saberes técnicos actualizados, socioprofesionales y personales, como que los jóvenes tengan una primera experiencia en el mundo del trabajo, a través de una tarea vinculada con los aprendizajes realizados en la escuela (veremos más adelante las perspectivas de los alumnos al respecto).

Denominamos *escuela 3* a un establecimiento ubicado en la Zona Sur de la Ciudad de Buenos Aires, aledaño a un barrio marginal, de donde proviene la mayor parte de su matrícula, de aproximadamente 300 alumnos. Ofrece dos modalidades: comercial y bachiller con orientación en Estadística Sanitaria. Fue creada en 1990 como escuela municipal, a partir de una iniciativa del gobierno local de extensión de la escolaridad en zonas pobres. Como puede sospecharse, la escuela está atravesada por importantes problemáticas sociales que afectan al barrio y sus hogares, incluyendo la violencia entre alumnos y el embarazo adolescente. Las clases se dictan en horario vespertino, muchos alumnos trabajan durante el día. Por este mismo motivo también, la escuela alberga a jóvenes que transitan su segunda o tercera experiencia en una institución escolar. La escuela tiene como objetivos la inclusión, la retención y la promoción de sus alumnos; debido a los factores mencionados, denota flexibilidad respecto a las inasistencias, los problemas de conducta y la exigencia en las asignaturas. El modelo de pasantía implementado por este establecimiento fue clasificado como *"acotado, con énfasis en la experiencia laboral de calidad".*

Acotado porque: a) son pocos jóvenes los que realizan pasantías por año (los de mejores notas, para los cuales es una especie de "premio", el 20% del año correspondiente); b) el programa surgió por un estímulo externo (iniciativa del Gobierno de la Ciudad); c) no son curriculares y no visualizan que puedan serlo, debido a muchas otras prioridades que tiene el establecimiento.[78] Y hacemos referencia a *énfasis en experiencia laboral de calidad,* porque la pasantía no constituye una práctica en un contexto real de trabajo de los saberes desarrollados en la escuela, sino que el objetivo que se persigue se refiere a ofrecerles la oportunidad a los estudiantes de que conozcan un ámbito de trabajo y un empleo de calidad.[79] Es una oportunidad de que accedan a un mundo del trabajo generalmente vedado para ellos,

---

[78]   Contrariamente a los otros dos casos, en este, las pasantías son la única iniciativa de "acercamiento al mundo del trabajo" que tiene el establecimiento.

[79]   Los estudiantes de la especialidad comercial tienen la posibilidad de realizar pasantías en una importante tienda comercial, mientras que los de bachiller lo hacen en el Centro de Salud del barrio.

debido al contexto de donde provienen y la segmentación laboral que enfrentan usualmente.

El cuadro 1 refleja estos modelos agregando también las características socioeducativas de los jóvenes que acceden a cada tipo de escuela.

Cuadro 1. Modos de abordaje de las pasantías
y perfil de los alumnos, según escuelas

	Escuela 1	Escuela 2	Escuela 3
Modalidad	Técnica electromecánico, tradicional, de origen nacional	Polimodal, bienes y servicios, TTP en alimentos, de origen provincial	Bachiller orientado y comercial, de origen EMEM
Origen del sistema de pasantías además del interés de la escuela	Requerimiento empresas del sector	Promovida por Asociación Empresaria	Promovido por política educativa
% de alumnos que hacen pasantías o prácticas laborales	100%	20%	20%
Integración al currículo de la pasantía	Espacio curricular evaluado	No forma parte de los espacios curriculares	No forma parte de los espacios curriculares
Perfil de los alumnos	La mayoría continúa estudios superiores; padres mayoría con secundaria completa	La mitad continúa estudios superiores; padres, mitad con secundaria completa, resto menos	La mayoría no continúa estudiando; padres, mayoría con hasta secundaria incompleta
Objetivo principal de la pasantía	Parte de la formación técnica y socioprofesional	Formación complementaria en contexto real	Experiencia laboral de calidad
Tipo de pasantía	Consolidado e integrado, como parte de la formación técnica y socioprofesional	Acotado, con énfasis en la formación complementaria en contexto real de trabajo	Acotado, con énfasis en experiencia laboral de calidad

Fuente: Elaboración propia

3. Los saberes del trabajo vinculados a las pasantías, desde la perspectiva de los jóvenes

Como se ha adelantado, se entrevistaron veintiséis jóvenes egresados de los tres establecimientos cuyos modelos de pasantías se señalaron. En este apartado, se examinarán los *saberes del trabajo* que los jóvenes perciben haber adquirido a través de las pasantías, enfatizando similitudes y diferencias entre los egresados de los distintos tipos de establecimientos.

3.1. La práctica en un contexto real de trabajo: aprendizajes técnicos y "saber hacer"

...a lo mejor las sabía pero nunca las había "visto"...

Hemos señalado como la finalidad más tradicional de las pasantías la de formar "en" el trabajo, o dicho de otro modo, la puesta en práctica de saberes adquiridos en la escuela. Efectivamente, el sentido de *formación complementaria en el trabajo* aparece fuertemente en relación con los egresados de las carreras técnicas, como era posible esperar (14/22).

De este modo, los jóvenes que provienen de carreras técnicas (escuelas 1 y 2) y se desempeñan durante la pasantía en tareas relacionadas con los saberes aprendidos en la escuela, sienten que la adquisición de saberes técnicos ocupa un lugar importante y tiene un sentido específico en su formación. Desde su perspectiva, los aprendizajes de la escuela y de la pasantía se integran.

> *Vi en forma práctica todo lo que aprendí en el secundario en forma teórica. Pude aplicar todos los conocimientos que aprendí y los veía en ensayos y demás. Aprendí un montón: cómo manejarme en un laboratorio, los tiempos. Mismo los ensayos, son cosas nuevas que fui aprendiendo con el tiempo; que a lo mejor las sabía pero nunca las había visto. Me*

las imaginaba, las había visto en forma teórica en el salón. (Emiliano, 20 años, escuela 2)

Esto es especialmente visible en el caso de la escuela 1, donde los aprendizajes técnicos realizados en la pasantía son concebidos, tanto por los jóvenes como por la institución, como un complemento práctico indispensable de la formación. Ello explica también que la pasantía sea una actividad curricular y que todos los jóvenes tengan la posibilidad de realizarla.

> *A nivel técnico aprendí varias cosas. [...] Sí porque aprendí cosas que por ahí en la escuela te las enseñaban pero mucha bolilla por ahí no le daba porque eran materias pesadas, o las materias que tenían demasiada teoría y por ahí me gustaba más lo práctico, y entonces acá yo veía todo eso que me enseñaban en las materias.* (Marcelo, 20 años, escuela 1)

Se observaron dos situaciones en las que los jóvenes se han sentido desilusionados con la escasa oportunidad que les dio la pasantía de complementar saberes técnicos. Por un lado, jóvenes de carreras técnicas asignados a puestos administrativos por parte de las empresas (escuela 2). Por otra parte, egresados de modalidades orientadas al sector de servicios (escuela 3), donde la especificidad de lo técnico es menos precisa, que tenían la expectativa de poner en juego competencias básicas generales.[80] En general, ambas situaciones pueden vincularse a que los pasantes son asignados a puestos de menor nivel de calificación que el que ellos esperaban.

> *Cuando hablamos con la profesora acá, que nos explicó de la pasantía, dijo que iba a ser algo de cajas. [...] Claro, más relacionado con contabilidad justamente, íbamos a estar en*

---

[80] Cuando la formación escolar apunta al sector servicios, los saberes "técnicos" pueden considerarse bastante generales, y vinculados a competencias transversales como la informática o la lengua (Steedman, 2007).

> *cajas y algo administrativo, eso nunca pasó, nunca estuvimos en un lugar administrativo y nunca estuvimos en la caja tampoco, entramos directamente como repositores, todos, las chicas también.* (Roberto, 17 años, escuela 3, comercial)

> *En vez de darnos la posibilidad a todos de hacer algo de química, como habían tenido los otros chicos, nos pusieran en otro cargo, eso me molestó bastante porque yo casi no tenía experiencia en eso.* (Johanna, 19 años, escuela 2)

Esta situación se relaciona asimismo con los objetivos que tienen las escuelas respecto de las pasantías. Por ejemplo, en la escuela 3, que tiene la modalidad bachiller, no se proponen objetivos concretos respecto de los aprendizajes técnicos a obtener en el transcurso de la pasantía. Ello redunda en una falta de especificidad en las tareas que los jóvenes llevan a cabo, sostenida además porque el objetivo que la institución persigue con los programas no refiere tanto a reforzar o construir un "saber hacer", sino a ofrecerles a los jóvenes la oportunidad de conocer un empleo distinto al que podrían obtener por sí solos.

Ahora bien, más allá de que la tarea esté vinculada con los saberes técnicos específicos, los jóvenes suelen reconocer un "saber hacer" desconocido por ellos hasta el momento, en particular vinculado a competencias informáticas, clasificación de información, escritura, etc. Encontraron ámbitos de aplicación de este tipo de saberes en la resolución de problemas concretos.

> *En sí lo que aprendí fue a usar mejor la computadora... si bien sabía usar la computadora, nunca hacía planillas de cálculo.* (Luciano, 19 años, escuela 2)

> *Todo lo que sea administración aprendí bastante, cómo se administran las cosas, todo estadísticas, aprendí lo que era el hospital, a llenar las historias clínicas, los censos y cómo se maneja toda esa parte, que es lo más difícil que hay adentro del hospital.* (Andrea, 21 años, escuela 3, bachiller)

3.2. El "saber ser" o las competencias socioprofesionales: lo más valorado

...yo no tenía ni noción de lo que era un ambiente de trabajo, y creo que eso me ayudó bastante...

Ahora bien, las *competencias sociolaborales* son los aprendizajes que más generalizadamente los jóvenes aceptan haber adquirido durante las pasantías, de igual modo en las tres escuelas (diecisiete jóvenes).

En este sentido, los jóvenes coinciden con la fuerte evidencia previa acerca de que estas prácticas brindan en particular saberes en relación con un "saber ser", en tanto trabajadores. Lo que está en juego aquí ya no es lo que específicamente aprendieron a "hacer", sino las pautas actitudinales y de comportamiento que adquirieron mediante la inmersión en un ambiente de trabajo real.

Si bien dos de las escuelas tienen talleres orientadores (para armar un *curriculum vitae*, presentarse a una entrevista de trabajo, conocer derechos de los trabajadores), es en el ámbito del dispositivo donde los jóvenes ubican la posibilidad de adquirir saberes sociales y relacionales (Stroobants, 1995) que les resultan fundamentales para desenvolverse en el mundo laboral.

> *Lo que me ayudó la pasantía es que nos decían mucho cómo nos teníamos que comportar en el laburo, nos decían muchas cosas, en el laburo nos orientaban.* (Roberto, 17 años, escuela 3, comercial)

A través de esta experiencia, los jóvenes comenzaron a comprender la importancia de contar con saberes actitudinales, los cuales constituyen la exigencia más frecuente por parte de los empleadores en los trabajos a los que aspiran a acceder. Poder desenvolverse en una entrevista de trabajo, respetar horarios, resolver situaciones que se presentan como problemáticas, tener autonomía en las tareas, son, entre otras, demandas frecuentes por parte de los empleadores, más allá de las habilidades concretas para la realización de las tareas en que se desempeñan.

> *Claro, si bien no fue trabajo, trabajo porque nos trataban distinto, era otra cosa siendo pasante, además era toda gente grande, nosotros éramos los chicos... pero sí vi cómo era el ambiente de trabajo, una responsabilidad con el trabajo.* (Luciano, 19 años, escuela 2)

Independientemente del grado de satisfacción que sienten respecto de las tareas que debieron realizar, conocer un ámbito de trabajo les permitió internalizar los códigos profesionales, los valores y las normas del *ser trabajador*. Particularmente para los jóvenes provenientes de hogares de bajos recursos, ello resulta importante para desarrollar cierta familiarización con un mundo del trabajo formal (Schuetze, 2004).

> *Me sirvió mucho como una experiencia laboral en sí, y por ahí es como que yo no tenía ni noción de lo que era un ambiente de trabajo, y sí creo que eso me ayudó bastante.* (Pamela, 20 años, escuela 2)

> *Además aprendí a, ¿cómo se llama?... el ámbito empresarial, cómo es el trabajo, qué es hacer una entrevista... todas esas cosas las aprendí previamente en la pasantía, sabía más o menos a lo que me enfrentaba, cómo era la gente de ahí, aprendí un montón.* (Leandro, 22 años, escuela 1)

El acercamiento a empleos de calidad es también valorado por los jóvenes, en particular en las escuelas 2 y 3. Muchos de ellos conocieron de cerca por primera vez el mundo del trabajo formal. De este modo, si para todos la experiencia fue enriquecedora, en el caso particular de estos jóvenes la pasantía posibilitó el ingreso a un segmento del mercado laboral al que hubiera sido difícil que accedieran por sus propios capitales sociales. La escuela operó en estos casos como una suerte de *capital social institucional*.

Uno está aprendiendo, está conociendo cómo es el ambiente de trabajo... porque en mi familia yo no tengo a nadie que trabaje en una fábrica, entonces no conocés alguien que venga y te cuente nada. (Eliana, 21 años, escuela 2)

Por ejemplo, yo nunca había cobrado, y me orientaron más o menos con el tema de cómo tenía que ir al banco, qué tenía que hacer. (Sebastián, 18 años, escuela 2)

Conocer este ambiente y poder comprender sus lógicas, tiene el efecto de mitigar los temores a los que se enfrentan los jóvenes cuando salen del secundario y deben comenzar a transitar solos en mundo del trabajo.

Sí, si yo no hubiera tenido la experiencia de haber pasado la pasantía creo que me hubiera costado más otro trabajo, como que le hubiera tenido más miedo. (Sandra, 20 años, escuela 3, comercial)

3.3. El disciplinamiento laboral

...aprendí lo que era laburar en serio con gente que me esté mirando...

Dentro de los saberes sociolaborales puestos en juego, algunos aparecen como nuevos en el contexto de rupturas a las que se ha hecho referencia en la primera parte. Los jóvenes de hoy han transitado hasta su ingreso al mundo laboral por dos instituciones, la familia y la escuela, en profundo cambio, donde los vínculos se han democratizado y la impronta socializadora es contestada permanentemente desde las propias culturas juveniles. El ámbito de la empresa no ha cambiado en los mismos sentidos, ya que a pesar de las nuevas formas de organización del trabajo y su énfasis en las estrategias colaborativas, el disciplinamiento laboral se impone aun con nuevos formatos. En efecto, el menor verticalismo y el trabajo en equipo que caracterizan estas nuevas formas de organización no implican la desaparición de las jerarquías y el fuerte peso de las normas. De este modo, para el joven la *socialización laboral* hoy implica enfrentarse a una institucionalidad bastante diferente de la que ya conoce. Las relaciones con los superiores, la participación en las decisiones, el cumplimiento de pautas bastante rígidas, resultan hoy en día comportamientos que los jóvenes deben aprender en el trabajo. Los testimonios muestran el fuerte reconocimiento de esos aprendizajes como nuevos. Esto es aun más evidente en los egresados de las escuelas 2 y 3, ya que en los de la escuela 1 es probable que la impronta organizacional de la escuela técnica les haya permitido previamente desarrollar algunos de esos saberes.

> *A mí me cambió mucho (la forma) de manejarme con la gente. Llegaba con otra visión de lo que era un jefe.* (Jonathan, 20 años, escuela 2)

> *Si me dice algo un superior a mí me tengo que callar la boca y comérmela, y eso también te ayuda porque si por ahí uno tiene problemas afuera, no trasmitirlos en la parte laboral.* (Soledad, 22 años, escuela 3, bachiller)

Al mismo tiempo, la referencia a desarrollar un sentido de la *responsabilidad* aparece con frecuencia. Los jóvenes consideran que la responsabilidad que se debe poner en el trabajo es de otro carácter que la exigida por parte de la escuela. El hecho de que el propio trabajo repercuta más allá de uno mismo, a diferencia del fracaso en un examen escolar por ejemplo, los coloca en una posición de mayor compromiso con la tarea que llevan adelante (Marhuenda, 2006).

> *El hecho de tener que hacer algo para alguien, que por ahí vos no estabas acostumbrado a que de vos dependiera que se hiciera bien algo, entonces tenés que poner más respon-sabilidad.* (Johanna, 19 años, escuela 2)

En lo personal me aportó mucha responsabilidad, ante todo.
Me hizo más responsable, me ayudó a serlo. (Emiliano, 20
años, escuela 2)

El contacto con trabajadores experimentados, con
jefes o superiores, con ritmos y modos de trabajo pauta-
dos, las relaciones interpersonales en un ámbito laboral, la
organización del tiempo, la comprensión de la necesidad
de sumar en un proceso de trabajo donde ellos son parte,
son todos descubrimientos para los jóvenes que, en definitiva, les permiten experimentar las *reglas del juego* en el
mundo laboral.

Primero como experiencia laboral fue muy buena [...]. Al no
haber trabajado, entrás y te empezás a relacionar con gente
grande que tiene muchos años en la empresa, unos tenían
veinte, treinta en la empresa, gente grande, tipos que ya la
tienen calada y vos te metés ahí, y bueno, qué hago, qué no
hago y te empezás a inmiscuir en los temas, y eso te genera
mucha experiencia... (Sergio, 25 años, escuela 1)

Incluso, conocer el mundo real de una empresa puede
implicar adquirir una perspectiva más estratégica de las
relaciones interpersonales en el trabajo.

Hay mucho, mucho trasfondo en el trabajo digamos... a ve-
ces hay muchas broncas internas [...] digamos que son muy
falsos [...] y bueno, acá [el trabajo actual] también pasa... y
bueno, hay que estar ahí [...] igual allá creo que aprendí eso
un poco, porque había que saber quién te estaba hablando
con buena leche digamos, y quién no [...] cuando entré acá
sabía más o menos cómo tenía que moverme, por así decirlo,
o las cosas que por ahí no debería hacer, por las dudas viste.
(Luciano, 19 años, escuela 2)

En este sentido, la pasantía se convierte en una suerte
de *anticipación acompañada de experiencias* que hubieran tenido en su futuro. Pero más aun, su especial valor
es que se trata de experiencias a las que algunos de estos

jóvenes no podrían haber accedido sin la intermediación de las escuelas.

Muy poco se refleja en estos jóvenes una visión crítica acerca de esas reglas del juego en el mundo laboral. En general, los cuestionamientos se vinculan al contenido de la tarea (que no pueden realizar una tarea vinculada a lo que estudiaron, o la que les habían adelantado), pero no a las condiciones de trabajo. Seguramente ello se explica debido a que las pasantías aquí examinadas fueron realizadas mayormente en ámbitos de trabajo formales, encuadradas por sus instituciones y supervisadas por tutores en las empresas y, en algún caso, en las escuelas. A pesar de no haber detectado abusos en los casos estudiados, quedan abiertos interrogantes acerca de la medida en que la experiencia de la pasantía ha sido apropiada por las escuelas para reflexionar acerca de las estrategias empresariales de disciplinamiento laboral.

3.4. Las competencias personales: un "saber ser" más allá de lo laboral

… ya sabés cómo tratar con la gente, no te sentís tan tímida

Del mismo modo, aunque con menor frecuencia, los jóvenes señalan que las pasantías les permitieron cambios en determinados aspectos personales. Los mismos aparecen señalados únicamente en los egresados de las escuelas 2 y 3, vinculados especialmente al aprendizaje comunicacional y al desarrollo de una mayor confianza en sí mismos. Se hace referencia aquí a competencias de "orden expresivo" y de la formación del carácter (Marhuenda, 2006).

Los jóvenes notan una diferencia entre sus aptitudes para comunicarse o expresar sus ideas antes y después del paso por el programa. Valoran la soltura que les otorgó en relación con la comunicación con sus compañeros de trabajo, con los clientes, con la posibilidad de hacer preguntas y de "sacarse los miedos" en un ámbito que les resulta ajeno. Es notable que las que verbalizan más claramente la utilidad de este aprendizaje son las mujeres.

> *Me ayudó por ahí a relacionarme más... si bien no soy una chica tímida, pero viste el tema de comunicaciones... por ahí uno a los 16 años no tiene esa comunicación bien cordial, es como que a mí me enseñó eso así... digamos, a ver esa parte que por ahí uno no la tenía.* (Eliana, 21 años, escuela 2)

> *Yo creo que sin la pasantía me hubiera costado mucho empezar un trabajo, porque no sabría cómo hablar con las personas, cómo hacer las cosas, me costaría más preguntar... la pasantía llevaba a sacarse los miedos y preguntar.* (Elisa, 20 años, escuela 3, comercial)

Muchos jóvenes entran en la pasantía sintiendo que pertenecen a un ámbito diferente del de las personas con las que tienen que tratar cotidianamente en el trabajo. Pudimos constatarlo particularmente en los chicos que provienen de hogares de muy bajos recursos, y que viven en villas o barrios muy humildes, como los entrevistados de la escuela 3. En estos casos, el dispositivo les otorga una confianza en sí mismos, movilizada por el acceso a empleos fuera de su ámbito de pertenencia, y les ofrece un *sostén emocional* para enfrentar nuevas situaciones.

> *Claro, ahora yo tengo confianza, antes (a los clientes) los tenía ahí arriba y ahora los trato como si fueran personas que están en la calle. [...] Antes me daba más vergüenza, me sentía diminuto con el cliente.* (Roberto, 17 años, escuela 3, comercial)

En ocasiones, los jóvenes valoran la pasantía como una instancia de descubrimiento más allá de un trabajo o una vocación específica. En este sentido, ellos reconocen que el programa les permite conocer otra realidad o explorar otras posibilidades en relación con su situación anterior.

También aprendí a ver cómo funcionaban las cosas afuera, porque estaba acostumbrado a ver todo color de rosa [...] y no es así. (Ariel, 18 años, escuela 3, bachiller)

Lo mejor fue que me abrieron más la cabeza, me dieron más criterio. (Jonathan, 20 años, escuela 2)

3.5. Las disposiciones: nuevos trabajos y desarrollo de una vocación

...a mí me gusta estar en el laburo, así, de traje, digamos, estar limpio...

Los jóvenes reconocen que las pasantías despiertan en ellos ciertas *disposiciones* (Nicole-Drancourt, 1994) que pueden estar ligadas a desempeñarse en un ámbito laboral nuevo o a la continuación de estudios superiores. Definir un área de trabajo de interés o una vocación les facilita proyectarse, establecer metas y aspiraciones. Les ofrece la posibilidad de plantearse una estrategia, a partir del desarrollo de cierta *maduración profesional o vocacional* que el dispositivo incentiva, como se ha visto en la primera parte (Forner *et al.*, 1996). Las situaciones al respecto varían bastante entre los egresados de las distintas escuelas.

En el caso de la escuela 1, la maduración vocacional está muy fuertemente vinculada a la formación técnica de la escuela. La incidencia de la pasantía en ese sentido se desdibuja ante la impronta de largos años de formación técnica. Los jóvenes tienen ya una vocación bastante definida, e incluso continúan con estudios universitarios afines. Más aun, después de la pasantía, la disposición a trabajar de manera inmediata no siempre aparece incentivada. Algunos jóvenes, aquellos que quieren seguir estudios universitarios y cuentan con apoyo familiar para hacerlo, pueden continuar desplazando la decisión de trabajar. Por ejemplo, aunque reciban un ofrecimiento para quedarse en el empleo de la pasantía, pueden llegar a rechazarlo por la incompatibilidad de horarios con otras actividades (estudios superiores mayormente).

"Había posibilidades (de quedar en la empresa después de la pasantía) pero había que esperar hasta abril [...] no quise, llamé una vez pero... llamé pero no estaba... no estaba interesada de verdad... quería ver si había un puesto, porque había un puesto que a mi me gustaba de ahí, pero después lo pensé bien por el tema de los horarios." (María, 19 años, escuela 1).

"Yo sabía que iba a estudiar en la facultad y las cuadrillas no te dan tiempo a estudiar porque son horarios rotativos." (Marcelo, 20 años, escuela 1).

En la escuela 2 se observa más claramente la impronta de la pasantía en los inicios de la configuración de una identidad vocacional. En esta escuela, la vocación ligada a la formación escolar no es tan fuerte como en la escuela 1. Sin embargo, para los jóvenes que realizan tareas vinculadas con la especialidad estudiada, la pasantía significa adquirir más confianza en su capacidad de desempeñarse en un área determinada de trabajo, y les da la posibilidad de proyectar una carrera futura en vinculación con esos aprendizajes, aunque no alcance a configurar un "proyecto ocupacional".

"A partir de la pasantía me dieron ganas de trabajar en lo que estaba estudiando... antes era como que tenía un poco de temor, incertidumbre por ahí, pero como que me dio más seguridad en cuanto a que por ahí estaba capacitada para hacer lo que había estudiado. (Johanna, 19 años, escuela 2)

Otra manera en que se refleja esta impronta en la maduración ocupacional, es que algunos jóvenes se entusiasman con las tareas realizadas durante la pasantía y modifican sus prioridades futuras. Al conocer un ámbito de trabajo que les resulta interesante y les permite crecer profesionalmente, las opciones de trabajar o estudiar una vez terminada la escuela son revisadas. Por otra parte, el descubrimiento de sí mismos en el rol de trabajadores permite moderar la incertidumbre que les genera el futuro una vez fuera del ámbito escolar, razón por la cual muchos jóvenes deciden seguir estudiando en la especialidad. Las "estrategias de diferimiento" (Mauger, 1998) son examinadas entonces en función del pasaje por estos programas.

> *(Empecé a trabajar) porque me gustó trabajar en un laboratorio. Yo no quería trabajar, mi idea siempre fue estudiar una vez que termine el secundario y... bueno, surgió la pasantía, me gustó, quedé efectivo, se fueron dando las cosas.* (Emiliano, 20 años, escuela 2)

Finalmente, en la escuela 3, se observa más bien el descubrimiento de un mundo laboral y de ocupaciones diferentes a las anteriormente conocidas. La influencia en la conformación de una identidad ocupacional se refleja en ese sentido, no en una ocupación en particular, sino en un tipo de empleo formal, desconocido previamente. Muchos de los jóvenes tuvieron con anterioridad empleos en la construcción o hicieron changas, que les resultaban cansadores, poco estimulantes y poco rentables. Este grupo en particular valora la posibilidad de conocer un trabajo distinto, que permite mayores seguridades y ofrece nuevas posibilidades en cuanto al crecimiento profesional. Para estos jóvenes acercarse a un empleo de calidad significa salir del círculo de empleos precarios a los que solían acceder.

Era algo nuevo [...] el trabajo en sí me gustó porque no era tan cansador (como la construcción) y lo hacía en el tiempo que estaba ahí en la empresa. (Diego, 21 años, escuela 3, comercial)

Prefiero mucho más la empresa que la construcción, yo trabajé en construcción y es otra cosa, es estar desde las 5 de la mañana hasta las 5 de la tarde trabajando como un negro, arena de acá para allá, cemento, y estar en esa empresa, con trajecito, tranquilo, atendiendo a la gente, es una cosa muy diferente, muy tranquilo, estar reponiendo, todas esas cosas, pero es muy tranquilo [...] a mí me gusta estar en el laburo, así, de traje, digamos, estar limpio. (Roberto, 17 años, escuela 3, comercial)

Es frecuente también que los jóvenes de la escuela 3 "descubran" una vocación a través de la pasantía. La misma puede servir para conectarlos con un área que les resulte de interés para la continuación de estudios superiores. Sin embargo, en esta escuela son minoría los egresados que pudieron sostener una carrera terciaria.

(Lo mejor de la pasantía) creo que fue haber decidido más o menos qué carrera seguir... creo que haber definido una carrera. (Ariel, 18 años, escuela 3, bachiller)

Lo que aprendí en la salita me sirvió mucho para seguir la carrera que estoy siguiendo, como la organización, tener los conocimientos básicos para ingresar en la carrera que yo estoy mirando ahora. (Sonia, 21 años, escuela 3, bachiller)

La pasantía entonces puede estar vinculada de diferentes modos con la maduración vocacional y ocupacional, pero la evidencia permite hipotetizar que tiene aun mayor incidencia en quienes están más alejados de un mundo laboral de calidad y en cuyas escuelas la orientación al mundo del trabajo aparece acotada.

El cuadro siguiente sintetiza los saberes del trabajo adquiridos durante las pasantías, según los egresados entrevistados.

Cuadro 2. Los saberes del trabajo adquiridos durante las pasantías, según los egresados de las distintas escuelas

Valorización de los aprendizajes	Escuela 1	Escuela 2	Escuela 3
Competencias técnicas	XXX	XX	X
Competencias sociolaborales	XXX	XXX	XXX
Competencias personales		XX	XX
Experiencia en un empleo formal / protegido		XX	XXX
Disposiciones			
Propensión a continuar trabajando, maduración ocupacional		XX	X
Maduración vocacional		XX	X

Fuente: Elaboración propia.
Nota: Las cruces ("X") muestran intensidad en relación con la variable de referencia.

4. La pasantía como vía de acceso al empleo

> *...vieron que yo tenía predisposición para trabajar, ya sabía todo el trabajo [...] claro, qué mejor no, que alguien que ya está capacitado para hacerlo...*

La pasantía supone la experimentación de una situación de trabajo que involucra, como hemos visto, una multiplicidad de aprendizajes sociolaborales y técnicos, ampliamente valorados por los jóvenes. La experiencia también puede adquirir un sentido más pragmático. Muchos jóvenes son conscientes de que no es menor al momento de buscar un empleo poder contar con un antecedente que haga referencia al pasaje por una empresa grande y/o formal. En estos casos, desde el momento en que se les ofrece la pasantía los jóvenes están motivados para realizarla por la posibilidad que brinda en tanto "referencia" para el acceso a futuros empleos.

Pero más allá del antecedente, la pasantía se transforma en ocasiones en la puerta de entrada a un empleo para los jóvenes. Es que desde la estrategia empresarial, la pasantía es también una oportunidad de evaluar a los jóvenes y realizar una selección de personal, al mismo tiempo en que se ocupan de capacitarlos. De este modo, la pasantía se convierte en una estrategia de inducción en la empresa. Sobre todo cuando se trata de empresas grandes, son muchos los jóvenes que son invitados a permanecer en la empresa. Del grupo de jóvenes entrevistados, alrededor de la mitad accedió a su actual empleo a través del pasaje por el dispositivo.

Los jóvenes conocen la posibilidad de obtener un puesto de trabajo y ponen expectativas en quedar efectivos en las empresas. En los casos en que los jóvenes son contratados por las empresas al finalizar el programa, los saberes adquiridos conllevan una doble ventaja. Por un lado, son aprendizajes que sirven en cualquier ámbito por su generalidad; y por otro, cuando se trata de relaciones interpersonales en un lugar determinado, son especialmente pertinentes porque ofrecen a los jóvenes pautas para desenvolverse en ese contexto.[81]

Las trayectorias de los egresados son muy reveladoras respecto a la incidencia de las pasantías en la calidad de los empleos posteriores. A pesar de las diferencias señaladas al principio en relación con la inserción ocupacional actual de los jóvenes de cada escuela, algunos datos sorprenden respecto a la calidad de sus empleos. Mayoritariamente, los jóvenes de las tres escuelas cuentan con empleos registrados en relación de dependencia por tiempo indeterminado.

---

[81] Evidentemente, no todos los jóvenes con expectativas de hacerlo logran entrar a las empresas. Muchos acaban desilusionados porque consideran que era la mejor oportunidad laboral que podían tener luego de finalizar el secundario.

Cuadro 3. Beneficios laborales de los
egresados en sus empleos actuales

	Jubilación y otros beneficios		Ningún beneficio
	Empleo obtenido a través de la pasantía	Empleo no obtenido a través de la pasantía	
Escuela 1	3	3	2
Escuela 2	3	4	0
Escuela 3	3	4	2
Total	**9**	**11**	**4**

Fuente: Encuesta Trayectorias

Este dato se destaca porque en el mercado de trabajo de Gran Buenos Aires las primeras inserciones laborales de los jóvenes suelen ser precarias. ¿Están las pasantías dentro de las razones por las cuales accedieron a empleos de mayor calidad que los esperables? Puede afirmarse que efectivamente así es. Por una parte, porque en muchos de ellos es su primer empleo, al que accedieron a través de la propia pasantía. Pero más aun, los datos consignan que los que habían trabajado antes de la pasantía actualmente tienen empleos de mejor calidad. El peso de la pasantía en ese sentido resulta más evidente en la escuela 3, donde la mitad de los jóvenes entrevistados trabajaban antes de hacer la pasantía en empleos de baja calidad. Como se ve en el cuadro 3, eso ha cambiado radicalmente.

¿Cuánto tiene que ver la pasantía y cuánto tiene que ver la formación y el título que adquirieron en la escuela secundaria en las oportunidades laborales de calidad que han experimentado la mayoría de los jóvenes entrevistados? La situación de cada grupo es muy diferente en este sentido. La escuela 1 tiene un vínculo histórico con la empresa más importante con la que desarrolla el programa de pasantías. Los jóvenes saben que por el hecho de ser egresados de la escuela tienen la posibilidad de obtener un puesto de trabajo allí. La pasantía en este caso es una selección y una inducción en la empresa, pero se considera que el joven ya está capacitado por haber egresado de esa escuela. En el caso de las escuelas 2 y 3, la pasantía parece ser una habilitadora de mejoramiento de las condiciones, como se ha venido mostrando. En ese sentido, puede decirse que el valor de la pasantía en torno a la equidad de oportunidades es mayor en estos grupos. Este resultado ya ha sido evidenciado en otros estudios: la pasantía parece tener un mayor efecto positivo neto cuanto más bajos son los perfiles socioeducativos de los jóvenes al momento del ingreso (Forner *et al.*, 1996).

Sin embargo, respecto a otros indicadores laborales, los jóvenes egresados parecen mostrar señales de que los perfiles socioeconómicos y la formación técnica en general priman para entender las diferencias de oportunidades entre los grupos de jóvenes. De este modo, si bien respecto al nivel de calificación de la tarea en todos se observa un mejoramiento hacia un mayor nivel de calificación, no se da de la misma forma entre los tres grupos. Son los jóvenes de la escuela 1 quienes mayoritariamente ocupan puestos técnicos, mientras que en el otro extremo, los egresados de la escuela 3 se concentran en ocupaciones de calificación operativa y no calificada. Estas diferencias también se reflejan en los salarios y los tamaños de empresas a las que acceden.

Los jóvenes de la escuela 1 trabajaban, en el momento de la entrevista, mayoritariamente en empresas de más de cuarenta empleados, y sus ingresos promedio representan más del doble del salario mínimo. Los egresados de la escuela 2 trabajaban mayoritariamente en empresas de más de cuarenta empleados, pero a diferencia del primer grupo, la mayoría lo hacía en puestos de nivel de calificación operativa, en lugar de técnica. Sus salarios promedio eran 23% menores que los del grupo anterior. Finalmente, los jóvenes de la escuela 3 trabajaban en empresas más chicas que los otros dos grupos. Sus salarios promedio eran 65% inferiores a los del primer grupo y más de la mitad de ellos había vivido experiencias de desempleo. Como se ve, las diferencias de punto de partida se reflejan sin duda en la situación laboral actual, más allá del efecto "equidad" que se observa entre las incidencias de las pasantías.

Cuadro 4. Efecto "puente con el empleo" de las pasantías, según los egresados de las distintas escuelas

Puente con el empleo	Escuela 1	Escuela 2	Escuela 3
Acceso directo a un empleo	XXX	X	X
Mejoramiento de la calidad en los empleos posteriores	XX	XX	XX
Mejoramiento de la calificación en los puestos posteriores	XXX	XX	X

Fuente: Elaboración propia.
Nota: Las cruces ("X") muestran intensidad en relación con la variable de referencia.

5. Reflexiones finales

Ante las rupturas de los procesos de socialización laboral tradicionales, las prácticas en contextos reales de trabajo han adquirido nuevos sentidos. El mercado laboral revaloriza saberes y competencias transversales y socio-profesionales que los jóvenes no logran adquirir durante su paso por la escolaridad secundaria ni en trayectorias de inserción iniciales muchas veces fragmentadas.

¿Las pasantías permiten a los jóvenes aproximarse a los nuevos saberes del trabajo? ¿A enfrentar un mundo del trabajo complejo y desigual? ¿Permiten mejorar las oportunidades laborales y vocacionales posteriores de los jóvenes? A continuación, con los límites que impone el carácter exploratorio de este trabajo, señalaremos lo que muestran los hallazgos respecto a estos interrogantes.

Los jóvenes entrevistados, que en general sólo han accedido a oportunidades laborales precarias o que nunca han trabajado, valorizan contar con una experiencia previa, dotada de cierta contención, como una oportunidad valiosa de experimentar las reglas del juego en el mundo del trabajo, las relaciones interpersonales implicadas, y el reconocimiento de lo que se espera de ellos, no sólo en términos de saberes específicos y en la resolución de problemas, sino también en términos actitudinales.

Ahora bien, si las competencias socioprofesionales son señaladas por todos los jóvenes, otro tipo de competencias aparecen diferenciadas entre los egresados de las distintas escuelas. Así, en los egresados de la escuela 1, que presenta un modelo integrado de pasantías, la calidad técnica y la posibilidad de poner en práctica lo aprendido en la escuela aparecen fuertemente enfatizadas. En cambio, en las dos restantes escuelas, algunos jóvenes resaltan enfáticamente el aprendizaje de competencias personales durante la pasantía.

Los egresados de las tres escuelas señalan sentirse en mejores condiciones de enfrentar el mundo laboral después de esta experiencia de exploración acompañada; la pasantía influyó sobre sus disposiciones. Sin embargo, entre las instituciones también varían los hallazgos al respecto. Los jóvenes de la escuela 1, del modelo integrado, no parecen haber percibido la pasantía como un descubrimiento de su vocación ni como la puerta de acceso a un mundo laboral al que no hubieran entrado sin ella. Más bien opera como una reafirmación de una vocación previamente delineada. En cambio, para los jóvenes de la escuela donde la pasantía presenta un modelo acotado, como complemento de la formación (escuela 2), la experiencia tuvo un fuerte peso en la maduración vocacional y una influencia considerable en la decisión de continuar trabajando cuando apareció la oportunidad, por valorarla y por considerar escasa la probabilidad de acceder a otro empleo de igual calidad. Por su parte, para los jóvenes de la escuela donde la pasantía se revaloriza como oportunidad de hacer una experiencia en el empleo formal, es justamente este aspecto el destacado por los jóvenes: se les abrió la entrada a un segmento del mercado laboral al que hubiera sido difícil que entraran por sus propios capitales sociales.

Los impactos de las pasantías sobre las trayectorias posteriores son también bien ilustrativos de cómo un diferente punto de partida lleva a un diferente punto de llegada. Una proporción importante de los jóvenes consigue empleo a través de la pasantía, pero la proporción aumenta en el modelo integrado de la escuela 1. La calidad de los empleos posteriores a la pasantía es mayoritariamente buena. No obstante, respecto del nivel de calificación de las tareas en los empleos actuales, estos dispositivos sólo conducen a empleos de mayor nivel de calificación a los técnicos de la escuela 1, y en menor medida, a los de la escuela 2. La pasantía, como podía esperarse, no reemplaza la solidez de una formación técnica secundaria.

En definitiva, este trabajo sólo se preguntó sobre las potencialidades subjetivas y objetivas de las pasantías como instrumentos para mejorar las oportunidades de los jóvenes. Además de sus sentidos tradicionales, aparecieron nuevos valores que influyen positivamente sobre sus trayectorias. A partir de estos análisis se abren nuevos interrogantes, mucho más amplios. Entre ellos, por un lado, se encuentra el interés de desarrollar estudios más amplios de seguimiento que pudieran confirmar y complejizar los hallazgos, en función también de su utilidad para la toma de decisiones más abarcativas. Por otro lado, podemos preguntarnos por la trama interactoral que implica la implementación de pasantías y la compleja gestión del desarrollo de este dispositivo a nivel del sistema educativo, como puente entre la educación y el trabajo. Por lo pronto, la fuerte impronta sobre los jóvenes de distintos perfiles formativos y sociales parece un buen punto de partida para promover la introducción de este tema con mayor fuerza en la agenda de las investigaciones sobre educación y trabajo y en las políticas públicas de educación secundaria.

6. Bibliografía

DUBAR, C. 1991. *La Socialisation*, Paris, Armand Colin.

DUPUY, R. y B. ALMUDEVER. 1998. "Le soutien dans un dispositif d´aide à l´insertion des jeunes", en CHARLOT, B. y D. GLASMAN. (Dir.), *Les jeunes, l´insertion, l´emploi*, Paris, Presses Universitaires De France, pp. 281-289.

FORNER, Y. *et al.* 1996. "Les stages en entreprise: quels effets chez des jeunes de collège?", *Revue française de pédagogie*, nº 115, pp.33-42.

GALLART, M. A. y C. JACINTO. 1997. "Competencias laborales: tema clave en la articulación educación-trabajo", en M. A. GALLART y R. BERTONCELLO, *Cuestiones actuales de la formación*, Papeles de la oficina técnica nº 2, Montevideo, Cinterfor-Red Latinoamericana de Educación y Trabajo, pp. 83-90.

JACINTO, C y DURSI, C. 2010. "Los nuevos sentidos de las pasantías en la escuela secundaria", *Propuesta Educativa*, nº 33, Buenos Aires, FLACSO Argentina.

JACINTO, C. 2007. *Diagnóstico, tensiones y recomendaciones de política en relación a los vínculos entre educación y formación laboral de la población adolescente*, Buenos Aires, UNICEF.

JACINTO, C. 2009. *Formación para el trabajo en la escuela secundaria general. Nuevos dilemas y tendencias en América Latina*, IIPE-UNESCO, Paris.

JACINTO, C. y V. MILLENAAR. 2007. "Las relaciones entre escuelas y empresas: un camino con nuevos desafíos en América Latina", *Boletín redEtis,* n° 7, Buenos Aires, redEtis-IIPE-UNESCO, pp. 01-06.

LASIDA, J. 2004. *Estrategias para acercar a los jóvenes al trabajo,* Buenos Aires, redEtis (IIPE-IDES), Serie Tendencias y Debates n° 2.

MARHUENDA, F. 2006. "Presentación. La formación para el empleo de jóvenes sin graduado: educación, capacitación y socialización para la integración social", *Revista de Educación,* n° 341, pp. 15-34.

MARHUENDA, F.; A. NAVAS; S. PINAZO. 2004. "Conflicto, disciplina y clima de aula: La garantía social como respuesta al control social sobre los jóvenes", en MOLPECERES PASTOR, M. (Coord.), *Identidades y formación para el trabajo,* Montevideo, CINTERFOR, pp. 255-300.

MAUGER, G. 1998. "Peur de s´insérer, peur de ne pas s´insérer", en CHARLOT, B. y D. GLASMAN (Dir.), *Les jeunes, l´insertion, l´emploi,* Paris, Presses Universitaires De France, pp.255-259.

NICOLE DRANCOURT, C. 1994. "Medir la inserción profesional", *Revue française de sociologie,* XXXV, Traducción de María Eugenia Longo, 2004.

NICOLE-DRANCOURT, C. y L. ROULLEAU-BERGER. 2001. *Les Jeunes et le travail 1950-2000,* Paris, Presses Universitaires De France.

PÉREZ ISLAS, J. A. y M. URTEAGA. 2001. "Los nuevos guerreros del mercado. Trayectorias laborales de jóvenes buscadores de empleo", en PIECK, E. (coord.), *Los jóvenes y el trabajo. La educación frente a la exclusión social,* México, coedición UIA, IMJ, UNICEF, CINTERFOR-OIT, RET Y CONALEP, pp. 333-354.

ROBLES, F. 1999. *El desaliento inesperado de la modernidad. Molestias, irritaciones y frutos amargos de la sociedad del riesgo,* Santiago de Chile, RIL Editores.

ROPE, F. y L. TANGUY. 1994. *Introduction. Savoirs et competences*, Paris, L'Harmattan, Logiques Sociales.

SCHUETZE, H. 2004. *Integrating school and work based learning. Alternation education and learning in Canada*, UBC, Vancouver.

SPINOSA, M. 2006. "Los saberes del trabajo. Ensayo sobre una articulación posible", *Revista Anales de la educación Común*, Tercer siglo, año 2, nº 4, pp. 164-173.

STEEDMAN, H. 2007. *Adapting to globalised product and labour markets*, Arbetsrapport / Institutet för Framtidsstudier.

STROOBANTS, M. 1995. "Trabajo y Competencias: recapitulación crítica de los enfoques de los saberes en el trabajo", *Calificaciones & Empleo*, nº 21, CEIL-PIETTE, Buenos Aires, pp. 1-11.

VERDIER, E. 2008. "L´ éducation et la formation tout au long de la vie: une orientation européenne, des régimes d´action publique et des modèles nationaux en évolution", *Sociologie et Sociétés*, vol. 40, n° 1, Université de Montréal, Montréal.

ZACARÉS GONZÁLEZ, J.; J. RUIZ ALFONSO; L. LLINARES INSA. 2004. "Identidad, orientación hacia el trabajo y proyecto vital de los jóvenes participantes en programas de Garantía Social", en MOLPECERES PASTOR, M. (Coord.), *Identidades y formación para el trabajo*, Montevideo, CINTERFOR, pp.197-254.

Trabajo, edad e intercambio de saberes entre las generaciones

María Julieta Oddone

1. Introducción

En este artículo nos interesa reflexionar sobre los intercambios que se producen entre las diferentes generaciones de trabajadores, particularmente la transferencia de conocimientos en relación con educación y trabajo.

El tema de edad y trabajo es actualmente considerado central para la investigación en las sociedades occidentales. La trayectoria en las investigaciones realizadas en relación con la edad y el trabajo han demostrado reiteradamente la discriminación que sufren tanto los trabajadores jóvenes como los de mayor edad en el mercado laboral y que la discriminación por edad (*ageism* en su denominación en inglés) se comprueba en todos o casi todos los países occidentales. Esta situación ha producido una distancia recíproca entre los trabajadores de distintos grupos etarios oponiéndolos y facilitando la generación de representaciones sociales centradas en estereotipos negativos que conllevan marginación, aislamiento, enfermedad psicofísica y una mayor proporción de accidentes laborales.

Los cambios que se están observando en el sistema productivo y en las nuevas formas de política social y empresarial (posteriores a los años ochenta, noventa y la actual crisis económica), muestran la necesidad de generar intervenciones en relación con las edades de los trabajadores y, sobre todo, respecto a la transmisión de conocimientos entre las diferentes generaciones. El objetivo es maximizar la integración, mejorar el rendimiento, disminuir los accidentes de trabajo y las enfermedades psicofísicas asociadas. Es así que estos nuevos objetivos y lineamientos en las políticas y las investigaciones están creando nuevas maneras de encarar los trabajos asociados a la problemática descripta, constituyéndose en un tema central en los ámbitos académicos y políticos.

En las páginas siguientes se desarrollan temas tales como: a) la transmisión intergeneracional de saberes; b) el proceso de transformación de la división de la vida en tres etapas etarias bien definidas (educación, trabajo, retiro) a partir de la modificación del mercado laboral; c) el alcance de la discriminación por edad; y por último, d) las interacciones que propician la integración generacional.

Los resultados de diversas investigaciones llevadas a cabo, tanto en el país como en el extranjero, indican la necesidad de desarrollar políticas activas para mantener la cohesión social en un contexto donde los cambios demográficos, que se extienden por el mundo, implican un rápido envejecimiento de la población. También son importantes los cambios en el peso relativo de los distintos sectores de actividad económica, como así también los cambios tecnológicos que introducen nuevas cuestiones de recursos humanos.

2. Integración entre edades y transmisión de saberes

La transmisión de saberes profesionales se origina en tres razones esenciales:

- La necesidad de incluirla dentro del debate actual sobre la renovación de las generaciones, que impacta en todos los medios de trabajo debido a la incidencia del envejecimiento demográfico laboral observado, ligado al propio envejecimiento de las poblaciones.

- La importancia de reflexionar sobre la influencia de las políticas de gestión de la flexibilidad en la problemática de la educación y formación en el empleo / trabajo.
- La urgencia de demostrar que "aprender un trabajo", "tener un puesto de trabajo", resulta de un proceso largo, complejo, que no concierne solamente a la educación formal sino, también, a un colectivo de trabajo y que esto se obtiene del "saber hacer" de los mayores.

No se puede imaginar una sociedad completamente diferenciada en la que los individuos vivan e interactúen exclusivamente con otros que sean de su misma edad. En contraposición, es igualmente improbable que una sociedad esté completamente integrada en cuanto a la edad, de manera tal que las edades de aquellos que viven juntos e interactúan entre sí se distribuyan al azar. Al observar la composición por edad de los miembros de las escuelas, las organizaciones laborales, los equipos deportivos y los hogares geriátricos, uno se convence de que una segregación por edad tiene lugar al menos en algunos segmentos de la sociedad contemporánea. En lugar de pensar la integración etaria como una dicotomía (integrada versus diferenciada), resulta más útil pensarla como un *continuum*. Es así que algunas sociedades pueden estar más integradas por edad que otras. El grado de integración etaria puede aumentar o disminuir en una sociedad a lo largo del tiempo. Algunas estructuras dentro de la sociedad pueden estar más integradas por edad que otras. Y algunos individuos pueden experimentar vidas más integradas por edad que otros.

Una estructura social integrada por edad puede ser definida como aquella que no usa la edad cronológica como criterio de ingreso, egreso o participación. Lo contrario se da cuando una estructura hace uso de criterios de edad como barreras, esto es, en alguna medida, segregada por edad. Las barreras para la integración etaria pueden, de muchas formas, ser similares a aquellas que producen una segregación racial. Al estudiar la integración etaria, sería útil considerar la medida en la cual las barreras formales e informales restringen las oportunidades de los individuos de diferentes edades para vivir, trabajar, aprender, recrearse, practicar el culto religioso y socializarse juntos. No sólo leyes y políticas explícitas, sino también normas y prejuicios informales, promueven estos tipos de segregación.

Hay estudios (Riley, 2000) que destacan que la ausencia de barreras estructurales es sólo un componente de la integración etaria. El otro componente es el concerniente a la interacción entre personas de diferentes edades. Una fuerte propensión de los individuos a interactuar exclusivamente con sus pares indicaría segregación etaria. Sólo cuando interactúan con personas de diferentes edades, se estaría haciendo referencia a una integración etaria.

Los dos componentes de la integración etaria, es decir la ausencia de las barreras de edad en la estructura social y la presencia de interacciones entre individuos de diferentes edades, se relacionan. Por ejemplo, uno puede imaginar que las barreras de la edad pueden limitar las oportunidades para la interacción entre edades y que interacciones significativas entre los estratos de edad reducirían las bases de las barreras etarias. No obstante, es útil hacer una distinción entre estos dos aspectos de la integración por edad y considerar cómo funciona cada uno desde la perspectiva de los individuos, las organizaciones sociales y las sociedades. Los individuos pueden diferir en la cantidad de barreras de edad estructurales que enfrentan, así como también en la frecuencia con que interactúan con personas de diferentes edades. Por su parte, las organizaciones pueden diferir en la medida en que usan la edad como criterio para la pertenencia o la participación y en tanto que sus miembros son heterogéneos en relación con la edad. Las sociedades, en cambio, pueden diferir en cuán prevalentes son algunos tipos de barreras etarias y en la frecuencia con que las personas de diferentes edades interactúan entre sí.

Comparada con la segregación racial o por género, la segregación por edad todavía no se ha vuelto un tema social o político muy destacado. En efecto, gran parte del pensamiento convencional sostiene que la segregación por edad es "natural" o refleja preferencias individuales. Si la segregación por edad no fuera en verdad problemática y no tuviera consecuencias significativas para los individuos o la sociedad, entonces no habría razón para que los investigadores sociales le presten atención. No es sorprendente, sin embargo, que pensemos que la segregación por edad no es natural ni benigna. Más aun, es probable que la segregación por edad modele significativamente las formas en las cuales la gente crece y envejece y que los cambios hacia una integración etaria mayor puedan ser factibles y asimismo tener consecuencias positivas.

Las formas significativas en que la integración por edad puede afectar a los individuos y la sociedad incluyen los siguientes aspectos fundamentales.

2.1. Flexibilización del curso de la vida

La literatura sobre el tema destaca la importancia de la "cronologización" del curso de la vida generada en la etapa histórica del Estado de Bienestar, en relación con la utilización de la edad para determinar qué tipo de actividades deben realizar los individuos. El Estado, las organizaciones laborales y las instituciones educativas tomaron la edad como criterio para determinar quién está calificado para participar en programas o actividades particulares. Es así, que las barreras de edad produjeron un curso de vida estándar que está separado en tres compartimentos:

educación para los jóvenes, trabajo para los adultos que no son viejos y ocio (jubilación) para los viejos. Varios investigadores han destacado las consecuencias negativas de esta rígida organización del curso de la vida, que identifica actividades particulares con etapas de la vida. Es por ello que han propuesto (Riley, Foner y Riley, 1999) un modelo alternativo que permitiría integrar el aprendizaje, el trabajo y el ocio en la vida de los individuos a lo largo de su ciclo vital. Un requisito crucial para desarrollar este abordaje más flexible de la organización del curso de la vida, es la integración etaria (quitando o reduciendo las barreras etarias que restringen el acceso a distintas estructuras).

En tal sentido, este artículo tiene como objetivo plantear algunas cuestiones que se presentan en el mundo del trabajo actual, en relación con el intercambio de saberes entre las diferentes generaciones. Para tal fin, se hace necesario traer a la memoria aquellos acontecimientos sociohistóricos que generaron situaciones nuevas en relación con la edad en el mercado laboral. Es así que, desde el punto de vista de la perspectiva del "curso de vida", se plantea que el ciclo de vida tripartito que caracterizó a la sociedad industrial se ha modificado y que las trayectorias biográficas de los individuos ya no siguen la división en tres etapas ordenadas sucesivamente. Por el contrario, esta argumentación asume que en la actualidad, los recorridos vitales son bastante más complejos y diversos, en tanto que la creciente desestandarización del trayecto de las edades, que acompaña a la flexibilización del trabajo y a la generalización de la inseguridad ocupacional, es producto de las secuencias desordenadas de empleo y desempleo que se alternan en muchos de los cursos de vida laboral actuales.

Históricamente ha habido una fuerte interacción entre las instituciones de políticas públicas y la organización social del desarrollo de la vida. Esta interacción mostró que el advenimiento de los sistemas de protección social había constituido un poderoso elemento de institucionalización de un ciclo de vida tripartito. Las leyes sobre el trabajo infantil, la edad del retiro o jubilación y la escolaridad obligatoria para los jóvenes desempeñaron un rol clave en la construcción de una organización tripartita del curso de la vida, propia de la sociedad industrial. El Estado de Bienestar, a través de sus derechos sociales universales y sus reglas formales, formuladas especialmente en términos de edad cronológica, condujo a una estandarización de los acontecimientos de la vida y a una institucionalización del trayecto de las edades. Una de sus mayores contribuciones fue distribuir las funciones y las actividades sociales entre esas tres esferas principales de la vida que son la Escuela, la Familia y el Trabajo y asegurarse de que estuvieran perfectamente delimitadas. Todos los elementos constitutivos de la institución tripartita del trayecto de la vida se establecieron progresivamente a través de su funcionamiento: la cantidad de etapas de edad sucesivas, su contenido social, el calendario de las transiciones de una edad a la otra, la naturaleza de esas transiciones, los hitos que marcan el umbral de cada una de ellas y, por último, las formas de solidaridad o de competencia que ligan entre sí a las edades.

Al nivel de las trayectorias de vida, los sistemas de protección social desempeñaron también una función central al autorizar el advenimiento de trayectos biográficos individualizados y legibles a largo plazo, acompañando a las fuerzas productivas organizadas por el sistema científico de trabajo. A partir de ese momento, la edad se impone como marcador cronológico del curso irreversible de la vida. La predominancia del tiempo de trabajo sobre los otros tiempos de la vida muestra la sincronización de los calendarios biográficos alrededor del calendario laboral. La entrada a la vida y a la edad adulta significaba simultáneamente, para el hombre, el acceso estable al mercado de trabajo y a la formación de una familia con el matrimonio seguido, casi inmediatamente, por la llegada de los primeros hijos.[82]

Actualmente, la organización característica de la sociedad industrial, basada en la esfera del trabajo, de la protección social y del trayecto de vida, se desarticula. Aparecen, en consecuencia, tanto una nueva flexibilidad temporal como una desconcordancia de los tiempos de la vida. Esta evolución se advierte principalmente en los tiempos del trabajo, ligados al retroceso de los sistemas fordista y taylorista de producción y al surgimiento de una sociedad de la información, de las redes y del conocimiento.

En primer lugar, la carrera se ha fragmentado, la vida en el trabajo y el trayecto profesional son cada vez menos unidimensionales y continuos. El tiempo de trabajo está menos concentrado, es más discontinuo, y la vida activa se ve interrumpida por períodos de formación y de inactividad. Asistimos a una redistribución de los estados de actividad e inactividad a lo largo de la existencia y a su combinación compleja en un número creciente de estados que se alternan a lo largo de ella, sin transiciones marcadas.

---

[82] Conviene destacar que este modelo tripartito del curso de la vida sólo fue un estándar para los hombres, considerados como jefes de familia y proveedores. Las mujeres, que durante mucho tiempo estuvieron al margen del trabajo asalariado, conocen una temporalidad diferente, orientada hacia la esfera doméstica y el *caring* (actividades relacionadas con el cuidado). Su participación en la esfera del trabajo era sólo una contribución. A pesar de ello, el tiempo dominante, cronológico y tripartito, las afectaba indirectamente, en especial a través de las instituciones de protección social, a las que tenían derecho, de manera indirecta, gracias a los derechos sociales acumulados por el varón asalariado (pensionadas). La entrada de las mujeres en el mercado de trabajo cuestiona el modelo femenino tradicional de trayectos de edades, el cual, aunque seguía sometido al ritmo tripartito estándar, conservaba una flexibilidad temporal mayor que la del modelo masculino. Las mutaciones que están en curso actualmente deberían hacer que los esquemas de desarrollo de la vida según el género fueran más parecidos entre sí, ya que la flexibilidad y lo plurícrono se imponen a partir de ahora tanto a los hombres como a las mujeres.

En segundo lugar, la estructura de la protección social, fuertemente basada en una distribución tripartita de las edades y de los tiempos sociales a lo largo del ciclo de la vida, se modifica. Se ponen en marcha nuevos programas sociales intermedios, para responder a las dificultades de empleo y a las nuevas formas de precariedad que aparecen (en particular, múltiples programas de inserción social y ocupacionales de los jóvenes, diversos tipos de jubilación anticipada, contratos de reinserción laboral, planes sociales, etc.). La característica de estos programas es que abren la puerta a derechos que ya no se encuentran tan directamente condicionados por la actividad ocupacional y que a menudo están al margen del régimen general de protección social. Modifican profundamente la naturaleza de los derechos sociales y los fundamentos de la protección social, como hemos podido observar en el caso del cese anticipado de actividad. En ciertas oportunidades, cuestionan el vínculo que, en el estatus salarial, unía al empleo con la protección social.

Por último, la organización tripartita del ciclo de vida, en la que los tiempos sociales sucesivos encajaban como piezas ajustadas, en un trayecto ordenado y previsible, se descompone. Todo aquello que formaba parte de sus características propias: jerarquización, cronologización, estandarización y temporalización, se deshace. Estas conmociones desembocan en dos consecuencias:

La primera refiere a una *crisis de normatividad*. El marco normativo del trayecto de las edades pierde pertinencia. Se observa una desinstitucionalización del curso de la vida. Las regulaciones de los sistemas de protección social continúan operando según los principios que consideran que las trayectorias son lineales y que las edades están compartimentadas. Aun cuando los itinerarios de vida se han desestandarizado, continúan apoyándose en categorías uniformes y universales como la edad. Estos desfasajes entre normas antiguas y nuevas realidades generan incertidumbres, pero también provocan fallas en la cobertura de los riesgos sociales y en la equidad de los mecanismos de distribución.

Asimismo, como una segunda consecuencia, se reconoce la emergencia de una *crisis de previsibilidad*. Ésta proviene principalmente de la destemporalización del trayecto de las edades y de sus incidencias sobre la imprevisibilidad y la inestabilidad de las nuevas trayectorias de vida. La dimensión temporal es, en efecto, particularmente importante en lo que respecta a los sistemas de seguridad social, que exigen una capacidad de anticiparse a los riesgos (Lautmann, 1996). Una parte esencial de la legitimidad de estos sistemas radica en que resulta evidente la existencia de un horizonte a largo plazo para todos los actores, justo en el momento en que este horizonte se hace más pequeño a medida que crecen las incertidumbres ligadas a la trayectoria. Esta crisis desemboca, por ende, en una crisis de legitimidad de los Estados de Bienestar.

Asistimos a una reducción cuantitativa del tiempo de trabajo debido al fin del homogéneo régimen fordista. El tiempo de trabajo no solamente se ha reducido y concentrado en un período más corto de la existencia. Ha cambiado de naturaleza, se ha fragmentado e individualizado. Esta fragmentación del tiempo de trabajo debe ser comprendida en función de la disolución del modelo industrial de producción, y del régimen de temporalidad al que éste daba lugar. Presenciamos la desintegración de su forma de trabajo, basada en una relación asalariada de subordinación duradera y estable, en un empleo de tiempo completo, en tareas precisas a realizar, en un plan de carrera pensado para toda la vida. Las nuevas formas de organización del trabajo tienden a los horarios y ritmos de trabajo flexibles, como el *just in time*, la desjerarquización, el desarrollo de la horizontalidad a través de unidades autónomas, la organización en red, etc. De la misma manera se expanden nuevas formas de empleo, atípicas, como son, los contratos de duración determinada, los trabajos temporarios, el trabajo independiente y la pluriactividad. Entre los diferentes indicadores que pueden utilizarse para dar testimonio de esta evolución cualitativa del tiempo de trabajo, podemos citar los empleos flexibles. El número de trabajadores en este tipo de empleo aumenta rápidamente. Las disciplinas colectivas del tiempo de trabajo y sus normas homogéneas declinan. Los tiempos de trabajo se dispersan a lo largo de la existencia, se diversifican y se individualizan.

Esta nueva concepción del tiempo de trabajo, heterogéneo e individualizado, está acompañada por una correlativa modificación de la calidad del tiempo de trabajo. La intensificación del tiempo de trabajo va a la par de la reducción cuantitativa y de la individualización del mismo. El trabajo exige ahora una implicación subjetiva más fuerte por parte del trabajador. Los nuevos procedimientos de calidad total y de certificaciones ISO son prueba de ello.

El tiempo de trabajo constituía el centro de la vida de los individuos. Los "otros tiempos sociales" eran un agregado. El tiempo de formación era un tiempo para prepararse para el trabajo. La jubilación era una recompensa a la labor realizada, que asumía la forma de un derecho, hacia el final de la vida, al descanso acumulado. Así, los tres tiempos sociales se sucedían de manera lineal, ordenada y previsible, delimitando las tres etapas de la existencia.

Hoy en día asistimos a la flexibilización y a la individualización de los trayectos de vida, de la misma manera que antes observábamos una nueva flexibilización e individualización del trabajo. A partir de ahora, trabajo y tiempo libre están estrechamente compenetrados en cada edad. El auge de esta des-concordancia de los tiempos, ligada a la desespecialización de las edades, puede ser aprehendida a través de una serie de indicadores. Se puede observar así que el índice de inactividad aumenta en todos los grupos de edad y que el desempleo y los empleos atípicos están cada vez más difundidos en toda edad.

El "desorden" de las edades conmociona la secuencia lineal y jerarquizada de las etapas de la vida especializadas en un solo tiempo social. En consecuencia, cuestiona, a la vez, tanto el principio de las transiciones claramente demarcadas entre las diferentes edades, como el rol de los umbrales de edad cronológicos, que constituían las referencias temporales que marcaban el momento del pasaje de un estatus estable a otro. Las existencias ya no siguen un ritmo de etapas ordenadas, bien diferenciadas entre sí, de transiciones claramente demarcadas entre estatus bien definidos. Es más factible poder observar pasajes parciales y reversibles hacia estatus inciertos. Hoy en día no resulta extraño ver que alguien vuelve a fundar una familia a los 40 ó 50 años, que experimenta una paternidad o maternidad tardías, que, a esa edad, se embarca en una nueva formación o se transforma en un desempleado a largo plazo, o que vuelve a vivir a la casa de sus padres porque se ha quedado sin trabajo. Por lo tanto, se puede observar una desaparición gradual de los ritos de pasaje de una edad a otra, lo cual refleja el debilitamiento de la regulación colectiva del curso de la vida.

El nuevo entramado de los tiempos sociales y el asincronismo de los diferentes calendarios (profesional, familiar, educativo), engendran itinerarios biográficos que ya no corresponden a las secuencias tradicionales de la organización tripartita del ciclo de vida. Las trayectorias biográficas son, para cada individuo, cada vez más complejas y se diferencian cada vez más de un individuo a otro. Conviene señalar, sin embargo, que el aumento de las diferencias interindividuales en materia de biografías no se traduce en el abandono generalizado del modelo tripartito del trayecto de las edades. Podemos observar cómo subsisten recorridos vitales que adoptan el modelo tradicional, al mismo tiempo que surgen nuevos modelos biográficos, y todo esto ocurre en el seno de las sucesivas generaciones.

2.2. Alcance de la discriminación por edad

Los principales factores que explican esta declinación están relacionados con la reducción del empleo. El retiro anticipado que siguió a la reducción de personal muestra que se siguieron dos caminos diferentes: a) hubo aquellos que, al enfrentar la reducción de personal, eligieron el retiro anticipado como una opción preferible al desempleo; b) hubo aquellos que fueron efectivamente forzados a él por un mercado laboral hostil. Así, el retiro anticipado fue, para el primer grupo, una bienvenida liberación del empleo y, para el segundo grupo, un refugio de un mercado laboral que los expulsaba. Los factores explicativos claves en esta división social fueron la edad (cercanía a la edad jubilatoria) y nivel de ingresos.

Durante esta fase transicional, el incremento de la salida anticipada del mercado laboral ha reconstruido socialmente a la vejez, que ha pasado a ser una categoría que se extiende desde los 45 ó 50 años hasta la muerte. También ha significado, que los sistemas de jubilaciones públicos ya no son los reguladores claves del retiro.[83] Otra consecuencia importante del retiro anticipado de la fuerza laboral es que ha reforzado la devaluación de los viejos en el mercado laboral. En efecto, la redefinición deficitaria del envejecimiento ha tenido consecuencias en la forma en que los empleadores perciben a los trabajadores ma-

---

[83] El modelo tradicional de la salida de la fuerza laboral a la edad jubilatoria se ha vuelto minoritario; por ejemplo, en Alemania (antes FDR) y el Reino Unido solo alrededor de un tercio de los que ingresan al sistema jubilatorio público lo hacen directamente del empleo.

duros y, a su vez, en las oportunidades que les ofrecen de reemplearse. En verdad hay una cantidad cada vez mayor de evidencias, en diferentes países, que muestran que los trabajadores de mayor edad son frecuentemente discriminados con respecto al reclutamiento laboral, las promociones y la capacitación (Leicher, 1980; Oddone, 1994; 2006; Walker, 1997). Esto sucede a pesar del hecho de que la edad no es un buen indicador de la capacidad de trabajar y aprender, por lo tanto, la discriminación no es sólo injusta sino además derrochadora de capacidad y potencial económico. En este momento histórico, el significado social del envejecimiento se transforma y pasa de su asociación con la edad de la jubilación a su asociación con el criterio conceptual de "empleabilidad".

El mercado de trabajo se define como un espacio virtual donde demandantes de trabajo y oferentes de empleo intercambian trabajo y empleo en el marco de las leyes que regulan estas acciones. Por ende, y en sentido lato, el mercado de trabajo esta integrado por la población activa, es decir, los ocupados más los parados que estén buscando empleo. Del análisis del modo en que se comportan estos dos actores sociales se deduce un concepto básico para interpretar el mercado de trabajo. El concepto de empleabilidad refiere a un conjunto de características individuales que son determinantes para entrar en el mercado de trabajo y tener expectativas de ser contratado o no. La edad es una de las características objetivas de la empleabilidad y no se puede influir sobre ella.

Existen dos colectivos a los que afecta negativamente la edad: los jóvenes, menores de 29 años y los mayores de 45 años. Las tasas de desempleo son altas para los menores de 29 años y entre las causas que se arguyen para esta situación se encuentran: la baja capacidad de las empresas para generar nuevos empleos y la necesidad de flexibilizar la mano de obra, liberando, mediante la inversión en nuevas tecnologías y cambios en la organización general, trabajadores que suponen costos crecientes importantes. Es decir, los cambios organizativos y tecnológicos y la modernización que las empresas abordan, obligan a despedir trabajadores en número superior al que pueden absorber como consecuencia del cambio. La posibilidad de generar empleo proviene, sobre todo, de nuevas inversiones y de la creación de empresas.

En el caso de las personas mayores de 45 años entran en juego otros factores. Los fuertes ajustes de personal como consecuencia de las crisis económicas. Las fusiones de empresas y la aplicación de planes estratégicos de modernización o reconversión, conllevan jubilaciones anticipadas de trabajadores en plenitud de capacidad de rendimiento y enriquecidos con un conocimiento logrado después de muchos años de experiencia en el trabajo. Las personas desempleadas adultas más vulnerables son las que provienen de sectores tradicionales, con cualificaciones propias de las antiguas ocupaciones; las que tienen niveles educativos muy bajos; las que residen en regiones de escaso dinamismo y con poca capacidad de generación de empleo. A esto hay que añadir que algunas centrales sindicales han apostado por políticas de empleo que consagren las contrataciones de los jóvenes sustituyendo a los mayores. Los contratos de sustitución dejan el paro más rígido a los mayores, además de implicar un importante costo social.

Las políticas públicas, particularmente en la esfera del empleo, fueron una de las principales maquinarias que promovieron este cambio, porque alentar el retiro anticipado era visto como una solución para el desempleo; pero el envejecimiento también empezó a ser visto como un problema económico por sí mismo.

En este contexto, se hace necesario retomar la conceptualización histórica de *ageism* ("viejismo") que se define (Butler, 1987) como un proceso de estereotipar y discriminar sistemáticamente a las personas debido a que son viejas. Y lo asimila a otros tipos de prejuicios tales como el racismo y el sexismo. Por su parte, en otro trabajo (Palmore, 1990), haciendo buen uso del término inglés *ageism* (discriminación por edad), se amplía el concepto y se aplica a los prejuicios con respecto a todo grupo de edad. Se incluye, además, el *positive ageism*, es decir, los estereotipos positivos, que, aunque menos frecuentes y menos dañinos, también deben ser tenidos en cuenta.

En este contexto, se señala que es frecuente entre los autores considerar la industrialización como el factor más crucial en la emergencia histórica del *ageism* (McGowan, 1996). La industrialización alteró fundamentalmente la organización institucional de las sociedades agrícolas preindustriales donde los viejos ocupaban posiciones de alto status social. La ventaja que las personas mayores tenían gracias a su experiencia se fue perdiendo por los rápidos cambios tecnológicos. Estos individuos reconocieron que sus habilidades ya no eran buscadas y se vieron enfrentadas a un mercado laboral que los discriminaba. Las competencias en el mercado de trabajo entre jóvenes y viejos crearon conflictos generacionales que contribuyeron a generar estereotipos y discriminaciones "viejistas".

Si tenemos en cuenta esta perspectiva histórica, podemos concluir que el "viejismo" hace su aparición en nuestra sociedad a partir de una competencia despiadada por los puestos de trabajo en el mercado laboral. Al respecto, las opiniones vertidas por trabajadores mayores, expulsados del mercado laboral, ilustran esta situación:[84]

> *Era una cosa que o tomabas la decisión de irte o con la prejubilación o con el retiro o te morías. Porque era tanta la*

---

[84]   La información corresponde a mi tesis doctoral *"Envejecimiento, empleo y desempleo de los trabajadores de mayor edad. Trayectorias de vida laboral en el capitalismo globalizado"* (2006).

falta... habían puesto por ejemplo chicos de 20 años como encargados: no sabían del trabajo nada. Delante de mí, a un compañero mío, le dijeron (no sé si puede decir la palabra que te voy a decir) 'viejo boludo, si no te vas, te vas a morir acá', por ejemplo. Adelante nuestro. Yo ahí, empecé con presión y todo, porque nunca había tenido nada, pero ahí me empecé a querer morir. (ex empleada de la Empresa Nacional de Telecomunicaciones, ENTEL, 59 años)

Es frecuente que los desempleados desistan de buscar trabajo, aunque no tengan edad para jubilarse, debido a las dificultades para lograrlo. *Están desesperanzados.*

Ya hoy, un individuo de 35 años es viejo, imaginate de 58. Las últimas veces que he ido a entrevistas, lo único que me faltaba era que me dijeran '¿Está usted vivo?...' A mí me ha pasado, maltratos, por ahí, de una persona joven a la cual yo no le había hecho nada más que estar ahí. Entonces no. Por supuesto, también mis expectativas laborales, yo he bajado mucho mis costos, no es de ocupar un gran puesto, pero siempre existe la posibilidad de hacer cosas. Pero ya no leo los clasificados en busca de trabajo. (Desempleado, 58 años)

La forma más frecuente y seria de discriminación contra los viejos es la discriminación en el empleo (Palmore, 1990). Puede tomar distintas formas: desde el rechazo a emplear trabajadores viejos hasta su despido, pasando por la negativa a promoverlos o capacitarlos y el incentivo para que acepten el retiro anticipado. A esto se suman los datos estadísticos que nos indican que los trabajadores de mayor edad desempleados permanecen en esta situación por mucho más tiempo que los más jóvenes y cuando consiguen nuevo empleo, si alguna vez lo hacen, reciben una remuneración mucho menor. De todas maneras, lo más probable es que, desalentados, terminen por abandonar la búsqueda de un nuevo trabajo.

Los empleadores generalmente justifican esta discriminación basándose en estereotipos negativos acerca de los trabajadores viejos: que no quieren aprender nuevas técnicas, se resisten al cambio, son más lentos, son cautelosos y poco creativos, su capacidad física está disminuida y se enferman con más frecuencia. Además, le cuestan más dinero al empleador. Numerosas encuestas realizadas tanto a trabajadores como a empleadores, dan como resultado la existencia de actitudes y prácticas discriminatorias contra los trabajadores de mayor edad.

En el trabajo de investigación "Representaciones sociales de la carrera de Relaciones del Trabajo con respecto a los trabajadores de mayor edad" (Oddone y Chernobilsky, 2003) se realizó una encuesta a una muestra representativa de 285 estudiantes de la carrera de la Universidad de Buenos Aires (UBA) con los objetivos de:

- conocer las representaciones sociales que tienen los estudiantes de la carrera de Relaciones del Trabajo, como futuros responsables de decisiones de políticas de recursos humanos, con relación a los trabajadores mayores;
- establecer el grado de *ageism* que los jóvenes experimentan en el empleo y si son ellos mismos discriminadores en sus actitudes y creencias acerca de los trabajadores viejos;
- explorar el grado de solidaridad y de tensión intergeneracional.

El 97% de los alumnos de Relaciones del Trabajo de la UBA, opinaron que la discriminación por edad es una realidad en el mercado laboral actual, aunque sólo la mitad conoce algún caso concreto. Cabe señalar que el "caso concreto" sería el de un trabajador de 50 años que puede ser su padre o madre o algún pariente o amigo cercano a la familia.

Del total de los encuestados, el 53,5% piensa que los trabajadores discriminados por edad lo son por ser viejos y el 10,3% por ser jóvenes. El 89,8% de los alumnos que han participado de esta investigación, trabajan o han trabajado alguna vez. De este grupo de jóvenes, el 9,5% ha indicado que fue objeto de discriminación en el trabajo. Lo expresan del siguiente modo: *"Somos muy jóvenes para entrar al mercado de trabajo"*; *"nos falta experiencia laboral"*; *"nos pagan menos"*, *"no nos toman en serio"*, *"nos tratan como junior en los equipos de trabajo"*. Por su parte, el 27% reconoce que ha sido discriminados positivamente, por: *"Contar con mayor capacidad de aprendizaje"*, *"incorporar la cultura y los valores empresariales"*, *"(poseer) más rapidez y eficiencia"* y *"(tener más) facilidades para ascender y ocupar puestos nuevos."*

El trabajo formal se ha convertido en un área de discriminación entre edades, ya que aunque la salida extrema de los trabajadores de mayor edad del mercado laboral no fue regulada por el sistema jubilatorio, sus retiros anticipados, sin embargo, fueron consumados por haberse "vuelto viejos" (Baars, 2000). Es sorprendente ver cómo la definición de "volverse viejo", en numerosas investigaciones gerontológicas, en informes de políticas sociales y en muchas organizaciones de los ancianos, ha caído en corto tiempo de los sesenta y cinco a los cincuenta, y aun, 45 años de edad. Un patrón cultural, originado en las fases tempranas del sistema jubilatorio, definía a la gente como vieja cuando ya no trabajaba más (lo que usualmente significaba que ya no podían hacer trabajo físico pesado). Pero este patrón ha continuado hasta el presente de manera tal que gente que es sorprendentemente apta y bastante joven, especialmente a la luz de la expectativa de vida, es considerada como "vieja" porque se ha visto obligada a retirarse. Las personas son definidas como "trabajadores viejos" cuando han alcanzado los 45 años de edad. Aquí la separación entre adultos "normales" y adultos "viejos" toma proporciones irónicas: 20 años para el crecimiento, 25 años como adultos normales y, desde los 45 hasta los 100 años o más, como "viejos".

De estos ejemplos concluimos que "volverse viejo" parece estar definido por un cambio en la relación con el mercado laboral. La tradición cultural ha enfatizado la importancia ("normalidad juvenil") del trabajo formal, en donde la edad aparece como variable dependiente. Pero la edad cronológica entonces es usada a menudo como una variable "independiente" para legitimar el proceso que le dio su significado. El resultado paradójico es que a medida que las personas viven más y son más saludables, se las define como "viejas" a edades más tempranas que antes, porque ya no trabajan. Se entiende como "la paradoja de los viejos jóvenes". Víctimas de esta paradoja son, por ejemplo, las mujeres de cuarenta que quieren reingresar al mercado laboral después de educar a sus hijos, pero son consideradas "demasiado viejas". Del mismo modo los varones que, desvinculados del mercado laboral, buscan una nueva posición como asalariados. En suma, estamos enfrentados a un dominio económico central que todavía modela el curso de la vida porque, en él, la edad es altamente relevante. Visto en el contexto del aumento de la longevidad, el trabajo formal está teniendo un lugar menos importante en la vida. Los años de trabajo, en general, y las horas del empleo formal, en particular, se están reduciendo gradualmente. Pero estos cambios afectan a la gente de diferente manera. Hay un segmento de gente que trabajará 30 años y recibirá su jubilación, pero otro segmento que padecerá situaciones de exclusión debido a la flexibilización de este mercado y será forzado a trabajar en negro o depender de programas sociales de inclusión.

La mayoría de las personas encuentran fácil producir una lista sustancial de asociaciones verbales con los términos "adolescente" o "viejo". Estas asociaciones tienden a ser negativas y reflejan estereotipos, en relación con la edad, muy difundidos. Se podría esperar que el *ageism* prospere en un ambiente en el cual las interacciones significativas entre edades son poco comunes. Por el contrario, es posible imaginar que si los individuos de diversas edades interactúan y trabajan juntos (integración etaria), los estereotipos y los prejuicios tiendan a disminuir.

Una nueva dinámica de la integración entre edades puede observarse en áreas periféricas. En efecto, hemos podido reconocer que en el contexto de la economía social la integración entre edades en el mundo del trabajo es un hecho. Como ejemplo, podemos citar una fábrica recuperada de cerámicos[85] donde se destaca un fuerte reconocimiento de los trabajadores jóvenes a los trabajadores viejos por su experiencia, ligada al conocimientos de los procesos de fabricación y a la creación de la cooperativa de trabajo. Al mismo tiempo, cabe señalar, que los trabajadores viejos se sienten reconocidos por los jóvenes y les agradecen que se hayan sumado a la propuesta. Así la transmisión de saberes se realiza sin tapujos y sin temores:

Sí, Mario hace más de 20 años que trabaja en la fábrica y sabe mucho de control de calidad, él me enseñó todo lo que sé. (Trabajadora de una fábrica recuperada, 35 años)[86]

---

[85]   Se entiende por "fábrica recuperada" a aquella en la que, habiendo pasado por un concurso, quiebra, vaciamiento o abandono por parte de los antiguos dueños, todos o algunos de sus trabajadores toman posesión de la misma, restablecen su funcionamiento y reinician la producción. La mayoría de estas empresas adopta una figura legal de cooperativa de trabajo como medio para adquirir su tenencia, explotarla económicamente y gestionar el trabajo. La principal causa de su recuperación fue la escasa posibilidad de reinserción laboral que tuvieron sus trabajadores, en particular, los mayores de 45 años de edad ... *"tengo que destacar que de los 260 que volvimos después de que cerró la fábrica, para recuperarla, la mayoría eran compañeros grandes, mayores de 40, eso porque cuando nos echaron, los mas jóvenes quizás teníamos mas posibilidades de encontrar otras fuentes de trabajo, no así los más grandes que ya tenían varios años en la fábrica y mucho miedo de no volver a conseguir un empleo." (trabajador fábrica recuperada, 45 años).*

[86]   Entrevista realizada por dos estudiantes –Barré y Sánchez Valdivia– en el marco del Seminario "La edad en el empleo", Cátedra Oddone-Facultad de Ciencias Sociales, UBA.

Los que más años tenemos y conocemos todos los procesos de producción ayudamos y les enseñamos a los que empiezan. Eso es lindo, porque nos sentimos más útiles y más unidos entre todos. Antes cuando estaban los dueños no podíamos hablar con los compañeros que tuviesen uniforme de otro color, así nos distinguían y nos dividían...también entre viejos y jóvenes, nos decían que tuviéramos cuidado que en cualquier momento los jóvenes se quedaban con nuestro trabajo; y a los jóvenes que no le preguntaran nada a los obreros mas antiguos porque de ellos no se podía aprender nada...al momento que cerraron la fábrica y nos tuvimos que unir, la diferencia desapareció porque quedamos todos de la misma vereda, a todos nos echaron, viejos y jóvenes... (Trabajador de una fábrica recuperada, 56 años)[87]

Además lo que me gusta es que puedo enseñarle a las chicas que recién comienzan, eso a la gente grande como yo nos hace sentir más útil... (Trabajadora de una fábrica recuperada, 58 años)[88]

Asimismo, en una incubadora de empresas de Gestión Solidaria del conurbano bonaerense se registran intercambios de "saber hacer" entre ambos grupos generacionales. En particular, los titulares de microempresas transfieren conocimientos de oficios a jóvenes, quienes, luego son incorporados a los emprendimientos en la medida de su éxito económico.

La mística de esto es la solidaridad, el país va a salir adelante con la solidaridad, si capacitamos a los jóvenes [...] llegamos a los chicos por proyectos adolescentes y, a través de ellos, los tratamos de sacar de la calle para que tengan el hábito del trabajo. En este momento, son diez chicos en un turno de herrería y otros diez o quince en carpintería. (Técnico industrial y titular de una microempresa, 58 años)[89]

---

[87]   Ídem 5.
[88]   Ídem 5.
[89]   Entrevista realizada en el marco de Oddone, M. J., UBACYT –SO74– 2008.

La gente que está en confección tomó los cursos en el Instituto Nacional de Tecnología Industrial –INTI–, la capacitación para lo que es guardapolvos, porque lo que le dan es cuales son las características del trabajo terminado. En el trabajo de acá cada uno fue trayendo lo que sabía, pero también las mismas chicas van capacitando a las que van entrando... (Integrante de la Red de barrios, 55 años)[90]

3. Conclusiones

La discusión general de la integración etaria en la sociedad es valiosa, pero obtener progresos en la comprensión del tema requerirá del desarrollo de investigaciones empíricas. Además de la discriminación por edad, estos estudios podrían considerar al trabajo como una oportunidad para la interacción entre edades. ¿Cómo y por qué difiere la composición por edades entre las distintas ocupaciones y lugares de trabajo? ¿Trabajar en un "ambiente integrado" tiende a reducir los estereotipos y prejuicios basados en la edad y a promover la amistad entre diversos grupos etarios? ¿En qué situaciones se desarrollan conflictos entre trabajadores jóvenes y viejos (por ejemplo, sobre cuestiones de antigüedad y privilegio)? ¿Cuán frecuentes son las relaciones de tutoría en las que los trabajadores más viejos ayudan a sus colegas de menor edad a desarrollar capacidades y confianza?

Las dimensiones más relevantes en las que pueden clasificarse las interacciones entre edades son las siguientes:

- *Duración:* las interacciones pueden abarcar desde los intercambios breves de una vez, a los encuentros frecuentes que se prolongan durante un largo período.

---

[90]   Ídem 8

- *Igualdad:* las interacciones pueden abarcar desde aquellas entre personas de igual estatus hasta aquellas que implican algún grado de subordinación.
- *Relacionales:* las interacciones pueden abarcar desde encuentros orientados a la tarea hasta llegar a relaciones de amistad.
- *Complejidad:* las interacciones pueden abarcar desde aquellas que se centran en una tarea hasta aquellas que abarcan muchos aspectos de la vida.
- *Cooperación:* Las interacciones pueden abarcar desde relaciones positivas, recíprocamente beneficiosas, hasta conflictivos intercambios antagónicos.

De esta clasificación, se puede anticipar que los tipos de interacción que conducen a resultados más positivos deben consistir en relaciones persistentes que impliquen igualdad, relación y cooperación.

En síntesis, las complejidades y contradicciones de hacer un cambio hacia una integración etaria más completa no pueden ser ignoradas. Un abordaje de las políticas sociales basado una completa integración etaria, sin distinciones basadas en la edad, es probable que sea en general favorecedor para las personas viejas. Sin embargo, ignorar la edad significaría una amenaza para los beneficios especiales que las personas viejas han obtenido en años recientes. Las sociedades europeas, señaladas como "esquizofrénicas" con respecto a la integración entre edades, presentan otras complicaciones (Guillemard, 2000). Por un lado, la preocupación por los gastos en bienestar social ha llevado a que se promueva la prórroga de la edad jubilatoria. En esta misma línea, se están desarrollando planes de retiro flexibles y graduales y cada vez más los programas de capacitación y educación están abiertos para gente de todas las edades. Por otro lado, la discriminación contra los trabajadores viejos se practica ampliamente y se la justifica debido al alto desempleo y las necesidades de empleo de las personas más jóvenes. En este contexto, en la década de los 40 años de edad, muchos trabajadores son considerados demasiado viejos para asistir a programas de actualización laboral (Oddone, 2006).

En el análisis de las condiciones actuales en los Países Bajos (Baars, 2000), sorprenden las contradicciones en las tendencias hacia la integración etaria, ya que cada vez más se encuentra gente vieja tomando cursos en la universidad, trabajando junto con gente más joven en el "sector gris" de la economía y en tareas de voluntariado. Sin embargo, en el sector formal del mercado laboral la gente puede ser definida como "vieja" a los 45 años, aunque en la norma vigente, la jubilación es obligatoria recién a los 65 años. Asimismo, cabe reconocer que esta contradicción se profundiza si se tiene en cuenta que, en la actualidad, existe un debate respecto de elevar la edad de jubilación de los trabajadores.

4. Bibliografía

ARCE, E. y F. BETES. 2007. *El mayor activo. Cómo gestionar la valiosa aportación de los mayores de 55 años en la empresa*, Madrid, Editorial Almuzara.

BAARS, J. 2000. "Conflicting Trends in The Netherlands", *The Gerontologist*, n° 3, vol. 40, Nueva York, Laurence G. Branch, PhD, pp. 302-304.

BUTLER, R. 1987. "Ageism", en George MADDOX (Ed.), *The encyclopedia of aging*, Nueva York, Springer, pp. 22-23.

GUILLEMARD, A. y A. JOLIVET. 2006. "De l´emploi des seniors à la gestion des âges", *Problèmes politiques et sociaux*, n° 924, Paris, La documentation française.

GUILLEMARD, A. M. 2000. "Age Integration in Europe: Increasing or Decreasing?" *The Gerontologist*, n° 3, vol. 40, Nueva York, Laurence G. Branch, PhD, pp. 301-302.

LAUTMAN, J. 1996. "Risque et rationalité", *L'Année Sociologique*, nº 2, vol. 46, Paris, Presses Universitaires de France, pp. 273-285.

LEICHER, S. 1980. "La edad y el trabajo", *Revista Criterio*, Buenos Aires, pp. 490-496.

McGOWAN, T. 1996. "Ageism and discrimination", en James BIRREN (Ed.), *Encyclopedia of Gerontology*, Nueva York, Academic Press, pp. 71-80.

ODDONE, M.J. 1994. *"Los trabajadores de mayor edad: empleo y desprendimiento laboral"*, Serie Documentos de Trabajo, nº 38, Buenos Aires, CEIL-CONICET.

ODDONE, M.J. 2006. "Envejecimiento, empleo y desempleo de los trabajadores de mayor edad. Trayectorias de vida laboral en el capitalismo globalizado", Tesis doctoral en Antropología, Facultad de Filosofía y Letras, Universidad de Buenos Aires, inédito.

ODDONE, M. J. y L. CHERNOBILSKY. 2003. "Representaciones sociales de los estudiantes de la Carrera de Relaciones del Trabajo de la UBA con respecto a los trabajadores de mayor edad", *6to Congreso Nacional de Estudios del Trabajo*, Asociación Argentina de Especialistas en Estudios del Trabajo, Buenos Aires, 13 al 16 de agosto.

ODDONE, M. J. y L. GASTRÓN. 2008. "Reflexiones en torno al tiempo y el paradigma del curso de la vida", en *Perspectivas en Psicología. Revista de Psicología y Ciencias Afines*, nº 2, vol. 5, Buenos Aires, Facultad de Psicología. Universidad Nacional de Mar del Plata, pp. 1-9.

ODDONE, M. J., L. CHERNOBILSKY y N. MENDIZABAL. 2008. "La participación de los trabajadores de mayor edad en el sistema emprendedor", *V Jornadas de Investigación en Antropología Social. Facultad de Filosofía y Letras*. Sección de Antropología Social, Buenos Aires, 19 al 21 de noviembre.

PALMORE, E. 1990. *Ageism. Negative and Positive*, Nueva York, Springer Publishing Company.

RILEY, M. W, A. FONER y J. RILEY. 1999. "El paradigma de la edad y la Sociedad", en Bengrson y Schaie (eds.), *Handbook of Theories of Aging*, New York, Springer Publishing Company, pp. 327-344.

RILEY, M. W. y J. RILEY. 2000. "Age Integration: Conceptual and Historical Background", *The Gerontologist*, nº 3, vol. 40, Nueva York, Laurence G. Branch, PhD, pp. 266-270.

WALKER, A. 1997. *Combating age barriers in employment*. Luxembourg, Office for the Official Publications of the European Communities.

WALKER, A. 2000. "Public Policy and the Construction of Old Age in Europe", *The Gerontologist*, nº 3, vol. 40, Nueva York, Laurence G. Branch, PhD, pp. 304-308.

LOS AUTORES

Agulhon, Catherine: Profesora (*Maître de Conférences*) en la Universidad René Descartes, Paris V (Facultad de Ciencias Humanas y Sociales, Departamento de Ciencias de la Educación). Miembro del Laboratorio de Sociología del CERLIS (Centro de Investigación sobre los Lazos Sociales), de la Comisión de Especialistas de Ciencias de la Educación de la Universidad de Lille 3 y del comité de redacción de las Revistas Formation-Emploi – CEREQ y Cahiers de la Recherche sur l'Education et les Savoirs. E-mail: catherine.agulhon@orange.fr

Dursi, Carolina: Lic. en Sociología (FSOC-UBA). Doctoranda en el Doctorado en Ciencias Sociales (UBA). Becaria Doctoral del CONICET, en el marco del Programa de Estudios sobre Juventud, Educación y Trabajo con sede en el Instituto de Desarrollo Económico y Social. Temas de investigación: juventud, pasantías en escuela media, trabajo. E-mail: carolina.dursi@gmail.com

Jacinto, Claudia: Dra. en Sociología con especialidad en América Latina de la Universidad París III, Francia. Investigadora del Consejo Nacional de Investigaciones Científicas y Técnicas de Argentina. Coordinadora de redEtis, IIPE-UNESCO (Red Educación, Trabajo, Inserción Social América Latina). Coordinadora de investigaciones latinoamericanas del IIPE sobre educación secundaria y formación profesional de jóvenes y educación terciaria técnica. Coordinadora del Programa de Estudios sobre Juventud, Educación y Trabajo (PREJET), con sede en el Instituto de Desarrollo Económico y Social (IDES). Docente de posgrado en varias universidades. Temas de especialización: educación secundaria y formación para el trabajo; políticas de formación profesional y empleo; juventud, educación y trabajo. E-mail: cgjacinto@gmail.com

Lefresne, Florence: Economista social, se desempeña en el *Institut de recherches économiques et sociales* (Francia). Profesora en la Universidad de Mame-la-Vallée. Especialista en el estudio de las transformaciones en el empleo, especialmente acerca de la incidencia de políticas públicas, con un abordaje que privilegia las comparaciones internacionales. E-mail: florence.lefresne@club-internet.fr

Longo, María Eugenia: Investigadora junior asociada del CEIL-PIETTE del CONICET (Argentina). Doctoranda del LEST-UMR6123 del CNRS (Francia). Tesis en co-tutela en Universidad de Buenos Aires y Université de Provence. Miembro de la Comisión Directiva de la Asociación de Estudios del Trabajo (ASET). Áreas de investigación: trabajo, juventud, tiempo. E-mail: mlongo@ceil-piette.gov.ar / maria-eugenia.longo@univmed.fr

Martín, María Eugenia: Lic. en Sociología, Diplomada Superior en Ciencias Sociales de FLACSO, Doctora en Ciencias Políticas y Sociales de la Universidad Nacional de Cuyo. Docente invitada en diversos doctorados y docente estable de la Maestría en Planificación y Políticas Públicas del Doctorado en Ciencias Políticas y Sociales. Profesora Adjunta Efectiva en la Facultad de Ciencias Políticas y Sociales (UNCuyo). Investigadora Asistente del CONICET y docente Investigadora de la UNCuyo. Temas de investigación: juventud, educación y trabajo. E-mail: eugemartinb@yahoo.com.ar

Mereñuk, Alenka: Lic. en Sociología, Universidad de Buenos Aires. Maestranda en la Maestría en Ciencias Sociales (UNGS-IDES). Becaria doctoral del CONICET, en el marco del Programa de Estudios sobre Juventud, Educación y Trabajo con sede en el Instituto de Desarrollo Económico y Social. Docente de la Facultad de Ciencias Sociales (UBA). Temas de investigación: Juventud, educación y trabajo. E-mail: alenkamk@gmail.com

Millenaar, Verónica: Lic. en Sociología (UBA) y maestranda en la Maestría en Ciencias Sociales (UNGS-IDES). Becaria doctoral del CONICET, en el marco del Programa de Estudios sobre Juventud, Educación y Trabajo con sede en el Instituto de Desarrollo Económico y Social. Docente de la Facultad de Ciencias Sociales (UBA). Temas de investigación: juventud, género, políticas de formación profesional. E-mail: veronicamillenaar@argentina.com.ar

Oddone, Julieta: Lic. en Sociología (UBA), Magister en Gerontología de la Universidad Nacional de Córdoba y Dra. en Antropología (UBA). Profesora Titular en la Facultad de Ciencias Sociales (UBA). Categoría docente e investigador I en Sociología del Envejecimiento. Investigadora del CONICET. Directora del Programa Envejecimiento y Sociedad, FLACSO. Áreas de investigación: sociología del envejecimiento, envejecimiento laboral y social, trayectorias y curso de la vida, representaciones sociales sobre el envejecimiento y la vejez. E-mail: mjoddone@retina.ar

www.ingramcontent.com/pod-product-compliance
Lightning Source LLC
Chambersburg PA
CBHW020332270326
41926CB00007B/148